리액트 디자인 패턴과
모범 사례

리액트 디자인 패턴과 모범 사례

유연하고 빠르며 유지관리하기 쉬운
애플리케이션 개발하기

미켈레 베르톨리 지음
최민석 옮김

지은이 소개

미켈레 베르톨리^{Michele Bertoli}

아름다운 UI를 추구하는 이탈리아 출신의 프론트엔드 디자이너로서, 취업을 위해 가족과 함께 런던으로 이주했다. 컴퓨터과학과를 졸업했고 세심하게 테스트된 깔끔한 코드를 무엇보다 좋아한다. 현재는 React.js와 함께 최신 자바스크립트 애플리케이션을 개발하고 있다. 오픈소스의 가치를 지지하며 항상 새로운 것을 배우기 위해 노력한다.

항상 밝은 미소로 나의 일상을 밝혀주는 아내와 아들에게 고맙다는 말을 하고 싶다. 아들 단테야! 아빠가 일하느라 많이 놀아주지 못했지만 언젠가는 아빠를 이해하고 자랑스럽게 생각하는 날이 오기를 바란다. 이 책을 집필할 기회를 준 팩트출판사에도 감사를 전한다.

| 기술 감수자 소개 |

클레이 디프리언트^{Clay Diffrient}

꾸준히 노력하는 자바스크립트 개발자로서, 현재는 주로 리액트와 관련된 일을 하지만 리액트 외에도 앵귤러, 백본, 제이쿼리 등 다양한 프레임워크와 라이브러리에 능숙하다. 인기 있는 리액트 모달^{react-modal} 라이브러리의 유지관리자이며, 모든 사람이 이용할 수 있는 소프트웨어를 개발하는 것을 즐긴다.

현재 인스트럭처^{Instructure}에서 소프트웨어 엔지니어로 일하고 있으며, 이 회사의 핵심 제품인 오픈소스 교육 관리 시스템 캔버스^{Canvas}를 개발하고 있다.

최근에 『중급 개발자를 위한 MEAN 스택 공략』(에이콘, 2015)을 리뷰했으며, 커뮤니티에서 활발하게 활동하고 있다.

아내 레이첼과 두 아들 로저와 보우에게 고맙다는 말을 하고 싶다.

5

옮긴이 소개

최민석

2005년부터 번역회사에서 언어전문가로 일하다 독립한 후 현재는 IT 전문번역가로 일하고 있다. 10여 년 동안 수백 건의 소프트웨어 현지화와 개발자 웹사이트 한글화 프로젝트를 진행했으며, 지금은 IT 전문 서적을 번역하는 일에 집중하고 있다. 번역한 책으로는 『Unity 5.x By Example』(에이콘, 2016), 『유니티 5 메카님 캐릭터 애니메이션』(에이콘, 2016), 『네티 인 액션』(위키북스, 2016), 『유니티와 C#으로 배우는 게임 개발 교과서』(위키북스, 2015), 『엔터프라이즈 애플리케이션 아키텍처 패턴』(위키북스, 2015) 등이 있다.

리액트는 선언식 프로그래밍을 활용해 웹 환경의 얼굴이라고 할 수 있는 사용자 인터페이스를 좀 더 효율적으로 제작하고 재사용할 수 있게 해주는 기술입니다. 리액트는 페이스북의 체계적인 개발과 운영, 그리고 인터넷상의 많은 개발자들의 적극적인 참여 덕분에 비교적 빠른 시간에 최고의 인기 기술로 자리 잡았습니다.

이 책은 리액트를 제대로 배우기 전에 이해해야 할 기본 개념을 알기 쉽게 설명한 다음, 코드를 관리하기 쉽게 작성하는 방법을 설명합니다. 이어서 재사용 가능 컴포넌트를 만들기 위한 요건과 애플리케이션의 구조를 안정적으로 설계하는 방법, 그리고 실제로 작동하는 폼을 만드는 방법을 배웁니다. 또한 기술 수준이 일정 단계에 이른 독자를 위해서는 리액트 개발 커뮤니티에 참여하고 기여하는 방법까지 모든 과정을 안내합니다.

이 책이 리액트를 활용하기 위한 모든 과정에서 친절하고 유용한 안내자가 되기를 바랍니다.

차례

4장   모든 것을 조합하기   119

이 책에서는 리액트의 가장 유용한 디자인 패턴을 완벽하게 살펴보면서 새로운 프로젝트나 기존의 프로젝트에 이러한 디자인 패턴과 모범사례를 적용하는 방법을 소개한다. 또한 기존 워크플로의 품질을 낮추지 않고도 속도를 크게 향상하는 방법으로 애플리케이션을 더 유연하고 빠르며 유지관리하기 쉽게 만드는 방법을 알아본다.

우선 리액트에 대한 기본 사항을 알아본 다음, 깔끔하고 유지관리하기 쉬운 코드를 작성하는 방법을 살펴본다. 애플리케이션 전체에서 재사용 가능한 컴포넌트를 작성하고, 애플리케이션의 구조를 설계하며, 실제 작동하는 폼을 만든다.

그런 다음 리액트 컴포넌트에 스타일을 적용하고 애플리케이션을 최적화해 더 빠르고 신속하게 반응하게 만든다. 마지막으로, 효과적으로 테스트를 작성하는 방법과 리액트와 관련 생태계에 기여하는 방법을 알아본다.

이 책을 다 읽고 나면 개발 과정에서 거치는 수많은 시행착오의 고통을 줄이고 리액트 전문가로 한 걸음 다가설 수 있을 것이다.

▌이 책의 구성

1장 '리액트에 대해 알아야 할 모든 것' 리액트의 기본 개념을 한 단계 앞선 관점에서 소개한다.

2장 '깔끔한 코드 관리' 유지관리하기 쉬운 코드를 작성하기 위해 가장 중요한 측면인 코딩 스타일 가이드에 대해 다룬다. 리액트를 제대로 활용하려면 함수형 프로그래밍의 기본 개념을 확실히 이해해야 한다.

3장 '진정한 재사용 가능 컴포넌트' 코드베이스를 깔끔하고 유지관리하기 쉽게 만들기 위해 가장 중요한 것은 재사용 가능한 컴포넌트를 만들고 애플리케이션 핵심 요소로 활용하는 것이다.

4장 '모든 것을 조합하기' 애플리케이션은 다양한 컴포넌트로 구성되므로 컴포넌트가 서로 효과적으로 통신할 수 있도록 컴포넌트 계층을 올바르게 구성하고 조정하는 것이 중요하다.

5장 '올바른 데이터 읽기' 모든 클라이언트 측 애플리케이션은 데이터를 다뤄야 한다. 5장에서는 리액트에 맞는 방식으로 데이터를 읽는 다양한 기법과 방식을 설명한다.

6장 '브라우저에 맞는 코드 작성' 애플리케이션이 브라우저에서 실행된다는 사실을 확인하고 이를 적절하게 이용하는 방법을 배운다. 또한 이벤트, 애니메이션, DOM과의 상호작용을 비롯한 몇 가지 고급 개념을 다룬다.

7장 '컴포넌트 꾸미기' 멋진 UI 컴포넌트를 만드는 것은 프론트엔드 엔지니어링 작업에서 중요한 부분이다. 리액트를 사용하면 이 문제를 여러 관점의 다양한 방법으로 해결할 수 있다. 올바른 라이브러리를 사용하려면 어떤 라이브러리가 있고 어떻게 사용해야 하는지 알아야 한다.

8장 '재미와 효율을 위한 서버 측 렌더링' 리액트의 가장 훌륭한 기능 중 하나인 서버 측 렌더링에 대해 알아본다. 서버 측 렌더링은 즉시 사용 가능하지만 최대 효율을 위해서는 올바른 방법으로 사용해야 한다.

9장 '애플리케이션의 성능 개선' 웹 성능이 사용자 경험을 개선하는 데 가장 중요한 요소 중 하나라는 것을 확인한다. 리액트는 아주 빠른 애플리케이션을 만들기 위한 다양한 툴과 기법을 제공하며 9장에서 자세한 내용을 알아본다.

10장 '테스트와 디버깅' 애플리케이션은 안정적이고 모든 한계 사례를 처리할 수 있어야 하며 여기에 테스트가 큰 도움이 된다. 견고하고 유지관리가 용이한 코드를 작성하려면 종합적인 테스트 집합을 작성하는 것이 중요하다. 또한 버그는 디버깅 방법과

가능한 한 일찍 문제를 발견하는 방법을 알고 있을 때 발생한다.

11장 '피해야 할 안티 패턴' 지름길이나 창의적인 해결책으로 문제를 해결하려는 경우가 많은데, 이러한 우회책은 애플리케이션에 위험할 수 있으며, 특히 대규모 코드베이스를 기반으로 작업하는 대규모 팀에서 문제가 되는 경우가 많다. 11장에서는 리액트를 사용할 때 피해야 할 일반적인 안티 패턴을 소개한다.

12장 '다음 단계' 마지막 장에서는 지금까지 다룬 모든 주제를 다시 돌아본다. 오픈소스 컴포넌트를 커뮤니티에 공개하는 방법과 리액트 및 해당 생태계에 기여하는 방법을 아는 것도 중요하다.

▌ 준비 사항

이 책을 공부하려면 node.js/npm 환경과 브라우저가 필요하다.

▌ 이 책의 대상 독자

리액트에 대한 이해 수준을 높이고 새로운 지식을 실제 애플리케이션 개발에 적용하고 싶다면 이 책이 큰 도움이 될 것이다.

▌ 편집 규약

이 책에서는 정보의 유형에 따라서 텍스트의 스타일이 바뀐다. 각 스타일은 다음과 같은 의미를 지닌다.

문장 속에서 코드는 다음과 같이 표기한다.

"루프 안에는 #first와 #link 프로퍼티가 있는지 확인하고 해당 값에 따라 각기 다른 HTML을 렌더링하는 조건 논리가 포함돼 있다. 변수는 중괄호로 감싼다."

코드 블록은 다음과 같이 표기한다.

```
const toLowerCase = input => {
   const output = []
   for (let i = 0; i < input.length; i++) {
      output.push(input[i].toLowerCase())
   }
   return output
}
```

모든 명령줄이나 출력은 다음과 같이 표시한다.

```
npm install -g create-react-app
```

새로운 용어와 중요한 단어, 그리고 메뉴나 대화상자처럼 컴퓨터 화면에 표시되는 단어는 다음과 같이 고딕체로 표기한다.

"renders with text부터 시작해서 테스트 업데이트를 시작해보자."

 주의를 요하거나 중요한 메시지는 이와 같이 나타낸다.

 팁이나 유용한 요령은 이와 같이 나타낸다.

독자 의견

독자 여러분의 의견은 언제든지 환영한다. 이 책을 어떻게 생각하는지 부담 없이 이야기해준다면 좋겠다. 더 유익한 책을 만드는 데 있어 독자의 의견은 무엇보다 중요하다.

일반적인 의견은 이 책의 제목을 메일 제목으로 해서 feedback@packtpub.com으로 보내면 된다.

특정 분야의 책을 쓰거나 기여하는 데 관심이 있다면 www.packtpub.com/authors에 있는 저자 가이드를 참조하기 바란다.

고객 지원

팩트출판사의 구매자가 된 독자에게 도움이 되는 몇 가지를 제공하고자 한다.

예제 코드 다운로드

http://www.packtpub.com에 회원 가입해 팩트출판사의 도서를 구매한 모든 독자는 책에 등장하는 예제 코드 파일을 직접 내려받을 수 있다. 다른 곳에서 도서를 구매한 독자는 http://www.packtpub.com/support에 접속해 등록하면 이메일로 직접 받아볼 수 있다.

에이콘출판사의 도서정보 페이지 http://www.acornpub.co.kr/book/react-design-patterns에서도 예제 코드를 내려받을 수 있다.

이 책에 수록된 코드는 깃허브에도 올려져 있고, 주소는 https://github.com/PacktPublishing/React-Design-Patterns-and-Best-Practices이다. https://github.com/PacktPublishing/에는 다른 책의 코드와 동영상도 올라와 있으니 확인해보길 바란다.

오탈자

내용을 정확하게 전달하려고 최선을 다했지만, 실수가 있을 수 있다. 팩트출판사의 책에서 텍스트나 코드상의 문제를 발견해서 알려준다면, 매우 감사하게 생각할 것이다. 그러한 참여를 통해 다른 독자에게 도움을 주고, 다음 버전에서 책을 더 완성도 있게 만들 수 있다. 오자를 발견한다면 http://www.packtpub.com/submit-errata 에서 Errata Submission Form 링크를 통해 구체적인 내용을 알려주기 바란다. 보내준 내용이 확인되면 웹사이트에 그 내용이 올라가거나, 해당 서적의 정오표 섹션에 그 내용이 추가될 것이다.

https://www.packtpub.com/books/content/support를 방문해 검색창에 해당 타이틀을 입력하면 지금까지의 정오표를 확인할 수 있다. 한국어판은 에이콘출판사의 도서정보 페이지 http://www.acornpub.co.kr/book/react-design-patterns 에서 찾아볼 수 있다.

저작권 침해

인터넷에서의 저작권 침해는 모든 매체에서 벌어지고 있는 심각한 문제다. 팩트출판사에서는 저작권과 사용권 문제를 아주 심각하게 인식하고 있다. 어떤 형태로든 팩트출판사 서적의 불법 복제물을 인터넷에서 발견한다면 적절한 조치를 취할 수 있게 해당 주소나 사이트명을 알려주길 부탁한다.

의심되는 불법 복제물의 링크를 copyright@packtpub.com으로 보내주기 바란다.

저자와 더 좋은 책을 위한 팩트출판사의 노력을 배려하는 마음에 깊은 감사의 마음을 전한다.

질문

이 책에 관련된 질문이 있다면 questions@packtpub.com으로 문의하기 바란다. 온 힘을 다해 질문에 답해드리겠다. 한국어판에 관한 질문은 이 책의 옮긴이나 에이콘출판사 편집 팀(editor@acornpub.co.kr)으로 문의할 수 있다.

01

리액트에 대해 알아야 할 모든 것

독자 여러분 환영한다!

이 책에서는 독자 여러분이 리액트^{React}가 무엇이며, 이를 통해 어떤 문제를 해결할 수 있는지를 이미 알고 있다고 가정한다. 리액트를 이용해 소형/중형 애플리케이션을 작성해본 경험이 있고 자신의 기술을 향상하거나 궁금한 사항에 대한 답을 찾으려는 독자도 있을 것이다.

이미 알고 있겠지만, 리액트는 페이스북의 개발자와 자바스크립트 커뮤니티 기여자들 수백 명의 참여로 유지관리되고 있다.

리액트는 사용자 인터페이스를 생성하는 가장 인기 있는 라이브러리 중 하나이며, 영리한 DOM 처리 방법 덕분에 빠른 속도로 잘 알려져 있다.

리액트는 자바스크립트에서 마크업을 작성하는 새로운 구문인 JSX와 함께 사용되며, JSX를 원활하게 사용하려면 관심사의 분리에 대한 기존의 생각을 바꿔야 한다. 리액트는 유니버설 애플리케이션을 작성할 수 있게 해주는 서버 측 렌더링을 비롯한 여러 훌륭한 기능을 제공한다.

이 책을 따라 하려면 터미널을 사용해 Node.js 환경에서 npm 패키지를 설치하고 실행하는 방법을 알아야 한다.

모든 예제는 ES2015로 작성됐으므로 이를 읽고 이해할 수 있어야 한다.

1장에서는 리액트를 효과적으로 사용하기 위해 반드시 숙지해야 하지만 초보자에게는 그리 쉽지 않은 몇 가지 기본 개념을 확인한다.

- 명령식과 선언식 프로그래밍의 차이
- 리액트 컴포넌트와 해당 인스턴스, 그리고 리액트가 요소를 사용해 UI 흐름을 제어하는 방법
- 리액트가 기존과 다른 관심사 분리 개념을 통해 웹 애플리케이션 개발 방법에 미친 영향, 그리고 권장되지 않은 디자인 선택의 이유
- 자바스크립트에 대해 피로감을 느끼는 이유와 개발자가 리액트 생태계에 접근할 때 가장 흔히 저지르는 실수

▌ 선언식 프로그래밍

리액트 설명서나 리액트에 대한 블로그 글을 읽어봤다면 **선언식**declarative이라는 용어를 접해봤을 것이다.

리액트가 강력한 이유 중 하나는 리액트가 선언식 프로그래밍 패러다임을 강제하기 때문이다.

따라서 리액트에 숙달하려면, 선언식 프로그래밍의 의미를 이해하고 명령식과 선언식 프로그래밍의 차이를 숙지하는 것이 중요하다.

명령식 프로그래밍은 작동 방식을 정의하는 방법인 반면, 선언식 프로그래밍은 달성하려는 목표를 정의하는 방법이라고 생각하면 이해하기 쉽다.

술집에서 바텐더에게 맥주를 주문하는 현실의 행동을 명령식 프로그래밍으로 묘사하면 다음과 같다.

- 선반에서 맥주잔을 가져오세요.
- 맥주통 앞에 맥주잔을 놓으세요.
- 맥주잔이 가득 찰 때까지 맥주통의 손잡이를 당기세요.
- 맥주잔을 저에게 주세요.

반면에 선언식의 세계에서는 간단하게 "맥주 한 잔요."라고 하면 된다.

선언식으로 맥주를 주문할 때는 바텐더가 맥주를 제공하는 방법을 알고 있다고 가정하며, 이것이 선언식 프로그래밍이 작동하는 가장 중요한 측면이다.

다음은 자바스크립트 예제로 들어가서, 대문자 문자열의 배열을 받으면 이에 해당하는 소문자 문자열의 배열을 반환하는 간단한 함수를 작성해보자.

```
toLowerCase(['FOO', 'BAR']) // ['foo', 'bar']
```

이 문제를 해결하는 명령식 함수는 다음과 같이 작성할 수 있다.

```
const toLowerCase = input => {
   const output = []
   for (let i = 0; i < input.length; i++) {
      output.push(input[i].toLowerCase())
   }
   return output
}
```

먼저, 결과를 담을 빈 배열을 생성한다. 그런 다음, 루프로 입력 배열의 모든 요소를 순환하면서 소문자 값을 빈 배열로 푸시한다. 마지막으로, 출력 배열을 반환한다.

선언식 함수는 다음과 같다.

```
const toLowerCase = input => input.map(
    value => value.toLowerCase()
)
```

입력 배열의 항목을 맵 함수로 전달하며, 여기서 소문자 값을 포함하는 새로운 배열을 반환한다.

몇 가지 주의해야 할 차이점이 있다. 첫 번째 예제는 세련되지 않으며 이해하기도 더 어렵다. 두 번째 예제는 간단하고 이해하기 쉽다. 유지관리성이 중요한 대규모 코드베이스에서는 이 차이점이 아주 중요하게 작용한다.

선언식 예제에서 중요한 다른 점은 변수를 사용하거나 실행 중에 변수 값을 업데이트할 필요가 없다는 점이다. 선언식 프로그램은 실제로 상태 생성과 변형을 방지하는 경향이 있다.

마지막 예제에서는 리액트가 선언식이라는 것이 어떤 의미인지 확인해보자.

이 예제는 웹 개발에서 자주 접하는 문제 중 하나로서, 표식이 포함된 맵을 표시하는 방법을 다룬다.

다음은 구글 맵 SDK를 사용한 자바스크립트 구현이다.

```
const map = new google.maps.Map(document.getElementById('map'), {
    zoom: 4,
    center: myLatLng,
})

const marker = new google.maps.Marker({
```

```
    position: myLatLng,
    title: 'Hello World!',
})

marker.setMap(map)
```

코드를 보면 맵을 생성하고, 표식을 생성하며, 표식을 맵에 연결하는 모든 명령이 코드 안에서 순서대로 기술되므로 완전히 명령식이다.

반면에 페이지에 맵을 표시하는 리액트 컴포넌트는 다음과 같다.

```
<Gmaps zoom={4} center={myLatLng}>
    <Marker position={myLatLng} Hello world! />
</Gmaps>
```

선언식 프로그래밍에서는 작업하는 모든 단계를 나열할 필요 없이 달성하려는 목표만 기술하면 된다.

리액트는 사용하기 쉬운 선언식 접근법을 제공하므로 결과 코드가 단순해지고 버그도 줄어들며 유지관리도 용이해진다.

▌ 리액트 요소

이 책에서는 독자가 컴포넌트와 해당 인스턴스에 익숙하다고 가정하지만, 리액트를 효과적으로 사용하려면 **요소**^{element}라는 또 다른 객체에 대해 알아야 한다.

createClass를 호출하거나, Component를 확장하거나, 상태 비저장 함수를 선언할 때마다 컴포넌트를 생성하는 것이다. 리액트는 런타임에 컴포넌트의 모든 인스턴스를 관리하며, 동일한 인스턴스의 여러 인스턴스가 존재할 수 있다.

앞서 언급한 대로, 리액트는 선언식 패러다임을 따르므로 DOM과 상호작용하는 방법을 알려줄 필요가 없다. 즉, 화면에 표시하고 싶은 것을 선언하면 리액트가 이를 위해 필요한 작업을 수행한다.

이미 경험해본 독자들이 많겠지만 대부분의 다른 UI 라이브러리는 이와는 완전히 다른 방법으로 작동한다. 즉, 인터페이스를 계속 업데이트하는 책임이 개발자에게 있으며, DOM 요소를 생성하고 삭제하는 코드를 수동으로 작성해야 한다.

리액트는 UI의 흐름을 제어하기 위해 화면에 표시할 항목을 설명하는 **요소**^{element}라는 특수한 객체를 사용한다. 요소는 컴포넌트나 해당 인스턴스와 비교하면 훨씬 간단한 불변 객체이며, 인터페이스를 나타내는 데 필요한 정보만 포함한다.

다음은 요소의 한 예다.

```
{
    type: Title,
    props: {
        color: 'red',
        children: 'Hello, Title!'
    }
}
```

요소는 가장 중요한 속성인 형식^{type}과 여러 프로퍼티를 갖는다. children은 선택적인 특수 프로퍼티이며, 해당 요소의 직계 자손을 나타낸다.

형식은 해당 요소를 처리하는 방법을 리액트에 알려주므로 아주 중요하다. 예를 들어 형식이 문자열인 경우 이 요소는 **DOM 노드**를 나타내며, 형식이 함수인 경우 이 요소는 **컴포넌트**다.

렌더 트리$^{render\ tree}$를 나타내기 위해 DOM 요소와 트리는 서로 중첩할 수 있다.

```
{
  type: Title,
  props: {
    color: 'red',
    children: {
      type: 'h1',
      props: {
        children: 'Hello, H1!'
      }
    }
  }
}
```

요소의 형식이 함수인 경우 리액트는 프로퍼티를 전달하고 이를 호출해 기반 요소를
얻는다. 이 함수는 DOM 노드의 트리를 얻을 때까지 결과를 대상으로 재귀적으로 수
행하며 최종적으로 리액트가 화면에 이를 렌더링한다. 이 프로세스를 **조정**^{reconciliation}
이라고 하며, 리액트 DOM과 리액트 네이티브에서 해당 플랫폼의 사용자 인터페이
스를 생성하기 위해 이 프로세스를 사용한다.

▌ 잊어야 할 기존의 모든 방식

리액트를 처음 사용하기 위해서는 웹과 모바일 애플리케이션을 설계하는 데 새로운
방법을 도입해야 하므로 열린 마음가짐이 필요하다. 실제로 리액트는 잘 알려진 기존
의 모범사례를 대부분 무시하는 새롭고 혁신적인 방법으로 사용자 인터페이스를 생
성한다.

지난 20여 년 동안 관심사의 분리는 중요한 개념이었고, 이 개념의 핵심은 템플릿으
로부터 논리를 분리하는 것이었다. 즉, 지금까지는 자바스크립트와 HTML을 다른 파
일로 작성하는 것이 목표였다.

또한 이 목표를 달성하기 위한 다양한 템플릿 솔루션이 개발됐다.

그런데 문제는 대부분의 경우 이러한 분리가 허상에 불과하며, 실제로 자바스크립트와 HTML은 어디에 있든지 서로 밀접하게 결합된다는 점이다.

다음 템플릿 예제를 살펴보자.

```
{{#items}}
   {{#first}}
     <li><strong>{{name}}</strong></li>
   {{/first}}
   {{#link}}
     <li><a href="{{url}}">{{name}}</a></li>
   {{/link}}
{{/items}}
```

이 코드 조각은 잘 알려진 템플릿 시스템인 **머스태시**^{Mustache} 웹사이트에서 가져온 것이다.

첫 번째 행은 머스태시에 items의 컬렉션을 대상으로 순회하도록 지시한다. 루프 안에는 #first와 #link 프로퍼티가 있는지 확인하고 그 값에 따라 다른 HTML을 렌더링하는 조건 논리가 포함돼 있다. 변수는 중괄호로 감싼다.

애플리케이션이 변수를 표시하는 간단한 작업만 한다면 템플릿 라이브러리도 좋은 해결책이지만, 복잡한 데이터 구조를 사용해야 한다면 상황이 다르다.

실제로 템플릿 시스템과 해당 DSL^{Domain-Specific Language}은 관련 기능의 하위 집합을 제공하며, 완벽하지는 않더라도 실제 프로그래밍 언어의 기능을 지원하려고 한다.

예제에서 볼 수 있듯이, 템플릿은 데이터를 표시하기 위해 논리 계층에서 받은 모델에 크게 의존한다.

반면에 자바스크립트는 별도의 파일에서 로드됐어도 템플릿에 의해 렌더링된 DOM 요소와 상호작용해 UI를 업데이트한다.

스타일에도 같은 문제가 적용된다. 즉, 스타일도 다른 파일에서 정의되지만, 마크업의 구조를 따르는 CSS 선택자와 템플릿에서 참조되므로 한쪽을 수정하면 다른쪽에서 문제가 발생한다. 다시 말해, 서로 결합돼 있다.

따라서 기존에는 관심사의 분리가 사실상 기술의 분리에 지나지 않았으며, 이를 나쁘다고 할 수는 없지만 실제 문제를 해결하는 데는 부족한 것이다.

리액트는 템플릿을 올바른 위치인 논리 옆에 배치함으로써 문제 해결을 시도한다. 그 이유는 리액트가 **컴포넌트**component라는 작은 조각을 조합해 애플리케이션을 만들도록 제안하기 때문이다.

관심사를 분리하는 방법을 프레임워크가 강제해서는 안 된다. 모든 애플리케이션에는 각기 다른 관심사가 있으며 이러한 관심사의 경계를 결정하는 것은 개발자의 몫이기 때문이다.

컴포넌트 기반 접근법은 웹 애플리케이션을 작성하는 방법을 급격하게 변화시키고 있으며, 관심사의 분리라는 기존의 개념이 점차 최신의 구조로 대체되는 것도 바로 이 때문이다.

리액트의 패러다임은 새로운 것은 아니며, 리액트 개발자가 처음 고안한 것도 아니지만, 이를 주류 개념으로 자리 잡게 하고, 무엇보다 다양한 기술 수준의 개발자가 쉽게 이해할 수 있도록 대중화한 공로가 리액트에 있다.

다음은 리액트 컴포넌트의 render 메소드 예를 보여준다.

```
render() {
  return (
    <button style={{ color: 'red' }} onClick={this.handleClick}>
      Click me!
    </button>
  )
}
```

처음에는 약간 이상하게 보이지만 아직 이러한 종류의 구문에 익숙하지 않기 때문이다.

구문을 배운 후에는 리액트의 강력함과 잠재력을 이해할 수 있게 된다.

자바스크립트를 논리와 템플릿 양쪽에 사용하면 관심사를 더 나은 방법으로 분리할 수 있고, 표현성과 기능이 향상되며, 이를 바탕으로 더 복잡한 사용자 인터페이스를 만들 수 있다.

이것이 처음에는 자바스크립트와 HTML을 섞는 것이 이상하게 보이더라도 실제로 한 번 경험해봐야 하는 이유다.

새로운 기술을 접하는 가장 좋은 방법은 규모가 작은 보조 프로젝트에 기술을 적용하고 어떻게 작동하는지 살펴보는 것이다. 장기적인 장점이 충분한 가치가 있다면, 지금까지 배운 모든 것을 버리고 사고방식을 바꿀 준비를 하는 것이 바람직하다.

그리고 아직은 상당히 논란이 많고 받아들이기 어렵지만, 리액트를 개발하는 엔지니어들이 커뮤니티에 권장하고 있는 또 다른 개념으로 스타일링 논리까지 컴포넌트 안에 넣는 것이 있다.

이 방식의 목표는 컴포넌트를 생성하는 데 사용되는 각각의 모든 기술을 캡슐화하고 관심사를 해당 도메인과 기능에 따라 분리하는 것이다.

다음은 리액트 설명서에서 가져온 스타일 객체의 예다.

```
var divStyle = {
   color: 'white',
   backgroundImage: 'url(' + imgUrl + ')',
   WebkitTransition: 'all', // 'W' 문자가 대문자다.
   msTransition: 'all' // 'ms'는 소문자 공급자 접두사다.
};

ReactDOM.render(
```

```
  <div style={divStyle}>Hello World!</div>,
  mountNode
);
```

이와 같이 개발자가 자바스크립트를 사용해 스타일을 작성하는 솔루션을 #CSSinJS라고 하며, 7장 '컴포넌트 꾸미기'에서 자세하게 다룬다.

▌흔한 오해

리액트에 대한 흔한 오해 중 하나는 리액트가 막대한 양의 기술과 툴의 집합이며 이를 사용하려면 패키지 관리자, 트랜스파일러, 모듈 번들러, 그리고 무수히 많은 라이브러리를 다뤄야 한다는 것이다.

이런 생각은 상당히 널리 퍼져 있어서, 이런 생각을 의미하는 **자바스크립트 피로감** JavaScript Fatigue 이라는 용어까지 등장했다.

이러한 오해가 생긴 이유를 이해하기는 어렵지 않다. 실제로 리액트 생태계의 모든 리포지터리와 라이브러리는 최신 기술과 자바스크립트 최신 버전, 그리고 고급 기법과 패러다임을 이용해 만들어졌다.

게다가 깃허브 GitHub 를 보면 다양한 문제에 대한 솔루션을 위해 수십 가지 의존성이 필요한 막대한 수의 리액트 보일러플레이트가 제공되고 있다.

리액트 사용하려면 이러한 툴이 모두 필요하다고 생각하기 쉽지만 사실은 그렇지 않다.

이러한 흔한 오해에도 불구하고 리액트는 아주 작은 라이브러리이며, 제이쿼리 jQuery 나 백본 Backbone 을 사용하는 방법과 마찬가지로 페이지의 body 요소를 닫기 전에 스크립트를 포함하는 방법으로 손쉽게 어떤 페이지(심지어 JS피들 JSFiddle 내부)에든 사용할 수 있다.

정확히 말해, 리액트는 2개의 패키지(라이브러리의 핵심 기능을 구현하는 react와 모든 브라우저 관련 기능을 포함하는 react-dom)로 분리되므로 스크립트도 2개가 있다. 그 이유는 여러 대상(예: 브라우저에서 리액트 DOM과 모바일 장치에서 리액트 네이티브)을 지원하기 위해 핵심 패키지가 사용되기 때문이다.

한 HTML 페이지 안에서 리액트 애플리케이션을 실행하는 데는 패키지 관리자나 복잡한 작업이 필요 없다. 배포 번들을 내려받고 직접 호스팅(또는 unpkg.com을 사용)하면 몇 분 안에 리액트와 그 기능을 사용할 준비가 완료된다.

다음은 HTML에서 리액트를 사용하기 위해 포함해야 하는 URL이다.

- https://unpkg.com/react/dist/react.min.js
- https://unpkg.com/react-dom/dist/react-dom.min.js

코어 리액트 라이브러리만 포함하는 경우, JSX는 브라우저에서 지원하는 표준 언어가 아니므로 사용할 수 없지만, 일단은 최소한의 기능 집합으로 시작한 후 진행하면서 필요에 따라 기능을 추가할 수 있다.

간단한 UI의 경우 createElement만 사용해도 된다. 그리고 더 복잡한 UI를 만들 때 트랜스파일러transpiler를 포함해 JSX를 활성화하고 자바스크립트 변환을 거치면 된다.

애플리케이션이 더 복잡해지면 여러 페이지와 뷰를 처리하기 위한 라우터가 필요할 수 있으며, 이 역시 그때 가서 포함하면 된다.

나중에는 데이터를 일종의 API 엔드포인트에서 로드하고 싶을 수 있으며, 애플리케이션이 더 커지면 복잡한 작업을 추상화하기 위한 여러 외부 의존성이 필요할 수 있다. 패키지 관리자는 그때 가서 소개한다.

그다음에는 애플리케이션을 여러 모듈로 분할하고 파일을 올바른 방법으로 구성해야 하는 시점이 올 것이다. 모듈 번들러module bundler에 대해서는 그때 살펴본다.

이렇게 간단한 원칙에 따라 진행하면 피로감을 느낄 이유가 없을 것이다.

잘 모르는 수십, 수백 개의 의존성과 npm 패키지를 사용하는 보일러플레이트부터 무턱대고 시작하다가는 길을 잃고 헤매기 쉽다.

모든 프로그래밍 관련 업무(특히 프론트엔드 엔지니어링)는 지속적인 학습이 필요하다는 사실을 알아야 한다. 이것은 웹이 사용자와 개발자의 요구에 따라 변화하며 아주 빠른 속도로 진화하고 있기 때문이다. 이것이 웹이 초창기부터 지금까지 발전해온 방법이며, 우리가 흥미를 느끼는 이유이기도 하다.

웹 개발에 대한 경험을 얻으면서 느끼는 건, 모든 것을 배운다는 건 불가능하며 피로감을 피하면서 필요한 최신 기술을 익히는 방법을 찾아야 한다는 것이다. 이제는 매번 새로운 라이브러리를 사용하지 않고도 새로운 경향을 반영할 수 있게 됐다.

자바스크립트 세계에서는 사양이 정식 발표되거나 초안이 나오면 브라우저 공급업체에서 공식으로 지원하기 전에 곧바로 커뮤니티에서 누군가가 트랜스파일러 플러그인이나 폴리필을 제작해 모든 개발자가 사용해볼 수 있게 해주는 놀라운 현상이 벌어지고 있다.

이것이 자바스크립트와 브라우저가 여타 언어나 플랫폼과는 완전히 다른 환경인 이유다.

단점은 모든 것이 빠르게 변한다는 것이지만, 최신 기술과 안전한 선택 사이에서 적당한 균형을 찾으면 문제가 없다.

리액트를 개발하는 페이스북 개발자들은 개발자의 경험에 대해 많은 관심을 갖고 있으며, 커뮤니티에서 나오는 의견을 중시한다. 리액트를 사용하기 위해 수백 가지의 툴을 배워야 한다는 건 사실이 아니지만, 많은 사람이 피로감을 느끼고 있음을 인정하고 아주 쉽게 리액트 애플리케이션을 실행할 수 있게 해주는 CLI 툴을 공개했다.

유일한 요구사항은 node.js/npm 환경을 사용해 CLI 툴을 전역으로 설치하는 것이다.

```
npm install -g create-react-app
```

실행 파일이 설치되면, 다음과 같이 여기에 폴더 이름을 전달하고 애플리케이션을 생성할 수 있다.

```
create-react-app hello-world
```

마지막으로, cd hello-world 명령으로 애플리케이션 폴더로 이동하고 다음과 같이 실행한다.

```
npm start
```

그럼 놀랍게도 가장 최신의 기술을 사용하는 완벽한 리액트 애플리케이션이 단 하나의 의존성을 가지고 실행된다. 다음 스크린샷은 create-react-app을 이용해 만든 애플리케이션의 기본 페이지를 보여준다.

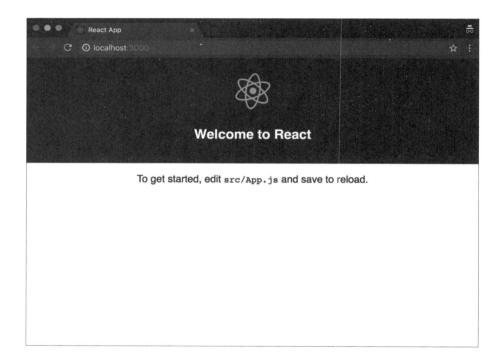

이 툴은 이 책의 각 장에 나오는 예제를 실행하는 데 사용된다. 이 책의 예제는 다음 주소의 깃허브에서도 받을 수 있다.

> https://github.com/MicheleBertoli/react-design-patterns-and-best-
> practices

▌ 요약

1장에서는 이 책의 나머지 부분을 공부하고 리액트를 사용하기 위해 먼저 알아야 할 기본적인 개념들을 배웠다.

선언식 코드를 작성하는 방법을 배웠고, 우리가 만드는 컴포넌트와 리액트가 화면에 인스턴스를 표시하기 위해 사용하는 요소의 차이를 확인했다.

논리와 템플릿을 함께 배치하는 이유를 확인했고, 리액트에서 다소 특이한 선택을 한 이유도 알아봤다.

자바스크립트 생태계에서 개발자들이 피로감을 느끼는 이유를 확인했고, 피로감을 방지하기 위해 단계적 접근 방식을 취할 것임을 설명했다.

마지막으로, 새로운 create-react-app CLI가 무엇인지 살펴봤다. 이제 실제로 코드 작성을 시작할 준비가 됐다.

02

깔끔한 코드 관리

2장에서는 독자가 이미 JSX를 사용해본 경험이 있고 이를 더 효과적으로 사용하는 방법을 원한다고 가정한다.

JSX를 문제없이 원활하게 사용하려면 JSX가 내부적으로 작동하는 방법과 JSX가 UI 구축에 유용한 이유를 이해하는 것이 중요하다.

우리의 목표는 깔끔하고 유지관리가 용이한 JSX 코드를 작성하는 것이며, 이를 위해서는 JSX가 어디에서 오고, 자바스크립트로 어떻게 변환되며, 어떤 기능이 제공되는지 알아야 한다.

첫 번째 절에서는 한 단계 물러서서 기본적인 이야기를 다루지만, 모범사례를 배우기 위해서는 꼭 필요한 단계이므로 인내심을 가져보자.

1장에서 다루는 내용은 다음과 같다.

- JSX란 무엇이며, 이를 사용해야 하는 이유
- 바벨^{Babel}이란 무엇이며, 이를 사용해 최신 자바스크립트 코드를 작성하는 방법
- JSX의 주요 기능, HTML과 JSX 간의 차이점
- JSX를 세련되고 유지관리하기 용이하게 작성하는 방법
- ES린트^{ESLint}를 사용한 린팅을 통해 자바스크립트 코드를 애플리케이션과 팀 전체에서 일관성 있게 유지하는 방법
- 함수형 프로그래밍의 기본 개념, 함수형 패러다임이 리액트 컴포넌트를 작성하는 데 권장되는 이유

▌ JSX

1장에서는 리액트가 분리의 경계를 컴포넌트 안으로 옮김으로써 관심사의 분리라는 기존의 개념에서 어떻게 변화시켰는지 알아봤다.

또한 리액트가 화면에 UI를 표시하기 위해 컴포넌트에서 반환한 요소를 사용하는 방법에 대해서도 배웠다.

다음은 컴포넌트 안에서 요소를 선언하는 방법을 알아보자.

리액트는 요소를 정의하는 방법으로서 자바스크립트 함수를 사용하는 방법과, XML과 구문이 비슷한 JSX를 사용하는 방법을 제공한다. 다음 그림은 React.js 공식 웹사이트에서 가져온 예다.

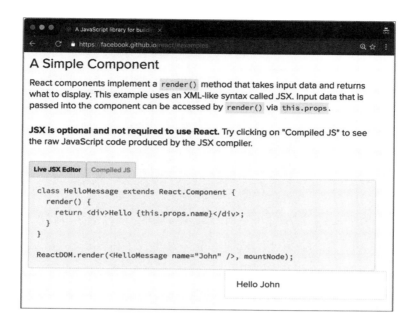

JSX는 많은 사람이 리액트에 접근하는 데 실패한 중요한 이유 중 하나다. 자바스크립트와 HTML이 섞여 있는 모습을 처음 접하면 아주 이상하게 보이는 것이 당연하다.

그러나 이미 웹 환경에서 UI를 제작해본 경험이 있다면 친숙하게 느낄 HTML과 비슷하기 때문에 일단 익숙해지면 아주 편리하다.

열기와 닫기 태그는 요소의 중첩된 트리를 아주 수월하게 나타낼 수 있다. 반면에 순수 자바스크립트로 이러한 복잡한 구조를 표현하고 관리하기는 아주 어렵다.

바벨

코드에서 JSX(및 ES2015의 일부 기능)를 사용하려면 **바벨**Babel을 설치해야 한다.

무엇보다 먼저, 이 툴이 어떤 문제를 해결하기 위한 것이고, 작업 프로세스에 이러한 단계 하나를 추가하는 이유를 명확하게 이해해야 한다. 우선 이유는 대상 환경, 즉 브라우저에 아직 추가되지 않은 언어의 기능을 사용하기 위해서다. 이러한 고급 기능은 코드를 더 깔끔하게 작성할 수 있게 해주지만, 아직 브라우저가 이해하고 실행할 수 없는 것들이다.

이 문제의 해결책은 JSX와 ES2015로 스크립트를 작성한 후, 준비가 되면 소스를 컴파일해 현재 주요 브라우저에 구현된 표준 사양인 ES5로 변환하는 것이다.

 바벨은 리액트 커뮤니티에 널리 보급된 자바스크립트 컴파일러다.

바벨은 ES2015 코드를 ES5 자바스크립트로 컴파일하는 것은 물론, JSX를 자바스크립트 함수로 컴파일할 수 있다. 소스를 실행 파일이 아닌 새로운 소스로 컴파일하는 이 프로세스를 트랜스파일transpilation이라고 한다.

사용법은 아주 간단하다. 우선 다음과 같이 설치해야 한다.

```
npm install --global babel-cli
```

바벨을 전역으로 설치하고 싶지 않은 경우(전역 설치를 좋아하지 않는 개발자들이 있다) 프로젝트에 로컬로 설치하고 npm 스크립트를 통해 실행할 수 있지만, 2장을 진행하는 데는 전역 인스턴스를 사용하는 것이 편리하다.

설치가 완료되면 다음과 같이 명령을 실행해 자바스크립트 파일을 컴파일할 수 있다.

```
babel source.js -o output.js
```

바벨의 장점 중 하나는 세부적으로 구성할 수 있다는 것이다. 바벨은 소스 파일을 출력 파일로 트랜스파일하는 툴이지만, 여러 변형을 적용하려면 사전에 구성이 필요하다.

다행히, 손쉽게 설치하고 사용할 수 있는 아주 유용한 구성 프리셋이 많다.

```
npm install --global babel-preset-es2015
babel-preset-react
```

프리셋을 설치한 후에는 루트 폴더에 .babelrc라는 구성 파일을 만들고 다음과 같이 해당 프리셋을 사용하도록 바벨에 지시하는 행을 추가한다.

```
{
    "presets": [
        "es2015",
        "react"
    ]
}
```

이제부터 ES2015와 JSX를 사용해 소스 파일을 작성하고 그 출력 파일을 브라우저에서 실행할 수 있다.

Hello, World!

JSX를 지원하도록 환경을 설정한 후에는 div 요소 하나를 생성하는 가장 기본적인 예제를 작성해볼 차례다.

다음은 리액트의 createElement 함수를 이용해 div를 생성하는 방법이다.

```
React.createElement('div')
```

다음은 JSX를 이용해 div 요소를 생성하는 방법이다.

```
<div />
```

JSX를 사용한 방법은 일반 HTML과 비슷하게 보인다.

큰 차이는 .js 파일에 마크업을 작성했다는 것이지만, JSX는 편의 문법이므로 브라우저에서 실행하기 전에 자바스크립트로 트랜스파일된다는 데 주의하자.

실제로 `<div />`는 바벨을 실행하면 `React.createElement('div')`로 변환된다. 템플릿을 작성할 때는 이 사실을 항상 염두에 둬야 한다.

DOM 요소와 리액트 컴포넌트

JSX를 사용하면 HTML 요소와 리액트 컴포넌트를 모두 생성할 수 있으며, 둘의 차이점은 대문자로 시작하는지 여부다.

예를 들어, HTML 버튼을 렌더링하려면 `<button />`을 사용하지만 Button 컴포넌트를 렌더링하려면 `<Button />`을 사용한다.

첫 번째 버튼은 다음과 같이 트랜스파일된다.

```
React.createElement('button')
```

두 번째 버튼은 다음과 같이 트랜스파일된다.

```
React.createElement(Button)
```

첫 번째 호출은 DOM 요소의 형식을 문자열로서 전달하는 반면, 두 번째 호출은 컴포넌트 자체를 전달한다. 즉, 두 번째 호출은 컴포넌트가 유효 범위 안에 있어야 작동한다.

예제에서 볼 수 있듯이 JSX는 자체 닫기 태그를 지원하므로, 코드를 간결하게 유지하고 불필요한 태그를 반복할 필요가 없다.

프로퍼티

JSX를 사용하면 DOM 요소나 리액트 컴포넌트의 프로퍼티를 손쉽게 처리할 수 있다. XML에서는 다음과 같이 간단하게 요소의 속성을 설정할 수 있다.

```
<imgsrc="https://facebook.github.io/react/img/logo.svg"
alt="React.js" />
```

자바스크립트에서는 다음과 같다.

```
React.createElement("img", {
    src: "https://facebook.github.io/react/img/logo.svg",
    alt: "React.js"
});
```

속성은 2개뿐이지만 자바스크립트의 구문은 XML의 구문보다 훨씬 복잡하다.

자식

JSX는 자식을 정의해 요소의 트리를 기술하고 복잡한 UI를 구성할 수 있게 해준다.

다음은 텍스트를 포함하는 링크의 간단한 예다.

```
<a href="https://facebook.github.io/react/">Click me!</a>
```

이를 트랜스파일한 결과는 다음과 같다.

```
React.createElement(
    "a",
    { href: "https://facebook.github.io/react/" },
    "Click me!"
);
```

레이아웃 요건이 있을 때는 div 내부에 링크를 넣는 것도 가능한데, 이를 위한 JSX는 다음과 같다.

```
<div>
    <a href="https://facebook.github.io/react/">Click me!</a>
</div>
```

이에 해당하는 자바스크립트 코드는 다음과 같다.

```
React.createElement(
    "div",
    null,
    React.createElement(
        "a",
        { href: "https://facebook.github.io/react/" },
        "Click me!"
    )
);
```

이와 같이 JSX의 구문은 XML과 비슷하기 때문에 읽고 유지관리하기 쉽지만, 생성되는 요소를 확실하게 제어하려면 작성한 JSX에 해당하는 자바스크립트 코드를 항상 알고 있어야 한다.

요소의 자식으로는 다른 요소만이 아니라 함수나 변수 같은 자바스크립트 식을 사용할 수도 있다.

이를 위해서는 식을 중괄호로 감싸면 된다.

```
<div>
    Hello, {variable}.
    I'm a {function()}.
</div>
```

문자열이 아닌 속성도 마찬가지다.

```
<a href={this.makeHref()}>Click me!</a>
```

HTML과 다른 점

지금까지는 JSX와 HTML의 비슷한 점을 살펴봤다. 다음은 둘의 차이점이 무엇이고 이러한 차이점이 있는 이유를 알아본다.

속성

JSX는 표준 언어가 아니며 자바스크립트로 트랜스파일된다는 점을 항상 기억해야 한다. 따라서 일부 속성은 사용할 수 없다.

예를 들어 class 대신 className을 사용해야 하며, for 대신 htmlFor를 사용해야 한다.

```
<label className="awesome-label" htmlFor="name" />
```

그 이유는 class와 for가 자바스크립트에서 예약어이기 때문이다.

스타일

스타일 속성이 작동하는 방식에도 큰 차이가 있다. 자세한 내용은 7장 '컴포넌트 꾸미기'에서 다루겠지만, 여기서는 기본 작동 방식을 확인해보자.

스타일 속성이 HTML과는 달리 CSS 문자열을 받지 않으며, 스타일 이름을 **카멜 표기법**camelCased으로 지정한 JS 객체를 받는다.

```
<div style={{ backgroundColor: 'red' }} />
```

루트

다른 중요한 차이점이 있는데, JSX 요소는 자바스크립트 함수로 변환되며, 자바스크립트에서는 함수 2개를 반환할 수 없으므로 같은 레벨에 여러 요소가 있는 경우 요소를 부모로 래핑해야 한다는 점이다.

다음과 같은 예가 있다고 가정해보자.

```
<div />
<div />
```

이 경우 다음과 같은 오류가 발생한다. 이 오류의 의미는 인접한 JSX 요소를 닫는 태그 안에 래핑해야 한다는 뜻이다.

```
Adjacent JSX elements must be wrapped in an enclosing tag
```

반면, 다음과 같은 예는 문제가 없다.

```
<div>
    <div />
    <div />
</div>
```

JSX의 작동 방식 때문에 불필요한 div 태그를 넣는 것이 불편하게 느껴지는데, 이 책을 집필하는 동안에는 리액트 개발자들이 이 문제를 해결하기 위해 노력하고 있었다.

https://github.com/reactjs/core-notes/blob/master/2016-07/july-07.md

공백

JSX를 처음 배울 때 약간 이상하게 느껴지는 사항으로 공백을 처리하는 방법의 차이가 있는데, 그 이유는 JSX가 XML과 구문이 비슷하지만 HTML은 아니기 때문이다.

JSX는 텍스트와 요소 간의 공백을 HTML과 다른 약간 어색한 방법으로 처리한다. 다음 예를 살펴보자.

```
<div>
   <span>foo</span>
   bar
   <span>baz</span>
</div>
```

브라우저에서 이를 HTML로 해석한 결과에서는 예상대로 foo bar baz가 출력된다.

JSX에서는 동일한 코드가 foobarbaz로 렌더링되는데, 이것은 중첩된 세 행이 공백에 대한 고려 없이 각각 div 요소의 자식으로 트랜스파일되기 때문이다. 일반적인 해결책은 요소 사이에 명시적으로 공백을 넣는 것이다.

```
<div>
   <span>foo</span>
   {' '}
   bar
   {' '}
   <span>baz</span>
</div>
```

예제를 보면 알 수 있듯이, 자바스크립트 식 안에 빈 문자열을 추가해 컴파일러가 요소 사이에 공백을 넣도록 했다.

부울 속성

본격적으로 시작하기 전에 더 언급이 필요한 사항 중 하나로, JSX에서 부울[Boolean] 속성을 정의하는 방법이 있다. 값을 제공하지 않고 속성을 설정하면 JSX는 가령 HTML disabled 속성의 동작과 같이 속성 값이 true라고 가정한다.

즉, 속성을 false로 설정하려면 명시적으로 false로 선언해야 한다.

```
<button disabled />
React.createElement("button", { disabled: true });
```

다음은 또 다른 예다.

```
<button disabled={false} />
React.createElement("button", { disabled: false });
```

속성을 생략하면 false가 된다고 생각하기 쉬운데 사실은 그렇지 않기 때문에 혼동의 소지가 있다. 리액트에서는 혼란을 방지하기 위해 항상 명시적으로 설정해야 한다.

속성 전개

JSX의 중요한 기능 중 하나인 **속성 전개**spread attributes 연산자는 ECMAScript 제안(https://github.com/sebmarkbage/ecmascript-rest-spread)인 프로퍼티 나머지와 프로퍼티 전개에서 가져온 것이며, 자바스크립트 객체의 모든 속성을 요소로 순서대로 전달할 때 아주 편리하다.

버그 발생을 줄이는 흔한 방법으로, 자바스크립트 객체를 참조로서 자식으로 전달하기보다 유효성을 검사하기 쉬운 원시형 값으로 전달하는 방법이 있다. 이렇게 하면 더 견고하고 오류가 적게 발생하는 컴포넌트를 만들 수 있다.

작동 방식을 알아보자.

```
const foo = { id: 'bar' }
return <div {...foo} />
```

이 코드는 다음과 같이 트랜스파일된다.

```
var foo = { id: 'bar' };
return React.createElement('div', foo);
```

자바스크립트 템플릿

마지막으로, 앞에서 외부 템플릿 라이브러리를 사용하지 않고 템플릿을 컴포넌트 안으로 이동해서 얻는 혜택 중 하나가 자바스크립트의 장점을 극대화할 수 있는 것이라고 했는데, 그 의미를 알아보자.

속성 전개가 이러한 혜택 중 하나이며, 자바스크립트 식을 중괄호 안에 넣어서 속성 값으로 사용할 수 있다는 것이 또 다른 혜택이다.

```
<button disabled={errors.length} />
```

일반적인 패턴

지금까지 JSX가 작동하는 방법을 살펴봤다. 다음은 JSX를 올바르게 사용하는 방법과 유용한 관행 및 기법을 살펴볼 차례다.

다중 행

간단한 내용부터 시작해보자. 앞에서 언급했듯이, 리액트의 createElement보다 JSX를 선호하는 주요 이유 중 하나는 XML과 구문이 비슷하고 열기와 닫기 태그의 짝이 맞으므로 노드 트리를 구성하는 데 편리하기 때문이다.

따라서 JSX를 제대로 사용해 이러한 장점을 살려야 한다.

예를 들어, 중첩된 요소는 다음 예와 같이 항상 다중 행으로 작성해야 한다.

```
<div>
   <Header />
   <div>
      <Main content={...} />
   </div>
</div>
```

다음과 같이 작성하는 것은 바람직하지 않다.

```
<div><Header /><div><Main content={...} /></div></div>
```

자식이 요소가 아닌 텍스트나 변수인 경우는 예외이며, 이 경우 다음 예와 같이 동일한 행에 작성하는 것이 알아보기 편하다.

```
<div>
   <Alert>{message}</Alert>
   <Button>Close</Button>
</div>
```

다중 행에 요소를 배치할 때는 항상 괄호 안에 넣어야 한다. 실제로 JSX는 항상 함수로 대체되므로, 함수를 새로운 행에 작성하면 자동 세미콜론 삽입 때문에 예기치 못한 결과가 발생할 수 있다. 리액트에서 UI를 생성하는 방법에 맞게, render 메소드에서 JSX를 반환한다고 가정해보자.

다음 예는 div와 return이 같은 행에 있으므로 잘 작동한다.

```
return <div />
```

반면, 다음 예에서는 원하는 결과가 나오지 않는다.

```
return
    <div />
```

그 이유는 다음과 같이 변환되기 때문이다.

```
return;
React.createElement("div", null);
```

따라서 문장을 괄호 안에 넣어야 한다.

```
return (
    <div />
)
```

다중 프로퍼티

JSX를 작성할 때 요소가 여러 속성을 갖는 경우 문제가 생기는 경우가 많다. 한 가지 해결책은 모든 속성을 동일한 행에 나열하는 것이지만 이렇게 하면 행이 아주 길어질 수 있다(코딩 스타일 적용에 대해서는 다음 절을 참고한다).

일반적인 해결책은 각 속성을 한 단계 들어쓰면서 새로운 행에 배치하고 닫기 꺾쇠를 열기 태그와 정렬하는 것이다.

```
<button
    foo="bar"
    veryLongPropertyName="baz"
    onSomething={this.handleSomething}
/>
```

조건문

조건문을 다룰 때는 더 흥미로워진다. 예를 들어, 특정 조건이 충족될 때만 어떤 컴포넌트를 렌더링하고 싶을 수 있다. 조건문에 자바스크립트를 사용할 수 있는 것은 큰 장점이지만, JSX로 조건문을 표현하는 방법은 여러 가지이므로 각 방법의 장단점을 제대로 알아야 읽고 유지관리하기 쉬운 코드를 작성할 수 있다.

사용자가 애플리케이션에 로그인한 경우에만 로그아웃 버튼을 표시한다고 가정해보자.

우선 다음과 같이 시작할 수 있다.

```
let button
if (isLoggedIn) {
    button = <LogoutButton />
}
return <div>{button}</div>
```

이 코드는 작동은 하지만 보기 좋지 않다. 컴포넌트와 조건문이 여러 개일 때는 더 알아보기 어려워진다.

JSX에서 인라인 조건문을 사용할 수 있다.

```
<div>
    {isLoggedIn && <LoginButton />}
</div>
```

이 예에서 조건이 false인 경우 아무것도 렌더링되지 않지만, true인 경우 LoginButton의 createElement 함수가 호출되고 요소가 반환돼 결과 트리가 구성된다.

조건문에 다른 조건이 있고(예: 전형적인 if...else 문), 예를 들어 사용자가 로그인한 경우 로그아웃 버튼을 보여주고 그렇지 않으면 로그인 버튼을 보여주려면 다음과 같이 자바스크립트의 if...else를 사용할 수 있다.

```
let button
if (isLoggedIn) {
   button = <LogoutButton />
} else {
   button = <LoginButton />
}
return <div>{button}</div>
```

또는 다음과 같은 삼항 조건문을 이용해 코드를 더 깔끔하게 만들 수 있다.

```
<div>
   {isLoggedIn ? <LogoutButton /> : <LoginButton />}
</div>
```

삼항 조건문이 사용된 예로는 리덕스^{Redux} 리얼월드(https://github.com/reactjs/redux/blob/master/examples/real-world/src/components/List.js#L25) 예제와 같이 잘 알려진 리포지터리가 있다. 여기서는 isFetching 변수의 값을 기준으로 컴포넌트가 데이터를 로드하는 중이면 'Loading...' 레이블을 표시하고, 그렇지 않으면 'Load More' 레이블을 표시한다.

```
<button [...]>
   {isFetching ? 'Loading...' : 'Load More'}
</button>
```

다음은 변수를 2개 이상 확인하고 컴포넌트를 렌더링할지 여부를 결정하는 좀 더 복잡한 상황에 맞는 가장 좋은 해결책을 알아보자.

```
<div>
   {dataIsReady && (isAdmin || userHasPermissions) &&
      <SecretData />
   }
</div>
```

이 경우 인라인 조건문을 사용하는 것이 좋지만 코드 가독성은 크게 떨어진다. 이보다는 컴포넌트 안에 도우미 함수를 만들고 이를 JSX에서 사용해 조건을 확인하는 것이 좋다.

```
canShowSecretData() {
    const { dataIsReady, isAdmin, userHasPermissions } = this.props
    return dataIsReady && (isAdmin || userHasPermissions)
}

<div>
    {this.canShowSecretData() && <SecretData />}
</div>
```

예제에서 볼 수 있듯이, 이렇게 하면 코드가 알아보기 쉬워지고 조건도 명확해진다. 6개월 뒤에 이 코드를 다시 본다면 함수 이름만 봐도 쉽게 의미를 파악할 수 있을 것이다.

함수를 사용하고 싶지 않다면 객체의 게터getter를 사용해 코드를 더 세련되게 만들 수 있다.

예를 들어, 함수를 선언하는 대신 다음과 같이 게터를 정의할 수 있다.

```
get canShowSecretData() {
    const { dataIsReady, isAdmin, userHasPermissions } = this.props
    return dataIsReady && (isAdmin || userHasPermissions)
}

<div>
    {this.canShowSecretData && <SecretData />}
</div>
```

계산된 프로퍼티의 경우도 마찬가지다. 통화와 가격의 두 프로퍼티가 있다고 가정하면, render 메소드 안에서 가격 문자열을 생성하는 대신 클래스 함수를 만드는 방법이 있다.

```
getPrice() {
    return `${this.props.currency}${this.props.value}`
}

<div>{this.getPrice()}</div>
```

게터는 격리되며 논리를 포함한 경우 테스트하기 쉽기 때문에 더 나은 선택이다.

한 걸음 더 나아가서 앞서 살펴본 대로 게터를 사용할 수 있다.

```
get price() {
    return `${this.props.currency}${this.props.value}`
}

<div>{this.price}</div>
```

조건문으로 돌아와서, 외부 의존성을 사용하는 다른 해결책이 있다. 번들을 작게 유지하려면 외부 의존성을 가급적 피하는 것이 좋지만, 이 경우에는 템플릿의 가독성을 크게 개선할 수 있으므로 의존성을 사용할 가치가 있다.

첫 번째 해결책은 다음과 같이 설치할 수 있는 render-if를 사용하는 것이다.

```
npm install --save render-if
```

설치한 후에는 다음과 같이 손쉽게 프로젝트에서 사용할 수 있다.

```
const { dataIsReady, isAdmin, userHasPermissions } = this.props
const canShowSecretData = renderIf(
    dataIsReady && (isAdmin || userHasPermissions)
)

<div>
    {canShowSecretData(<SecretData />)}
</div>
```

여기서는 조건문을 renderIf 함수로 래핑했다.

반환되는 유틸리티 함수를 함수로 사용할 수 있으며, 여기서 조건이 true일 때 표시할 JSX 마크업을 받는다.

컴포넌트 안에 너무 많은 논리를 넣지 않아야 한다는 점을 항상 기억해야 한다. 비교적 복잡한 논리가 필요한 경우가 있지만, 오류를 쉽게 찾고 수정할 수 있도록 최대한 단순하게 유지하는 것이 바람직하다.

적어도 renderIf 메소드는 최대한 깔끔하게 유지해야 하며, 이를 위해 react-only-if라는 또 다른 유틸리티 라이브러리를 이용할 수 있다. react-only-if는 상위 컴포넌트를 사용해 조건부 함수를 설정하는 방법으로, 조건이 항상 true인 것처럼 컴포넌트를 작성할 수 있게 해준다.

상위 컴포넌트에 대해서는 4장 '모든 것을 조합하기'에서 자세하게 다루겠지만, 일단은 컴포넌트를 받고 여기에 프로퍼티를 추가하거나 행동을 수정해 보강된 버전을 반환하는 함수라고 알아두자.

이 라이브러리를 이용하려면 다음과 같이 설치하면 된다.

```
npm install --save react-only-if
```

설치한 후에는 다음과 같이 사용할 수 있다.

```
const SecretDataOnlyIf = onlyIf(
    ({ dataIsReady, isAdmin, userHasPermissions }) => {
        return dataIsReady && (isAdmin || userHasPermissions)
    }
)(SecretData)

<div>
    <SecretDataOnlyIf
        dataIsReady={...}
        isAdmin={...}
```

```
      userHasPermissions={...}
   />
</div>
```

여기서 볼 수 있듯이, 컴포넌트 자체에는 논리가 포함되지 않았다.

onlyIf 함수는 첫 번째 매개변수로 조건을 전달받고 해당 조건이 충족되면 컴포넌트를 렌더링한다.

조건이 유효한지 검사하는 함수는 컴포넌트의 컨텍스트와 속성, 상태를 받는다.

이러한 방법으로 컴포넌트가 조건으로 오염되는 것을 방지하고 코드를 이해하기 쉽게 만들 수 있다.

반복문

UI 개발에서 항목의 리스트를 표시하는 작업은 아주 흔하다. 리스트를 표시할 때는 자바스크립트를 템플릿 언어로 사용하는 것이 바람직하다.

JSX 템플릿 안에서 배열을 반환하는 함수를 작성하는 경우 배열의 각 요소가 하나의 요소로 컴파일된다.

앞서 살펴봤지만, 중괄호 안에 자유롭게 자바스크립트 식을 사용할 수 있으며, 객체의 배열이 주어졌을 때 요소의 배열을 생성하는 가장 일반적인 방법은 맵을 사용하는 것이다.

현실적인 예를 살펴보자. 각각 이름 프로퍼티가 연결된 사용자의 리스트가 있다고 가정해보자.

정렬되지 않은 리스트를 생성하고 사용자를 표시하려면 다음과 같이 하면 된다.

```
<ul>
   {users.map(user =><li>{user.name}</li>)}
</ul>
```

이 코드는 HTML과 자바스크립트의 힘을 집중한 것이며, 간단하면서도 동시에 아주 강력하다.

제어문

조건문이나 반복문은 UI 템플릿에서 아주 흔한 작업이며, 자바스크립트 삼항 연산이나 맵 함수를 대신 이용하는 것이 부자연스럽다고 느낄 수 있다. JSX는 요소의 생성에 해당하는 부분을 추상화하고 논리 부분을 실제 자바스크립트에 맡기도록 고안됐다. 이러한 접근은 아주 훌륭하지만, 가끔은 코드가 불명확해질 때도 있다.

일반적으로는 모든 논리를 컴포넌트(특히 render 메소드)에서 제거하는 목표를 추구하지만, 애플리케이션의 상태에 따라 요소를 보여주거나 숨겨야 하는 경우가 많으며, 컬렉션과 배열을 대상으로 순회해야 하는 경우도 많다.

이러한 유형의 작업에 JSX를 사용하는 것이 코드 가독성을 높이는 방법이라고 판단한다면 이를 위한 바벨 플러그인 jsx-control-statements를 사용할 수 있다.

이 플러그인은 JSX와 동일한 철학을 따르며 언어에 기능을 추가하지 않는다. 즉, 자바스크립트로 컴파일되는 편의 문법이다.

작동 방식을 알아보자.

먼저 설치를 해야 한다.

```
npm install --save jsx-control-statements
```

설치한 후에는 .babelrc 파일에서 바벨 플러그인의 리스트에 추가해야 한다.

```
"plugins": ["jsx-control-statements"]
```

이제부터 이 플러그인이 제공하는 구문을 사용할 수 있으며, 바벨이 새로운 구문을 일반 JSX 구문과 함께 트랜스파일한다.

다음은 이 플러그인을 사용한 조건문의 예다.

```
<If condition={this.canShowSecretData}>
    <SecretData />
</If>
```

이 구문은 다음과 같이 삼항식으로 트랜스파일된다.

```
{canShowSecretData ? <SecretData /> : null}
```

If 컴포넌트는 아주 유용하지만 render 메소드에 중첩된 조건이 필요한 경우 코드가 금방 복잡해질 수 있다. 이 경우 Choose 컴포넌트를 유용하게 쓸 수 있다.

```
<Choose>
    <When condition={...}>
        <span>if</span>
    </When>
    <When condition={...}>
        <span>else if</span>
    </When>
    <Otherwise>
        <span>else</span>
    </Otherwise>
</Choose>
```

이 코드는 여러 삼항 연산으로 트랜스파일된다.

또한 다음과 같이 반복문을 아주 편리하게 관리할 수 있게 해주는 컴포넌트도 있다(여기서 말하는 컴포넌트는 실제 컴포넌트가 아니라 편의 구문임을 기억해두자).

```
<ul>
    <For each="user" of={this.props.users}>
        <li>{user.name}</li>
    </For>
</ul>
```

위의 코드는 특별하지 않은 맵 함수로 트랜스파일된다.

린터^{linters}를 사용하는 데 익숙하다면 린터가 이러한 코드를 지적하지 않는 이유가 궁금할 것이다. 실제로 user 변수는 트랜스파일 전에는 존재하지 않으며 함수로 래핑되지도 않는다. 실제로 이러한 린팅 오류를 방지하려면 eslint-plugin-jsx-control-statements 플러그인을 설치해야 한다.

위의 구문이 이해되지 않아도 걱정할 필요는 없다. 린팅에 대해서는 이후의 절에서 자세히 살펴볼 것이다.

하위 렌더링

컴포넌트를 최대한 작게 유지하고 render 메소드도 깔끔하고 간단하게 유지하는 것이 중요하다.

그런데 이러한 목표를 달성하기는 쉽지 않다. 애플리케이션을 개발하는 과정이 반복적이며, 처음에는 컴포넌트를 어떻게 나눠야 할지 분명하게 알 수 없기 때문이다.

그러면 render 메소드가 유지관리하기에 불편할 정도로 커지면 어떻게 해야 할까? 한 가지 해결책은 전체 논리를 같은 컴포넌트에 유지할 수 있도록 이 메소드를 작은 함수로 나누는 것이다.

다음 예를 살펴보자.

```
renderUserMenu() {
    // 사용자 메뉴용 JSX
```

```
}

renderAdminMenu() {
    // 관리자 메뉴용 JSX
}

render() {
    return (
        <div>
            <h1>Welcome back!</h1>
            {this.userExists && this.renderUserMenu()}
            {this.userIsAdmin && this.renderAdminMenu()}
        </div>
    )
}
```

컴포넌트 자체를 더 작은 것으로 분리하는 것이 좀 더 명확한 해결책이므로 이 방법이 항상 모범사례는 아닐 수 있다. 그러나 render 메소드를 더 깔끔하게 유지하는 데 도움이 될 수 있다. 예를 들어, 리덕스 리얼월드 예제는 추가 로드 버튼을 렌더링하는데 하위 렌더 메소드가 사용된다.

다음은 스타일 가이드에 따라 코드를 일관성 있게 만드는 방법을 알아볼 차례다.

▍ ES린트

개발자는 항상 최상의 코드를 작성하기 위해 노력하지만, 사람이 실수를 하는 것은 어쩔 수 없다. 그러나 단순한 오타 때문에 생긴 버그를 잡느라 긴 시간이 소비되는 것을 막을 필요가 있다. 다행히 코드의 유효성을 검사할 수 있는 여러 툴이 있다.

물론 코드에서 원하는 결과가 나오는지 여부를 확인할 수는 없지만, 구문 오류를 예방할 수 있게 도와준다.

C# 같은 정적 언어를 사용해봤다면 IDE에서 제공하는 이러한 유형의 경고에 이미 익숙할 것이다.

린팅의 역사를 살펴보면, 더글러스 크록포드^{Douglas Crockford}가 2002년에 처음 JS린트^{JSLint}를 발표해 자바스크립트에 린팅을 소개했으며, 몇 년 후 JS힌트^{JSHint}가 발표됐고, 현재 리액트 환경에서는 ES린트^{ESLint}가 사실상 표준으로 자리 잡았다.

ES린트는 2013년 출시된 오픈소스 프로젝트이며, 세부적인 구성과 확장성 덕분에 표준으로 자리 잡았다.

라이브러리와 기술이 빠르게 변화하는 자바스크립트 생태계에 잘 적응하려면, 플러그인으로 쉽게 확장할 수 있고 필요에 따라 규칙을 켜고 끌 수 있는 툴을 사용하는 것이 중요하다.

또한 바벨 같은 트랜스파일러와 자바스크립트의 표준 버전에 포함되지 않는 실험적인 기능이 많이 사용되는 현실을 감안할 때, 소스 파일에서 따를 규칙을 린터에 알려줄 수 있어야 한다.

린터는 오류를 줄이거나 최소한 이러한 오류를 일찍 발견할 수 있게 해주며, 공통된 코딩 스타일 가이드를 강제할 수 있게 해준다. 이러한 장점은 각자 선호하는 코딩 스타일이 다른 대규모 팀의 여러 개발자들과 함께 작업할 때 아주 유용하다.

여러 파일이나 함수가 일관성 없는 스타일로 작성돼 있는 코드베이스의 코드를 읽기는 아주 힘들다.

설치

먼저 다음과 같이 ES린트를 설치해야 한다.

```
npm install --global eslint
```

실행 파일을 설치한 후에는 다음과 같이 실행할 수 있다.

```
eslint source.js
```

소스 파일에 오류가 있으면 경고가 표시된다.

그런데 ES린트는 기본 규칙이 설정되지 않은 상태로 제공되므로, 설치하고 처음 실행하면 경고가 전혀 표시되지 않는다.

구성

ES린트 구성을 시작해보자.

ES린트를 구성하려면 프로젝트의 루트 폴더에 있는 .eslintrc 파일을 편집하면 된다.

규칙을 추가하려면 rules 키를 사용한다.

예를 들어, 다음과 같이 .eslintrc를 생성하고 세미콜론을 비활성화할 수 있다.

```
{
    "rules": {
        "semi": [2, "never"]
    }
}
```

이 구성 파일을 이해하려면 설명이 약간 필요하다. "semi"는 규칙의 이름이고 [2, "never"]는 값이다. 처음 보면 이해하기 그리 쉽지 않다.

ES린트에는 문제의 심각성을 나타내는 세 단계가 있다.

- off(또는 0): 규칙 비활성화
- warn(또는 1): 경고 규칙
- error(또는 2): 오류 규칙

여기서는 코드에서 규칙 위반이 발견될 때마다 ES린트가 오류를 표시하기를 원하므로 2 값을 사용했다.

두 번째 매개변수는 세미콜론을 사용하지 않아야 한다고 ES린트에 알려준다(반대는 always).

ES린트와 해당 플러그인에 대해서는 설명서에서 각 규칙별로 규칙 통과/실패 사례와 함께 자세한 내용을 볼 수 있다.

다음과 같은 내용을 포함하는 파일을 작성한다.

```
var foo = 'bar';
```

(여기서 var를 사용한 이유는 우리가 ES2015로 코드를 작성하려는 것을 아직 ES린트가 알 수 없기 때문이다.)

eslint index.js를 실행하면 다음과 같은 결과가 나온다.

Extra semicolon (semi)

이것으로 린터를 사용해 처음으로 규칙을 설정해봤다.

각 단일 규칙을 수동으로 활성화/비활성화하거나 .eslintrc에 다음과 같은 코드를 넣어 권장 구성을 한 번에 활성화할 수 있다.

```
{
    "extends": "eslint:recommended"
}
```

이 예에서는 extends 키를 사용해 ES린트 구성의 권장recommended 규칙을 확장했지만, 앞의 예에 나온 것처럼 rules 키를 이용해 .eslintrc 내의 개별 규칙을 수동으로 재정의할 수도 있다.

권장 규칙을 활성화하고 ES린트를 다시 실행하면 이제 세미콜론에 대한 오류는 나오지 않지만(권장 구성에는 이 규칙이 없다), foo 변수가 선언된 후 실제로는 사용되지 않았다는 내용이 나온다.

no-unused-vars 규칙은 코드를 깔끔하게 유지하는 데 아주 유용하다.

앞에서 ES2015 코드를 작성하겠다고 했지만, 코드를 다음과 같이 수정하면 오류가 발생한다.

```
const foo = 'bar'
```

오류 내용은 다음과 같으며, const 키워드가 예약어라는 뜻이다.

```
Parsing error: The keyword 'const' is reserved
```

따라서 다음과 같은 구성 옵션을 추가해 ES2015를 활성화해야 한다.

```
"parserOptions": {
    "ecmaVersion": 6,
}
```

그런 다음에는 변수가 사용되지 않았다는 오류가 다시 나오지만 이것은 괜찮다.

마지막으로, 다음과 같은 구성으로 JSX를 활성화한다.

```
"parserOptions": {
    "ecmaVersion": 6,
    "ecmaFeatures": {
        "jsx": true
    }
},
```

지금까지 리액트 애플리케이션을 작성해봤지만 아직 린터는 사용해보지 않았다면 ES 린트를 다시 실행하고 표시되는 문제를 차례로 해결하는 것도 규칙을 배우는 데 좋은 연습이다.

ES린트를 사용해 더 좋은 코드를 작성하는 데는 몇 가지 방법이 있다. 하나는 지금까지 한 것처럼 명령줄에서 실행하고 오류의 리스트를 확인하는 것이다.

그런데 매번 수동으로 실행한다는 건 여간 귀찮은 일이 아니다. 린팅 프로세스를 편집기 안에 내장해서 코드를 입력하는 동안 곧바로 피드백을 받을 수 있게 하면 편리할 것이다. 이러한 기능을 지원하기 위해 서브라임텍스트^{SublimeText}, 아톰^{Atom} 등의 여러 유명 편집기를 위한 ES린트 플러그인이 있다.

그런데 실제로는 수동으로 ES린트를 실행하거나 편집기에서 라이브 피드백을 받는 기능은 유용하기는 해도 충분하지는 않다. 경고나 오류를 일부 누락될 수 있기 때문이다.

린팅되지 않은 코드가 리포지터리에 저장되지 않게 하려면, ES린트를 프로세스의 한 단계로 지정하면 된다. 예를 들어, 테스트 시에 코드가 린팅 규칙을 통과하지 못하면 전체 테스트 단계가 실패하도록 구성하고 린팅을 실행할 수 있다.

또 다른 해결책으로, 코드를 가져오는 풀 요청을 수행하기 전에 린팅을 추가해 다른 개발자가 검토를 시작하기 전에 코드 정리 기회를 주는 것이 있다.

리액트 플러그인

앞서 언급했듯이, ES린트가 인기가 많은 중요한 이유 중 하나는 플러그인으로 확장할 수 있기 때문이다. 그리고 가장 중요한 플러그인이 `eslint-plugin-react`이다.

ES린트는 플러그인이 없어도 플래그를 활성화해 JSX를 구문 분석할 수 있지만 이걸로는 부족하다. 예를 들어, 앞 절에서 소개한 모범사례 중 하나를 강제 요건으로 정의해서 전체 팀의 개발자가 템플릿의 일관성을 유지하게 할 수 있다.

플러그인을 사용하려면 먼저 설치해야 한다.

```
npm install --global eslint-plugin-react
```

설치한 후에는 구성 파일에 다음과 같은 행을 추가해 ES린트를 사용하도록 지시한다.

```
"plugins": [
    "react"
]
```

여기서 볼 수 있듯이, 기본 구성은 아주 간단하며 복잡한 구성이나 설정은 필요 없다. ES린트와 마찬가지로, 기본 구성에는 규칙이 없으므로 아무 일도 하지 않지만, 권장 구성을 활성화해 기본 규칙을 사용할 수 있다.

이를 위해서는 다음과 같이 .eslintrc 파일에서 "extends" 키를 업데이트한다.

```
"extends": [
    "eslint:recommended",
    "plugin:react/recommended"
],
```

이제부터는 예를 들어 다음과 같이 리액트 컴포넌트에서 동일한 프로퍼티를 두 번 사용하는 등의 실수를 하면 오류가 표시된다.

```
<Foo bar bar />
```

위의 예는 다음과 같은 오류를 유발한다.

```
No duplicate props allowed (react/jsx-no-duplicate-props)
```

프로젝트에 사용할 수 있는 규칙이 많이 있는데, 그중 몇 가지 규칙을 살펴보고 모범 사례를 따르는 데 어떤 도움을 주는지 알아보자.

2장에서 언급했듯이, JSX를 요소의 트리 구조에 맞게 들여쓰면 코드 가독성을 높이는 데 도움이 된다.

그런데 코드베이스와 컴포넌트 간에 들여쓰기가 일관성이 없으면 바람직하지 않다.

따라서 여기서는 ES린트를 사용해 팀의 모든 개발자가 정해진 스타일 가이드를 따르도록 일종의 힌트를 제공해보자.

들여쓰기를 잘못해도 오류는 아니며 코드는 문제없이 작동한다. 단지 코드 스타일에 일관성이 없을 뿐이다.

먼저 규칙을 활성화해야 한다.

```
"rules": {
    "react/jsx-indent": [2, 2]
}
```

첫 번째 2는 코드에서 규칙을 따르지 않았을 때 오류를 발생하도록 지정하며, 두 번째 2는 모든 JSX 요소를 2칸만큼 들여쓰게 한다. ES린트는 자동으로 규칙을 결정하지 않으므로, 어떤 규칙을 활성화할지 결정하는 것은 개발자의 몫이다. 두 번째 매개변수를 0으로 설정해 들여쓰기를 하지 않도록 지정할 수도 있다.

다음과 같은 예제를 작성한다.

```
<div>
<div />
</div>
```

ES린트는 다음과 같이 들여쓰기가 0칸이라는 오류 메시지를 보여준다.

```
Expected indentation of 2 space characters but found 0
(react/jsx-indent)
```

이와 비슷하게 속성을 새로운 행에 지정할 때 들여쓰기를 지정하는 규칙이 있다.

앞 절에서 살펴봤듯이, 속성이 너무 많거나 길면 새로운 행에 지정하는 것이 바람직하다.

요소 이름을 기준으로 속성을 2칸만큼 들여쓰도록 지정하려면, 다음과 같이 규칙을 활성화하면 된다.

```
"react/jsx-indent-props": [2, 2]
```

이제부터 속성을 2칸만큼 들여쓰지 않으면 ES린트에서 오류가 발생한다.

행 길이는 몇 칸으로 제한해야 할까? 속성의 수는 몇 개로 제한해야 할까? 개발자마다 이러한 의문에 대한 생각이 다를 수 있다. ES린트는 jsx-max-props-per-line 규칙을 이용해 컴포넌트를 일관적으로 작성할 수 있게 해준다.

ES린트용 리액트 컴포넌트는 JSX 작성을 돕는 규칙은 물론 리액트 컴포넌트 작성을 돕는 규칙도 제공한다.

예를 들어 프로퍼티 형식을 알파벳순으로 정렬하는 규칙, 선언되지 않은 프로퍼티를 사용하면 오류를 생성하는 규칙, 클래스보다 상태 비저장 함수형 컴포넌트를 우선 사용하는 규칙(자세한 내용은 3장 '진정한 재사용 가능 컴포넌트'에서 다룬다) 등을 활성화할 수 있다.

에어비앤비 구성

지금까지 ES린트를 사용해 정적 분석으로 소스 코드에서 오류를 검사하는 방법과 코드베이스 전체에 일관된 스타일 가이드를 적용하는 방법을 알아봤다.

또한 ES린트가 얼마나 유연한지 확인한 후 구성과 플러그인을 이용한 확장 방법을 소개했다.

규칙을 일일이 활성화하는 귀찮은 과정 대신 권장 구성을 이용해 기본 규칙의 집합을 활성화하는 방법을 배웠다.

이것이 전부가 아니다.

ES린트 extends 속성을 사용하면, 타사 구성을 시작 지점으로 지정하고 여기에 세부 규칙을 추가할 수 있다.

리액트 환경에서 가장 많이 사용되는 구성은 의심의 여지 없이 에어비앤비^{Airbnb}의 구성이다. 에어비앤비의 개발자들이 리액트에서 권장하는 모범사례에 따라 만든 규칙의 집합을 사용하면, 활성화할 규칙을 자신이 일일이 결정할 필요가 없다.

이를 사용하려면 먼저 몇 가지 의존성을 설치해야 한다.

```
npm install --global eslint-config-airbnbeslint@^2.9.0 eslint-plugin-jsx-a11y@^1.2.0 eslint-plugin-import@^1.7.0 eslint-plugin-react@^5.0.1
```

그리고 다음 구성을 .eslintrc에 추가한다.

```
{
    "extends": "airbnb"
}
```

다시 리액트 소스 파일을 대상으로 ES린트를 실행하면 코드가 에어비앤비 규칙을 따르는지 여부를 확인할 수 있다.

이것이 린팅을 시작하는 가장 쉽고 일반적인 방법이다.

▌함수형 프로그래밍의 기본

코드를 깔끔하게 유지하기 위한 방법으로는 모범사례에 따라 JSX를 작성하고, 린터를 사용해 일관성을 적용하고 가급적 일찍 오류를 발견하는 것 외에도, **함수형 프로그래밍**FP, Functional Programming 스타일을 따르는 방법이 있다.

1장 '리액트에 대해 알아야 할 모든 것'에서 언급했듯이, 리액트의 선언식 프로그래밍을 따르면 코드를 알아보기 쉽게 작성할 수 있다.

함수형 프로그래밍은 선언식 패러다임의 하나로서 부작용을 방지하고 데이터를 불변으로 간주해 코드를 유지관리하고 이해하기 쉽게 만들어준다.

여기서 소개하는 내용은 함수형 프로그래밍에 대한 완벽한 가이드는 아니며, 리액트에서 일반적으로 사용되며 반드시 알아둬야 할 몇 가지 기본 개념을 소개하기 위한 것이다.

일급 객체

자바스크립트에서 함수는 일급 객체first-class object다. 즉, 함수를 변수에 할당하거나 다른 함수에 매개변수로서 전달할 수 있다.

그리고 일급 객체의 개념에 기반을 둔 **상위 함수**HoF, Higher-order Function라는 개념이 있다. 상위 함수는 함수(및 다른 선택적 매개변수)를 매개변수로 받고 다른 함수를 반환한다. 반환된 함수는 일반적으로 특수 행동이 추가된 보강 버전이다.

다음은 숫자 2개를 더하는 함수, 그리고 모든 매개변수를 로깅한 다음 원래 함수를 실행하는 보강 함수가 포함된 간단한 예제를 살펴보자.

```
const add = (x, y) => x + y
const log = func => (...args) => {
  console.log(...args)
  return func(...args)
```

```
}

const logAdd = log(add)
```

리액트 환경에서는 **상위 컴포넌트** HoC, Higher-order Component 를 사용해 컴포넌트를 함수처럼 취급하고 여기에 공통적인 동작을 더해 보강하는 것이 일반적인 패턴이므로 이 개념을 이해하는 것이 아주 중요하다. 상위 컴포넌트와 다른 패턴에 대해서는 4장 '모든 것을 조합하기'에서 다룬다.

순수성

함수형 프로그래밍에서 순수 함수는 중요한 부분을 차지한다. 리액트 생태계에는 이 개념이 자주 등장하며, 특히 리덕스 같은 라이브러리를 알아보고 있다면 특히 잘 알아야 한다.

함수가 순수하다는 것은 어떤 의미일까?

순수 함수란 부작용이 없는 함수를 말한다. 즉, 함수 자체의 로컬 항목을 제외하고 어떤 외부 항목도 건드리지 않는 함수가 순수 함수다.

예를 들어 애플리케이션의 상태를 변경하거나 상위 범위에 선언된 변수를 수정하는 함수, DOM 같은 외부 엔티티를 건드리는 함수는 순수하지 않은 함수로 간주된다.

순수하지 않은 함수는 디버깅하기 어렵고 여러 번 실행할 때 동일한 결과를 보장할 수 없는 경우가 많다.

예를 들어, 다음 함수는 순수하다.

```
const add = (x, y) => x + y
```

이 함수는 아무것도 저장하거나 수정하지 않으므로 여러 번 실행해도 같은 결과를 제공한다.

반면에 다음 함수는 순수하지 않다.

```
let x = 0
const add = y => (x = x + y)
```

예를 들어 add(1)을 두 번 호출하면 각기 다른 결과가 나온다. 즉, 같은 매개변수를 전달하고 호출했지만 처음에는 1이 나오고, 다음에는 2가 나온다. 그 이유는 함수를 실행할 때마다 전역 상태를 수정하기 때문이다.

불변성

순수 함수는 상태를 변경하지 않는다고 했다. 그런데 변수의 값을 변경해야 할 때는 어떻게 해야 할까? 함수형 프로그래밍에서는 변수의 값을 변경하는 것이 아니라 새로운 값을 가진 변수를 새로 만들고 이를 반환한다. 이러한 데이터 운영 방식을 **불변성**immutability이라고 한다.

불변 값은 변경할 수 없는 값이다.

다음 예를 살펴보자.

```
const add3 = arr => arr.push(3)
const myArr = [1, 2]
add3(myArr) // [1, 2, 3]
add3(myArr) // [1, 2, 3, 3]
```

위의 함수는 주어진 배열의 값을 변경하므로 불변성을 따르지 않는다. 따라서 같은 함수를 두 번 호출하면 다른 결과가 나온다.

주어진 배열을 수정하지 않고 새로운 배열을 반환하는 concat을 이용하면 위의 함수를 불변으로 만들 수 있다.

```
const add3 = arr => arr.concat(3)
const myArr = [1, 2]
const result1 = add3(myArr) // [1, 2, 3]
const result2 = add3(myArr) // [1, 2, 3]
```

함수를 두 번 호출해도 `myArr`은 여전히 원래 값을 갖는다.

커링

함수형 프로그래밍에서 자주 사용되는 기법으로 커링이 있다. **커링**^{currying}이란 여러 인수를 받는 함수를 한 번에 한 인수를 받고 다른 함수를 반환하는 함수로 변환하는 프로세스를 말한다. 예제를 보면서 개념을 확실하게 알아보자.

앞서 살펴본 **add** 함수를 커링된 함수로 바꿔보자.

원래 함수는 다음과 같다.

```
const add = (x, y) => x + y
```

이 함수를 커링하면 다음과 같다.

```
const add = x => y => x + y
```

그리고 다음과 같이 이 함수를 사용할 수 있다.

```
constadd1 = add(1)
add1(2) // 3
add1(3) // 4
```

첫 번째 매개변수를 적용한 후 첫 번째 값이 저장되며, 두 번째 함수를 여러 번 재사용할 수 있으므로 커링은 함수를 작성하는 편리한 방법이다.

합성

마지막으로, 리액트에 적용할 수 있는 함수형 프로그래밍의 중요 개념으로 합성^{composition}
이 있다. 여러 함수(및 컴포넌트)를 합성해 고급 기능과 프로퍼티를 갖는 새로운 함수를
합성할 수 있다.

다음의 두 함수를 예로 들어보자.

```
const add = (x, y) => x + y
const square = x => x * x
```

이러한 두 함수를 합성해, 두 수를 더하고 결과의 제곱을 구하는 새로운 함수를 만들
수 있다.

```
const addAndSquare = (x, y) => square(add(x, y))
```

이 패러다임에 따라 작고, 간단하며, 테스트하기 쉬운 여러 순수 함수를 합성해 복잡
한 기능을 수행할 수 있다.

함수형 프로그래밍과 인터페이스

마지막 단계는 우리가 리액트를 이용하는 목적에 맞게 함수형 프로그래밍으로 사용
자 인터페이스를 구축하는 것이다.

UI는 다음과 같이 애플리케이션의 상태를 적용하는 함수라고 생각할 수 있다.

```
UI = f(state)
```

이 함수는 멱등^{idempotent}이라고 간주하므로 애플리케이션의 동일한 상태를 전달하면
동일한 UI가 반환된다.

앞으로 나머지 장들에서 알아보겠지만 리액트에서는 함수로 간주할 수 있는 컴포넌트를 사용해 UI를 생성한다.

여러 컴포넌트를 합성해 최종 UI를 생성할 수 있으며, 이것이 함수형 프로그래밍의 특징 중 하나다.

리액트를 이용해 UI를 구축하는 방법과 함수형 프로그래밍의 원칙 사이에는 비슷한 점이 아주 많으며, 이러한 점을 잘 이해할수록 더 좋은 코드를 작성할 수 있다.

▮ 요약

2장에서는 JSX의 작동 방법과 컴포넌트를 사용하는 올바른 방법에 대해 많은 내용을 알아봤다. 구문에 대한 기본 사항부터 시작해, 앞으로 JSX와 그 기능을 완벽하게 배우는 데 필요한 기반 지식을 탄탄하게 다졌다.

두 번째 부분에서는 ES린트와 그 플러그인을 이용해 조기에 문제를 발견하고, 전체 코드베이스에 일관된 스타일 가이드를 적용하는 방법을 배웠다.

마지막으로, 리액트 애플리케이션을 작성할 때 필요한 중요한 개념을 이해할 수 있도록 함수형 프로그래밍의 기본 개념을 살펴봤다.

이제 깔끔한 코드를 작성할 준비가 됐으므로, 다음은 리액트에 대한 더 자세한 내용과 진정한 재사용 가능 컴포넌트를 작성하는 방법을 배워보자.

03

진정한 재사용 가능 컴포넌트

진정한 재사용 가능 컴포넌트를 만들려면 리액트가 컴포넌트를 정의하기 위해 제공하는 여러 가능성을 이해하고 언제 어떤 선택을 하는 것이 현명한지 알아야 한다. 리액트에 추가된 새로운 유형의 컴포넌트는 컴포넌트를 **상태 비저장 함수**^{stateless function} 로서 선언할 수 있게 해준다. 이 컴포넌트가 무엇이며, 언제 그리고 왜 사용하는지 이해하는 것이 중요하다.

먼저 컴포넌트의 내부 상태에 대해 알아보자. 즉, 이를 언제 사용해야 하는지, 그리고 여기에 어떤 문제점이 있는지에 대해 알아본다. 새로운 내용을 배우는 가장 좋은 방법은 예제를 살펴보는 것이다. 여기서는 한 가지 용도의 함수를 여러 용도로 재사용 가능한 함수로 바꿔보자.

3장을 끝낼 때는 컴포넌트에 대한 살아 있는 스타일 가이드를 완성할 수 있도록, 우선은 기본 개념을 다시 확인해보자.

3장에서 다루는 내용은 다음과 같다.

- 리액트 컴포넌트를 만드는 여러 방법, 그리고 상황에 맞는 방법을 선택하기 위해 알아야 할 내용
- 상태 비저장 함수형 컴포넌트의 의미, 그리고 함수형과 상태 저장형의 차이점
- 상태가 작동하는 방법과 상태를 사용하지 않아야 하는 상황
- 각 컴포넌트의 프로퍼티 형식을 명확하게 정의해야 하는 이유, 그리고 **리액트 독젠**^{React Docgen}을 이용해 동적으로 설명서를 생성하는 방법
- 결합된 컴포넌트를 재사용 가능 컴포넌트로 변환하는 과정
- **리액트 스토리북**^{React Storybook}을 사용해 재사용 가능 컴포넌트 컬렉션의 문서를 생성하기 위한 살아 있는 스타일 가이드

▐ 클래스 만들기

1장에서 리액트가 요소를 사용해 화면에 컴포넌트를 표시하는 방법을 알아봤다.

이번에는 리액트로 컴포넌트를 정의하는 다른 방법과 이러한 방법을 언제 선택해야 하는지 알아보자.

이 책에서는 독자 여러분이 리액트를 사용해 중소형 애플리케이션을 만들어본 경험이 있다고 가정한다. 즉, 컴포넌트를 만들어본 경험도 있다고 가정한다.

컴포넌트를 만드는 방법은 리액트 웹사이트에 있는 예제를 참고하거나 프로젝트에 사용한 보일러플레이트의 스타일을 보고 선택했을 수 있다.

프로퍼티, 상태, 수명 주기 메소드 등의 기본 개념은 이미 알고 있어야 하며, 여기서 자세히 다루지 않는다.

createClass 팩토리

(이 책을 집필하는 시점에) 리액트 설명서에 나온 첫 번째 예제는 React.createClass를 사용해 컴포넌트를 정의하는 방법을 보여주는 것이었다.

간단한 코드부터 시작해보자.

```
const Button = React.createClass({
    render( ) {
        return <button />
    },
})
```

이 코드에서는 버튼 하나를 만들었으며, 이를 애플리케이션의 다른 컴포넌트에서 참조할 수 있다.

이 코드를 다음과 같이 일반 자바스크립트를 사용하도록 수정할 수 있다.

```
const Button = React.createClass({
    render( ) {
        return React.createElement('button')
    },
})
```

이 코드는 **바벨**^{Babel}을 사용한 트랜스파일을 거치지 않고도 어디에서나 실행할 수 있다. 이렇게 하는 것도 리액트 생태계의 다른 툴을 배울 필요 없이 곧바로 리액트를 시작하는 좋은 방법이다.

React.Component 확장

리액트 컴포넌트를 정의하는 두 번째 방법은 ES2015 클래스를 사용하는 것이다. class 키워드는 최신 브라우저에서 보편적으로 지원되지만, 바벨을 사용하면 안심하고 트랜스파일할 수 있다.

클래스를 사용해 앞의 예제와 같은 버튼을 만들어보자.

```
class Button extends React.Component {
    render() {
        return <button />
    }
}
```

이와 같이 컴포넌트를 정의하는 새로운 방법은 리액트 0.13에 도입됐으며, 페이스북 개발자들이 커뮤니티에 적극 권장하고 있다. 예를 들어, 커뮤니티의 활발한 활동가이자 페이스북 개발자인 댄 아브라모브^{Dan Abramov}는 createClass와 Component 확장의 차이를 이야기하면서 그래도 표준화된 것이 낫다는 언급을 했다.

페이스북은 createClass 팩토리와는 달리 ES2015 표준 기능인 Component 확장을 이용하도록 권장하고 있다.

주요 차이점

컴포넌트를 만드는 방법을 선택할 때는 구문의 차이점 외에도 고려해야 하는 몇 가지 주요 차이점이 있다.

충분한 정보를 바탕으로 팀과 프로젝트에 맞는 최적의 방법을 선택할 수 있도록 모든 차이점을 하나씩 자세히 알아보자.

프로퍼티

첫 번째 차이점은 컴포넌트가 필요로 하는 프로퍼티를 정의하는 방법과 각 프로퍼티의 기본값에 대한 것이다.

프로퍼티가 작동하는 방법에 대해서는 3장의 뒷부분에서 자세히 다룰 것이므로 일단은 정의하는 방법에 집중해보자.

createClass를 사용할 때는 함수에 매개변수로 전달하는 객체 안에서 프로퍼티를 선언하며, getDefaultProps 함수를 사용해 기본값을 반환한다.

```
const Button = React.createClass({
    propTypes: {
        text: React.PropTypes.string,
    },

    getDefaultProps() {
        return {
            text: 'Click me!',
        }
    },

    render() {
        return <button>{this.props.text}</button>
    },
})
```

여기에서 볼 수 있듯이, propTypes 속성을 이용해 컴포넌트로 전달할 수 있는 모든 속성의 리스트를 나열했다.

그런 다음 getDefaultProps 함수를 이용해 프로퍼티가 기본으로 가질 프로퍼티의 값을 정의했다. 이 기본값은 부모로부터 전달된 값이 있는 경우 이 값으로 대체된다.

클래스를 사용해 동일한 결과를 얻으려면 약간 다른 구조가 필요하다.

```
class Button extends React.Component {
    render() {
        return <button>{this.props.text}</button>
    }
}

Button.propTypes = {
    text: React.PropTypes.string,
```

```
}

Button.defaultProps = {
    text: 'Click me!',
}
```

클래스 프로퍼티^{Class Properties}가 아직 초안 단계이므로(아직 ECMAScript 표준으로 채택되지 않음) 클래스의 프로퍼티를 정의하려면 클래스를 생성한 후 해당 클래스에서 속성을 설정해야 한다.

예제에서 볼 수 있듯이 propTypes 객체는 createClass에서 사용한 것과 동일하다.

기본 프로퍼티를 설정할 때는 기본 프로퍼티 객체를 반환하는 함수를 사용했지만, 클래스의 경우 클래스에서 defaultProps 속성을 정의하고 여기에 기본 프로퍼티를 할당해야 한다.

클래스를 사용할 때 좋은 점은 getDefaultProps 같은 리액트 전용 함수를 사용할 필요 없이 자바스크립트 객체에서 프로퍼티를 정의한다는 점이다.

상태

createClass 팩토리와 extends React.Component의 또 다른 큰 차이점으로, 컴포넌트의 초기 상태를 정의하는 방법이 있다.

상태를 정의할 때도 createClass의 경우 함수를 사용하며, ES2015 클래스의 경우 인스턴스의 속성을 설정한다.

예제를 살펴보자.

```
const Button = React.createClass({
    getInitialState() {
        return {
            text: 'Click me!',
```

```
      }
   },

   render() {
      return <button>{this.state.text}</button>
   },
})
```

`getInitialState` 메소드는 각 상태 프로퍼티에 대한 기본값을 포함하는 객체를 받는다.

반면에 클래스의 경우 인스턴스의 **state** 속성을 사용해 초기 상태를 정의하고 해당 클래스의 생성자에서 이를 설정한다.

```
class Button extends React.Component {
   constructor(props) {
      super(props)

      this.state = {
         text: 'Click me!',
      }
   }

   render() {
      return <button>{this.state.text}</button>
   }
}
```

상태를 정의하는 이 두 방법의 결과는 동등하지만, 클래스의 경우 리액트 전용 API를 사용하지 않고 인스턴스에서 프로퍼티를 정의한다는 장점이 있다.

ES2015의 경우 하위 클래스에서 this를 사용하려면 super가 필요하다. 리액트의 경우 프로퍼티를 부모에 전달한다.

자동 바인딩

createClass는 아주 편리하고 멋진 기능이지만 자바스크립트의 작동 방식을 잘 드러내지 않기 때문에 특히 초보자에게 오해의 소지가 있다. 이 기능을 호출하면 this가 컴포넌트 자체를 참조하게 하는 이벤트 핸들러를 만들어준다.

이벤트 핸들러가 작동하는 방법은 6장 '브라우저에 맞는 코드 작성'에서 다룬다. 여기서는 이벤트 핸들러가 우리가 정의하는 컴포넌트에 바인딩되는 방법에 집중한다.

간단한 예부터 시작해보자.

```
const Button = React.createClass({
    handleClick() {
        console.log(this)
    },

    render() {
        return <button onClick={this.handleClick} />
    },
})
```

createClass의 경우 이와 같이 이벤트 핸들러를 설정하면 함수 내의 this가 컴포넌트 자체를 참조하는 것을 알 수 있다. 따라서 동일한 컴포넌트 인스턴스의 다른 메소드를 호출하는 등의 작업을 할 수 있으며, this.setState() 등의 함수를 호출하면 예상대로 작동한다.

다음은 클래스 방식에서 this가 어떻게 다르게 작동하는지 확인하고, 동일한 동작을 위해 무엇을 해야 하는지 알아보자. 다음과 같이 React.Component를 확장해 컴포넌트를 정의할 수 있다.

```
class Button extends React.Component {
    handleClick() {
        console.log(this)
```

```
    }

    render() {
        return <button onClick={this.handleClick} />
    }
}
```

이 코드는 버튼을 클릭하면 콘솔에 null을 출력한다. 그 이유는 함수가 이벤트 핸들러로 전달되지만 컴포넌트에 대한 참조를 잃어버리기 때문이다.

그러나 클래스와 함께 이벤트 핸들러를 사용할 수 없다는 건 아니며, 단지 함수를 수동으로 바인딩해야 한다는 뜻이다.

어떤 해결책을 선택할 수 있고 어떤 시나리오에 어떤 선택이 어울리는지 확인해보자.

여러분도 알고 있겠지만, 새로운 ES2015 화살표 함수는 현재 this를 자동으로 함수 본체로 바인딩한다.

예를 들어, 다음 코드 행은

```
() => this.setState()
```

바벨에 의해 다음과 같이 트랜스파일된다.

```
var _this = this;

(function () {
    return _this.setState();
});
```

짐작할 수 있겠지만, 화살표 함수는 **자동 바인딩**autobinding 문제의 가능한 해결책 중 하나다. 다음 예를 살펴보자.

```
class Button extends React.Component {
   handleClick() {
      console.log(this)
   }

   render() {
      return <button onClick={() => this.handleClick()} />
   }
}
```

이 방법은 특별한 문제 없이 예상대로 작동한다. 유일한 단점은 성능을 중요하게 여기는 경우 이 코드가 정확히 어떤 일을 하는지 알아야 한다는 점이다.

render 메소드에서 함수를 바인딩하는 방법에는 예기치 못한 부작용이 하나 있는데, 바로 컴포넌트가 렌더링될 때마다 매번 화살표 함수가 호출된다는 점이다(당연히 애플리케이션의 수명 기간 동안 여러 번 호출된다).

render 함수 안에서 다른 함수가 여러 번 호출되는 것은 바람직하지는 않지만 그 자체가 큰 문제는 아니다.

문제는 해당 함수를 자식 컴포넌트로 전달하는 경우 업데이트할 때마다 새로운 프로퍼티를 받으므로 렌더링의 효율이 떨어진다는 점이다. 특히 컴포넌트가 순수일 경우 문제가 더 심해진다. 성능에 대해서는 9장 '애플리케이션의 성능 개선'에서 다룬다.

이 문제를 해결하는 가장 좋은 방법은 컴포넌트가 여러 번 렌더링돼도 변경되지 않는 생성자 안에서 함수를 바인딩하는 것이다.

```
class Button extends React.Component {
   constructor(props) {
      super(props)

      this.handleClick = this.handleClick.bind(this)
   }

   handleClick() {
```

```
      console.log(this)
   }

   render( ) {
      return <button onClick={this.handleClick} />
   }
}
```

그러면 간단하게 문제가 해결된다.

상태 비저장 함수형 컴포넌트

컴포넌트를 정의하는 방법이 하나 더 있는데, 이 방법은 앞의 두 방법과는 많이 다르다.

이 방법은 **리액트 0.14**에 추가됐으며, 코드를 유지관리하고 재사용하기 쉽게 만들어 주는 강력한 기능이다.

이 기능의 작동 방법과 장점을 먼저 알아보고 어떤 상황에 적합한지 확인해보자.

이 기능의 구문은 다음과 같이 아주 간결하고 세련됐다.

```
( ) => <button />
```

이 코드는 빈 버튼 하나를 생성하는데, 화살표 함수 구문 덕분에 직관적이고 알아보기 쉽다. 여기에서 볼 수 있듯이, `createClass` 팩토리를 사용하거나 `Component`를 확장하는 방법과 달리 표시할 요소를 반환하는 함수 하나를 정의했다.

물론 함수 본체에서 JSX 구문을 사용할 수 있다.

프로퍼티와 컨텍스트

부모로부터 프로퍼티를 받을 수 없는 컴포넌트는 그리 유용하지 않으며, 상태 비저장 함수형 컴포넌트는 매개변수를 통해 프로퍼티를 받을 수 있다.

```
props => <button>{props.text}</button>
```

아니면 ES2015 비구조화를 활용하는 더 간단한 구문도 있다.

```
({ text }) => <button>{text}</button>
```

Component를 확장할 때와 비슷하게, propTypes 속성을 이용해 상태 비저장 함수가 받을 수 있는 프로퍼티를 정의할 수 있다.

```
const Button = ({ text }) => <button>{text}</button>

Button.propTypes = {
    text: React.PropTypes.string,
}
```

상태 비저장 함수형 컴포넌트는 또한 컨텍스트를 나타내는 두 번째 매개변수를 받는다.

```
(props, context) => (
    <button>{context.currency}{props.value}</button>
)
```

this 키워드

상태 비저장 함수형 컴포넌트가 상태 저장과 다른 점은 컴포넌트 실행 중에 this가 해당 컴포넌트를 나타내지 않는다는 점이다.

따라서 컴포넌트 인스턴스와 연결된 수명 주기 메소드나 setState 같은 함수를 사용할 수 없다.

상태

이름이 의미하듯이, 상태 비저장 컴포넌트는 내부 상태를 포함하지 않으며 this가 존재하지 않음을 나타낸다. 덕분에 상태 비저장 컴포넌트는 매우 강력하고 동시에 사용하기 쉽다.

상태 비저장 함수형 컴포넌트는 프로퍼티(및 컨텍스트)만 받고 요소를 반환한다. 이런 점은 2장에서 살펴본 함수형 프로그래밍의 원칙을 떠올리게 한다.

수명 주기

상태 비저장 함수형 컴포넌트는 수명 주기 후크(예: componentDidMount)를 제공하지 않으며 render 같은 메소드만 구현한다. 나머지 기능은 모두 부모가 처리해야 한다.

ref와 이벤트 핸들러

컴포넌트 인스턴스가 없으므로, 상태 비저장 함수형 컴포넌트와 함께 ref나 이벤트 핸들러를 사용하려면 다음과 같이 정의해야 한다.

```
() => {
  let input

  const onClick = () => input.focus()

  return (
    <div>
      <input ref={el => (input = el)} />
      <button onClick={onClick}>Focus</button>
    </div>
  )
}
```

컴포넌트에 대한 참조의 부재

상태 비저장 함수형 컴포넌트의 다른 특징으로는 ReactTestUtils(테스트에 대해서는 10장 '테스트와 디버깅'에서 자세히 다룬다)를 이용해 컴포넌트를 렌더링할 때 컴포넌트에 대한 참조를 받지 못한다는 것이 있다.

다음 예를 살펴보자.

```
const Button = React.createClass({
    render() {
        return <button />
    },
})

const component = ReactTestUtils.renderIntoDocument(<Button />)
```

이 경우 component는 Button을 나타낸다.

```
const Button = () => <button />
const component = ReactTestUtils.renderIntoDocument(<Button />)
```

그러나 이 경우 component는 null이며, 다음과 같이 컴포넌트를 <div> 안에 넣어서 이 문제를 해결할 수 있다.

```
const component = ReactTestUtils.renderIntoDocument
(<div><Button/></div>)
```

최적화

상태 비저장 함수형 컴포넌트를 사용할 때는 성능을 고려해야 한다. 상태가 없는 컴포넌트의 성능 개선에 대한 약속이 있지만, 적어도 이 책을 집필하는 동안에는 다소 성능이 떨어졌다.

shouldComponentUpdate 함수가 지원되지 않고, 변경된 프로퍼티가 없을 경우 함수형 컴포넌트를 렌더링하지 않도록 리액트에 알리는 방법이 없다.

심각한 문제는 아니지만 고려사항이다.

▌상태

지금까지 컴포넌트를 만드는 세 가지 방법으로서, 팩토리를 이용하는 방법과 리액트 클래스를 확장하는 방법, 그리고 상태 비저장 함수형 컴포넌트를 이용하는 방법을 알아봤다.

다음은 상태가 중요한 이유와 상태의 작동 방식을 더 자세하게 알아보자.

상태 저장 컴포넌트 대신 상태 비저장 함수를 사용해야 하는 상황에 대해 알아보고, 이러한 선택이 컴포넌트 설계에서 중요한 이유를 설명한다.

외부 라이브러리

무엇보다 컴포넌트 내부에서 상태를 사용하는 이유와 어떻게 도움이 되는지를 정확하게 이해하는 것이 중요하다.

대부분의 리액트 자습서나 보일러플레이트에는 애플리케이션의 상태를 관리하기 위한 외부 라이브러리(예: 리덕스[Redux] 또는 몹엑스[MobX])가 이미 포함돼 있다.

이 때문에 리액트만으로는 상태 저장 애플리케이션을 작성할 수 없다고 오해하는 경우가 있지만 이는 전혀 사실이 아니다.

이 때문에 많은 개발자가 리액트와 리덕스를 함께 배우게 되고, 결과적으로 리액트 상태를 올바르게 사용하는 방법을 배우지 못하게 된다.

이 절에서는 상태를 올바르게 사용하는 방법을 알아보고, 경우에 따라서 외부 라이브러리를 사용할 필요가 없는 이유도 확인해본다.

작동 방식

지금까지 팩토리를 사용하거나 Component를 확장해 초기 상태를 선언하는 방법의 차이 외에도 상태 저장 리액트 컴포넌트가 초기 상태를 가질 수 있다는 사실을 배웠다.

컴포넌트의 수명 주기 동안 이벤트 핸들러나 수명 주기 메소드에서 setState를 이용해 여러 번 상태를 수정할 수 있다. 리액트는 상태가 변경될 때마다 새로운 상태를 반영하도록 컴포넌트를 렌더링한다. 관련 설명서에 리액트 컴포넌트가 상태 머신과 비슷하다는 내용이 많이 나오는 것도 이 때문이다.

새로운 상태(또는 상태의 일부)로 setState 메소드가 호출되면 객체가 현재 상태로 병합된다. 예를 들어, 다음과 같은 초기 상태가 있을 때

```
this.state = {
    text: 'Click me!',
}
```

다음과 같은 새로운 매개변수로 setState를 호출하면,

```
this.setState({
    cliked: true,
})
```

최종 결과 상태는 다음과 같다.

```
{
    cliked: true,
```

```
    text: 'Click me!',
}
```

리액트는 상태가 변경될 때마다 render 함수를 다시 실행하므로, 상태를 새로 설정하는 것 외에는 다른 일을 할 필요가 없다.

상태가 업데이트될 때 특정한 작업을 하려면 리액트가 제공하는 콜백을 사용하면 된다.

```
this.setState({
    clicked: true,
}, () => {
    console.log('the state is now', this.state)
})
```

setState의 두 번째 매개변수로 다른 함수를 전달하면, 상태가 업데이트될 때 해당 함수가 호출되고 컴포넌트가 렌더링된다.

비동기

setState 함수는 다음과 같은 공식 설명서의 내용대로 항상 비동기로 간주해야 한다.

> setState [...] 호출이 동기화 작업으로 수행된다는 보장은 없다.

실제로 이벤트 핸들러에서 setState를 수행한 후 콘솔에 상태의 현재 값을 로깅해보면 이전 상태 값을 얻는다.

```
handleClick() {
    this.setState({
        clicked: true,
    })
    console.log('the state is now', this.state)
}
```

```
render() {
    return <button onClick={this.handleClick}>Click me!</button>
}
```

예를 들어, 이 코드의 실행 결과는 다음과 같다.

the state is now null

이러한 현상이 발생하는 이유는 리액트가 이벤트 핸들러 안에서 상태 업데이트를 최적화하며 성능 개선을 위해 작업을 일괄 처리하기 때문이다.

다음과 같이 코드를 수행해보자.

```
handleClick() {
    setTimeout(() => {
        this.setState({
            clicked: true,
        })

        console.log('the state is now', this.state)
    })
}
```

이번에는 다음과 같은 결과가 나온다.

the state is now Object {clicked: true}

이것이 원래 기대했던 결과였지만, 리액트는 실행을 최적화할 방법이 없으며 가급적 빠르게 상태를 업데이트하려고 시도한다.

이 예에서 setTimeout은 리액트의 동작을 보여주기 위해 사용한 것이며, 실제로 이벤트 핸들러를 이와 같이 작성하면 안 된다.

리액트 럼버잭

앞서 살펴본 것처럼, 리액트는 상태 머신과 유사하게 작동하며 상태가 변경될 때마다 다시 렌더링한다. 덕분에 다양한 상태 변화를 반복적으로 적용 및 취소할 수 있어 디버깅할 때 아주 유용하다.

이 작업을 지원하는 리액트 럼버잭react-lumberjack이라는 아주 편리한 라이브러리가 있다. 이 라이브러리의 제작자인 라이언 플로렌스Ryan Florence는 또 다른 유명한 리액트 라이브러리인 리액트 라우터react-router의 공동 개발자이기도 하다.

럼버잭을 사용하는 방법은 아주 간단하지만 실무 버전에서는 비활성화해야 한다. 다른 npm 패키지와 같이 설치 및 임포트할 수 있으며, 다음과 같이 unpkg.com에서 곧바로 활용할 수 있다.

```
<script src="https://unpkg.com/react-lumberjack@1.0.0"></script>
```

스크립트가 로드되면 앱을 사용하고 컴포넌트가 자체 상태를 수정하게 하면 된다.

알 수 없는 문제가 생기거나 애플리케이션의 특정 상태를 디버깅하려면 콘솔을 열고 다음과 같이 입력한다.

시간을 뒤로 돌려서 변경된 상태를 취소하려면 다음과 같이 입력한다.

```
Lumberjack.back()
```

시간을 앞으로 돌려서 상태를 다시 적용하려면 다음과 같이 입력한다.

```
Lumberjack.forward()
```

이 라이브러리는 아직 실험 단계이므로 지원이 중단되거나 가까운 장래에 리액트 개발자 툴에 포함될 수 있다. 여기서는 상태가 작동하는 방법을 살펴보기 위한 예로 소개했다.

상태 사용

지금까지 상태가 작동하는 방법을 알아봤다. 다음은 상태를 언제 사용해야 하는지, 그리고 어떤 경우에 상태에 값을 저장하지 않아야 하는지 알아보자.

규칙을 따르면 컴포넌트를 작성할 때 상태 비저장이나 상태 저장을 쉽게 결정할 수 있으며, 적절하게 상태를 처리해 애플리케이션 전체에서 컴포넌트를 재사용 가능하게 만들 수 있다.

무엇보다 먼저, 상태에 저장할 데이터는 최소화해야 한다는 점을 항상 기억해야 한다.

예를 들어, 버튼을 클릭할 때 라벨을 변경해야 하는 경우 해당 라벨의 텍스트를 저장할 것이 아니라 버튼을 클릭했는지 여부를 알려주는 부울 플래그를 저장해야 한다.

이와 같이 상태를 올바르게 사용하면 이를 기준으로 다른 값을 다시 계산할 수 있다.

둘째, 상태에 추가하려는 값은 이벤트가 발생했을 때 업데이트하고 컴포넌트를 다시 렌더링할 값이어야 한다.

isClicked 플래그가 이러한 예이며, 또 다른 예로는 입력 필드에 입력한 제출하기 전의 값을 들 수 있다.

일반적으로, 현재 사용자 인터페이스 상태를 추적하는 데 필요한 정보(예: 탭 메뉴에서 현재 선택된 탭)만 상태에 저장해야 한다.

특정 정보를 저장하는 데 상태가 올바른 위치인지 결정할 수 있는 다른 방법은 저장할 데이터가 컴포넌트 외부나 자식에서 필요한지 여부를 고려하는 것이다.

여러 컴포넌트에서 동일한 특정 정보를 추적해야 하는 경우 애플리케이션 수준에서 리덕스^{Redux} 같은 상태 관리자를 사용하는 방법을 고려해야 한다.

다음은 모범사례를 따르기 위해 상태에 저장하지 않아야 할 정보에 대해 알아보자.

파생 정보

프로퍼티를 계산해 얻을 수 있는 데이터는 상태에 저장하지 말아야 한다.

예를 들어 프로퍼티에서 통화와 가격을 얻고 항상 이를 함께 표시하는 경우, 다음 예와 같이 결합된 값을 상태에 저장하고 render에서 상태 값을 사용하는 것이 좋아 보일 수 있다.

```
class Price extends React.Component {
  constructor(props) {
    super(props)

    this.state = {
      price: '${props.currency}${props.value}'
    }
  }
  render() {
    return <div>{this.state.price}</div>
  }
}
```

부모 컴포넌트에서 다음과 같이 한다면 가능하다.

```
<Price currency="£" value="100" />
```

문제는 Price 컴포넌트의 수명 주기 동안 통화나 가격이 변경되는 경우 (생성자는 한 번만 호출되므로) 상태가 다시 계산되지 않기 때문에 애플리케이션에서 잘못된 가격이 표시된다는 점이다.

따라서 가능하다면 항상 프로퍼티를 계산해 값을 얻어야 한다.

2장에서 한 것처럼 render 메소드에서 곧바로 도우미 메소드를 사용할 수 있다.

```
getPrice() {
    return `${this.props.currency}${this.props.value}`
}
```

render 메소드

상태를 설정하면 컴포넌트가 다시 렌더링된다는 점을 항상 기억하고 render 메소드에 사용할 값만 상태에 저장해야 한다.

예를 들어 컴포넌트 안에서 사용할 API 구독이나 제한 시간 변수를 저장해야 하지만, 이러한 변수가 렌더링에 전혀 영향을 주지 않는다면 별도의 모듈에 변수를 저장하는 것을 고려해야 한다.

다음 코드는 render 메소드에서는 사용하지 않는 값을 나중에 다른 용도로 사용하기 위해 상태에 저장하지만 상태를 변경할 때마다 불필요하게 렌더링이 수행되므로 잘못된 예다.

```
componentDidMount() {
    this.setState({
        request: API.get(...)
    })
}

componentWillUnmount() {
    this.state.request.abort()
}
```

이러한 시나리오에서는 API 요청을 별도의 모듈에 저장하는 것이 바람직하다.

이러한 상황에서 가능한 또 다른 일반적인 해결책은 요청을 컴포넌트 인스턴스의 전용 멤버로 저장하는 것이다.

```
componentDidMount() {
    this.request = API.get(...)
}

componentWillUnmount() {
    this.request.abort()
}
```

이렇게 하면 요청이 상태에 영향을 주지 않으면서 컴포넌트로 캡슐화되므로 값이 변경돼도 렌더링이 추가로 트리거되지 않는다.

댄 아브라모브의 참조 카드를 보면 올바른 결정을 내리는 데 도움이 될 것이다.

```
function shouldIKeepSomethingInReactState() {
    if (canICalculateItFromProps()) {
        // Don't duplicate data from props in state.
        // Calculate what you can in render() method.
        return false;
    }
    if (!amIUsingItInRenderMethod()) {
        // Don't keep something in the state
        // if you don't use it for rendering.
        // For example, API subscriptions are
        // better off as custom private fields
        // or variables in external modules.
        return false;
    }
    // You can use React state for this!
    return true;
}
```

▍프로퍼티 형식

우리의 목표는 진정한 재사용 가능 컴포넌트를 작성하는 것이며, 이를 위해서는 컴포넌트의 인터페이스를 최대한 명확하게 정의해야 한다.

컴포넌트를 애플리케이션 전체에서 재사용할 수 있게 하려면 컴포넌트와 해당 매개변수를 직관적이고 올바르게 정의해야 한다.

리액트에는 컴포넌트가 예상하는 프로퍼티의 이름과 각 프로퍼티에 적용되는 유효성검사 규칙을 아주 간단하게 표현할 수 있는 강력한 툴이 있다.

이러한 규칙은 프로퍼티의 형식에 대한 것과 해당 프로퍼티가 선택 또는 필수인지에대한 것이다. 맞춤형 유효성 검사 함수를 작성하는 옵션도 있다.

아주 간단한 예부터 시작해보자.

```
const Button = ({ text }) => <button>{text}</button>

Button.propTypes = {
    text: React.PropTypes.string,
}
```

이 예에서는 문자열 형식의 텍스트 프로퍼티를 받는 상태 비저장 함수형 컴포넌트를만들었다.

이제 이 컴포넌트를 접하는 모든 개발자는 컴포넌트의 올바른 사용법을 알 수 있다.

그런데 프로퍼티가 없어도 컴포넌트가 작동하는지 여부는 알 수 없기 때문에 프로퍼티의 형식에 대한 정보만으로는 부족할 수 있다.

버튼의 경우 텍스트가 없으면 제대로 작동하지 않으므로 해당 프로퍼티를 필수 요건으로 표시해야 한다.

```
Button.propTypes = {
    text: React.PropTypes.string.isRequired,
}
```

다른 개발자가 텍스트 프로퍼티를 설정하지 않고 이 버튼을 다른 컴포넌트 안에서 사용하려고 하면 브라우저 콘솔에 다음과 같은 경고가 표시된다.

```
Failed prop type: Required prop `text` was not specified
in `Button`.
```

그런데 경고는 개발 모드에서만 출력된다. 실무 버전의 리액트에서는 성능 때문에 propTypes 유효성 검사가 비활성화된다.

리액트는 배열, 숫자, 컴포넌트 등의 다양한 형식을 위한 유효성 검사기를 제공한다.

또한 특정 프로퍼티에 대해 유효한 배열 형식을 받는 oneOf 등의 여러 유틸리티도 제공한다.

컴포넌트에 전달하는 프로퍼티는 유효성을 검사하고 비교하기 수월한 기본형을 사용하는 것이 좋다는 사실을 기억해두자. 기본형 프로퍼티의 장점은 10장 '테스트와 디버깅'에서 다룬다.

기본형 프로퍼티 하나를 전달하면 컴포넌트 표면이 너무 넓은지 여부와 작은 여러 표면으로 분할해야 하는지 여부를 결정하는 데 도움이 된다.

단일 컴포넌트에서 너무 많은 프로퍼티를 선언한다고 판단되고 프로퍼티가 서로 연관되지 않은 경우, 적은 수의 프로퍼티와 역할을 갖는 수직 컴포넌트 여러 개로 분할하는 편이 나을 수 있다.

그러나 객체를 전달해야 하는 경우가 있으며, 이러한 경우에는 shape를 이용해 propType을 선언해야 한다.

shape 함수를 사용하면 각각 형식을 정의할 수 있는 중첩된 프로퍼티를 갖는 객체를 선언할 수 있다.

예를 들어, 다음과 같이 필수 프로퍼티 name과 선택 프로퍼티 surname을 갖는 user라는 필수 객체를 포함하는 Profile 컴포넌트를 만들 수 있다.

```
const Profile = ({ user }) =>(
    <div>{user.name} {user.surname}</div>
)

Profile.propTypes = {
    user: React.PropTypes.shape({
        name: React.PropTypes.string.isRequired,
        surname: React.PropTypes.string,
    }).isRequired,
}
```

기존의 리액트 propTypes로 요건이 충족되지 않는 경우 맞춤 함수를 작성해 프로퍼티의 유효성을 검사할 수 있다.

```
user: React.PropTypes.shape({
    age: (props, propName) => {
        if (!(props[propName] > 0 && props[propName] < 100)) {
            // '${propName}(은)는 1에서 99사이여야 합니다'
            return new Error(`${propName} must be between 1 and 99`)
        }
        return null
    },
})
```

예를 들어, 위의 예에서는 age 필드가 특정 범위에 포함되는지 확인하며 그렇지 않은 경우 오류를 반환한다.

리액트 독젠

지금까지 프로퍼티 형식을 지정해 컴포넌트의 경계를 올바르게 정의하는 방법을 알아봤다. 그런데 컴포넌트를 손쉽게 사용 및 공유할 수 있게 하기 위해 필요한 작업이 더 있다.

물론 프로퍼티에 명확한 이름과 형식이 지정돼 있으면 다른 개발자가 이를 사용하는 데는 충분하지만, 더 할 수 있는 일이 있다.

프로퍼티 형식의 정의부터 시작해 컴포넌트에 대한 설명서를 자동으로 생성할 수 있다.

이를 위해서는 다음과 같은 명령으로 리액트 독젠react-docgen이라는 라이브러리를 설치해야 한다.

```
npm install --global react-docgen
```

리액트 독젠은 컴포넌트의 소스 코드를 읽고 프로퍼티 형식과 주석에서 관련 정보를 추출한다.

예를 들어, 처음 만들었던 버튼을 다시 확인해보자.

```
const Button = ({ text }) => <button>{text}</button>

Button.propTypes = {
    text: React.PropTypes.string,
}
```

다음과 같이 독젠을 실행한다.

```
react-docgen button.js
```

그러면 다음과 같은 내용이 반환된다.

```json
{
    "description": "",
    "methods": [],
    "props": {
        "text": {
            "type": {
                "name": "string"
            },
            "required": false,
            "description": ""
        }
    }
}
```

이것은 컴포넌트의 인터페이스를 나타내는 JSON 객체다. 여기서 볼 수 있듯이 props 속성에는 컴포넌트에 정의된 string 형식의 text 프로퍼티가 있다.

주석을 추가해서 정보의 품질을 개선해보자.

```jsx
/**
 * 텍스트가 포함된 버튼
 */
const Button = ({ text }) => <button>{text}</button>

Button.propTypes = {
  /**
   * 버튼의 텍스트
   */
  text: React.PropTypes.string,
}
```

명령을 다시 실행하면 다음과 같은 결과가 나온다.

```
{
    "description": "텍스트가 포함된 버튼",
    "methods": [],
    "props": {
        "text": {
            "type": {
                "name": "string"
            },
            "required": false,
            "description": "버튼의 텍스트"
        }
    }
}
```

이제 반환된 객체를 사용해 설명서를 생성하고 이를 팀과 공유하거나 깃허브에서 공개할 수 있다.

출력 내용은 JSON 형식이므로 JSON 객체를 템플릿에 적용하는 방법으로 손쉽게 웹페이지를 생성할 수 있다.

독젠을 이용해 컴포넌트를 문서화한 예로 머티리얼^{Material} UI 라이브러리가 있다. 이 라이브러리의 모든 설명서는 라이브러리의 소스 코드로부터 자동으로 생성한 것이다.

▌ 재사용 가능 컴포넌트

지금까지 컴포넌트를 생성하기 위한 가장 좋은 방법과 로컬 상태 사용이 권장되는 시나리오를 확인했다. 또한 프로퍼티 형식을 지정해 명확한 인터페이스를 정의하는 방법으로 재사용 가능한 컴포넌트를 만드는 방법을 배웠다.

다음은 깔끔한 범용 인터페이스를 활용해 재사용이 불가능한 컴포넌트를 재사용 가능 컴포넌트로 바꾸는 현실적인 예제를 살펴보자.

API 엔드포인트에서 게시물의 컬렉션을 읽고 화면에 리스트를 표시하는 컴포넌트가 있다고 가정해보자.

간소화된 예제이지만 재사용 가능 컴포넌트를 만들기 위한 필수 단계를 배우는 데는 충분하다.

컴포넌트는 다음과 같이 정의된다.

```
class PostList extends React.Component
```

생성자와 수명 주기 메소드는 다음과 같다.

```
constructor(props) {
   super(props)

   this.state = {
      posts: [],
   }
}

componentDidMount() {
   Posts.fetch().then(posts => {
      this.setState({ posts })
   })
}
```

posts에는 게시물의 초기 상태를 나타내는 빈 배열이 할당된다.

componentDidMount는 API 호출을 수행하고 가져온 게시물 데이터를 상태에 저장한다.

이 예에서는 아주 일반적인 데이터 읽기 패턴을 사용하고 있다. 그 외의 가능한 데이터 읽기 패턴에 대해서는 5장 '올바른 데이터 읽기'에서 알아본다.

Posts는 API와 통신을 수행하는 도우미 클래스이며, Posts의 fetch 메소드는 posts의 리스트로 확인되는 Promise를 반환한다.

다음은 posts를 표시하는 코드다.

```
render() {
    return (
        <ul>
            {this.state.posts.map(post => (
                <li key={post.id}>
                    <h1>{post.title}</h1>
                    {post.excerpt && <p>{post.excerpt}</p>}
                </li>
            ))}
        </ul>
    )
}
```

render 메소드는 posts를 순회하면서 각 항목을 <li> 요소로 매핑한다.

제목을 나타내는 title 필드는 항상 있다고 가정하고 <h1> 안에 표시했으며, 내용 일부를 나타내는 excerpt는 있는 경우에만 <p> 안에 표시했다.

이 컴포넌트는 잘 작동하며 별다른 문제는 없다.

다음은 비슷한 리스트를 렌더링하지만 상태에 저장한 데이터가 아니라 프로퍼티로 받은 사용자의 리스트를 표시한다고 가정해보자.

```
const UserList = ({ users }) => (
    <ul>
        {users.map(user => (
            <li key={user.id}>
                <h1>{user.username}</h1>
                {user.bio && <p>{user.bio}</p>}
            </li>
```

```
      ))}
   </ul>
)
```

이 코드는 사용자의 컬렉션을 전달하면 앞의 게시물과 비슷한 정렬되지 않은 리스트를 렌더링한다.

앞의 예와 다른 점은 제목에 게시물 제목 대신 사용자의 이름을 표시한다는 점이다. 선택적 필드는 사용자 소개 항목이 있는 경우에만 표시된다.

비슷한 코드를 반복하는 것은 좋은 해결책이 아니므로 코드를 재사용하는 방법을 찾아보자. 먼저 재사용 가능 리스트 컴포넌트를 만들어야 하는데, 이를 위해 제네릭 컬렉션 프로퍼티를 정의하는 약간의 추상화를 통해 표시할 데이터와의 결합을 해제한다. 주요 요건은 게시물의 경우 제목과 내용 일부를 표시하지만, 사용자의 경우 사용자 이름과 사용자 소개를 표시한다는 것이다.

이를 위해 표시할 속성의 이름을 지정하는 titleKey와 선택적 필드를 지정하는 textKey라는 두 프로퍼티를 만든다.

새로 만든 재사용 가능 List의 프로퍼티는 다음과 같다.

```
List.propTypes = {
   collection: React.PropTypes.array,
   textKey: React.PropTypes.string,
   titleKey: React.PropTypes.string,
}
```

List는 상태나 함수를 갖지 않을 것이므로, 다음과 같이 상태 비저장 함수형 컴포넌트로 작성할 수 있다.

```
const List = ({ collection, textKey, titleKey }) => (
   <ul>
```

```
        {collection.map(item =>
            <Item
                key={item.id}
                text={item[textKey]}
                title={item[titleKey]}
            />
        )}
    </ul>
)
```

List는 프로퍼티를 받고, 컬렉션을 순회하며, 모든 항목을 다음에 만들 Item 컴포넌트로 매핑한다. 여기서 볼 수 있듯이, 주 속성에 해당하는 자식 title 및 text 프로퍼티와 선택적 항목으로 각각 전달했다.

Item 컴포넌트는 다음과 같이 아주 간단하고 깔끔하다.

```
const Item = ({ text, title }) => (
    <li>
        <h1>{title}</h1>
        {text && <p>{text}</p>}
    </li>
)
Item.propTypes = {
    text: React.PropTypes.string,
    title: React.PropTypes.string,
}
```

지금까지 게시물, 사용자 또는 다른 종류의 리스트를 표시하는 데 사용할 수 있는 잘 정의된 표면을 갖는 컴포넌트 2개를 만들었다. 작은 컴포넌트는 유지관리하고 테스트하기 수월하므로 버그를 찾고 수정하기도 쉽다는 점을 비롯한 여러 장점이 있다.

이제 재사용 가능한 범용 리스트를 사용해 코드 중복을 방지하도록 PostsList와 UserList를 새로 작성할 준비가 됐다.

먼저 다음과 같이 PostsList의 render 메소드를 수정한다.

```
render() {
    return (
        <List
            collection={this.state.posts}
            textKey="excerpt"
            titleKey="title"
        />
    )
}
```

UserList 함수는 다음과 같다.

```
const UserList = ({ users }) => (
    <List
        collection={users}
        textKey="bio"
        titleKey="username"
    />
)
```

지금까지 단일 목적의 컴포넌트로 시작해, 프로퍼티를 사용해 잘 정의된 범용 인터페이스를 만드는 방법으로 재사용 가능 컴포넌트로 바꾸는 과정을 알아봤다.

이제 이 컴포넌트는 애플리케이션 안에서 얼마든지 재사용할 수 있으며, 다른 개발자들도 프로퍼티 형식을 보고 구현 방법을 쉽게 이해할 수 있다.

또한 앞서 살펴본 리액트 독젠을 사용해 재사용 가능 리스트의 설명서를 생성할 수도 있다.

처리하는 데이터와 결합된 컴포넌트를 재사용 가능 컴포넌트로 변환했을 때 얻을 수 있는 장점은 아주 많다.

예를 들어, 버튼을 클릭하면 선택적 필드를 보이거나 숨기는 논리를 추가할 수 있다.

또는 title 속성의 길이를 검사하고 25자가 넘을 경우 잘라내거나 하이픈을 넣는 요건을 새로 추가할 수 있다.

재사용 가능 컴포넌트를 사용한 경우에는 한 지점을 수정하면 이를 사용하는 다른 모든 컴포넌트에 변경사항이 적용된다.

▌ 살아 있는 스타일 가이드

명확한 API를 이용해 재사용 가능 컴포넌트를 만드는 것은 애플리케이션 전체에서 코드 중복을 방지하는 좋은 방법이지만, 이것이 재사용성에 집중하는 유일한 이유는 아니다.

데이터로부터 분리된 명확한 프로퍼티를 받는 단순하고 깔끔한 컴포넌트를 만드는 것은 기본 컴포넌트의 라이브러리를 팀의 나머지 개발자와 공유하는 가장 좋은 방법이다. 재사용 가능한 범용 컴포넌트는 팀의 다른 개발자나 디자이너와 공유할 수 있으며 바로 사용 가능한 컴포넌트의 팔레트에 해당한다.

예를 들어, 앞 절에서 제목과 텍스트를 사용하는 범용 리스트를 만들었다. 이 컴포넌트와 컴포넌트가 표시하는 데이터는 서로 분리되므로 적절한 프로퍼티를 전달해 자유롭게 컴포넌트를 재사용할 수 있었다. 새로운 범주의 리스트가 필요하다면 이러한 범주의 컬렉션을 리스트 컴포넌트에 전달해 원하는 결과를 얻을 수 있었다.

한 가지 문제는 신입 개발자의 경우 필요한 컴포넌트가 이미 있는지, 아니면 새로 만들어야 할지 알기 어려운 상황이 종종 발생한다는 점이다. 이 문제의 일반적인 해결 방법은 스타일 가이드를 만드는 것이다. 스타일 가이드는 팀 내에서 다양한 요소의 집합을 공유할 수 있게 해주는 강력하고 효과적인 툴이다.

스타일 가이드는 여러 다른 페이지에 사용할 수 있는 애플리케이션의 모든 컴포넌트에 대한 시각적 컬렉션으로서, 시간이 흐르면서 컴포넌트의 수가 증가하는 동안 각기 다른 기술 수준의 팀원들과 정보를 교환하고 스타일을 일관되게 유지하기 위한 유용한 방법이다.

그러나 웹 애플리케이션에서는 일부 관심사가 잘 정의되지 않거나 사소한 요건의 차이 때문에 요소가 중복되는 경우가 많기 때문에 스타일 가이드를 만들기가 쉽지 않을 수 있다. 리액트는 잘 정의된 컴포넌트를 만들고 스타일 가이드를 작성하는 작업을 도와주는 기능을 제공한다.

리액트는 재사용 가능 컴포넌트를 간단하게 만들 수 있게 도와주는 것은 물론, 컴포넌트의 코드로부터 비주얼 라이브러리를 생성하는 여러 툴을 제공한다. 이러한 툴 중하나로 리액트 스토리북react-storybook이 있다.

리액트 스토리북은 컴포넌트를 격리해 전체 애플리케이션을 실행하지 않아도 단일 컴포넌트를 렌더링할 수 있게 해주므로 개발과 테스트 중에 아주 유용하다.

리액트 스토리북은 이름이 의미하는 것처럼 컴포넌트의 가능한 상태를 나타내는 스토리를 작성할 수 있게 해준다. 예를 들어, 계획 리스트를 만들고 있다면 완료 항목을 나타내는 스토리와 미완료 항목을 나타내는 스토리를 따로 작성할 수 있다.

스토리북은 팀의 다른 개발자와 컴포넌트를 공유하고 공동 작업의 효율을 높일 수 있는 훌륭한 툴이다. 새로 팀에 합류한 개발자는 작성된 스토리를 보고 특정한 문제를 해결하기 위해 컴포넌트를 새로 만들어야 하는지, 아니면 기존의 컴포넌트를 재사용해도 되는지 쉽게 알 수 있다.

2장에서 만든 리스트 예제에 스토리북을 적용해보자. 먼저 라이브러리를 설치해야 한다.

```
npm install --save @kadira/react-storybook-addon
```

패키지를 설치한 후 스토리 작성을 시작할 수 있다.

리스트 항목에는 필수적 제목 속성과 선택적 텍스트가 필요하므로 이러한 상태를 설명하려면 적어도 스토리 2개를 만들어야 한다.

스토리는 일반적으로 컴포넌트 폴더 안에 만들거나 원하는 다른 폴더 구조에 넣을 수있는 stories라는 폴더에 저장한다.

stories 폴더 안에서 컴포넌트 하나당 파일 하나를 만들 수 있다.

이 예에서는 list.js 파일에 스토리를 정의해보자.

먼저 라이브러리에서 주 함수 storiesOf를 가져온다.

```
import { storiesOf } from '@kadira/storybook'
```

그리고 주 함수를 이용해 다음과 같이 스토리를 정의한다.

```
storiesOf('List', module)
   .add('without text field', () => (
      <List collection={posts} titleKey="title" />
   ))
```

storiesOf를 사용해 컴포넌트의 이름을 정의하고 이야기를 추가할 수 있다. 각 항목은 렌더링할 컴포넌트를 반환하는 함수와 설명을 포함한다.

다음과 같이 리액트에 대한 블로그 게시물의 컬렉션 posts가 있다고 가정해보자.

```
const posts = [
   {
      id: 1,
      title: 'Create Apps with No Configuration',
   },
   {
      id: 2,
```

```
      title: 'Mixins Considered Harmful',
   },
]
```

스토리북을 실행해 이야기와 컴포넌트의 시각적 컬렉션을 탐색하기 전에 먼저 스토리북을 구성하는 과정이 필요하다.

스토리북을 구성하려면 먼저 애플리케이션의 루프 폴더에 .storybook이라는 폴더를 만들어야 한다.

그리고 .storybook 폴더 안에 이야기를 로드할 config.js 파일을 만든다.

```
import { configure } from '@kadira/storybook'

function loadStories() {
   require('../src/stories/list')
}

configure(loadStories, module)
```

먼저 라이브러리에서 configure 함수를 로드한 다음 각 이야기를 해당 경로를 이용해 로드하는 함수를 정의한다.

그런 다음 이 함수를 구성 메소드에 전달하면 준비가 완료된다.

마지막으로, npm 작업을 만들고 스토리북 실행 파일을 실행해 스토리북을 시작하고 브라우저에서 스타일 가이드에 접근해야 한다.

이를 위해 package.json의 스크립트 섹션에 다음 행을 추가한다.

```
"storybook": "start-storybook -p 9001"
```

이제 다음과 같이 실행한다.

```
npm run storybook
```

그리고 브라우저에서 http://localhost:9001로 이동한다.

브라우저에 표시되는 스토리북 인터페이스 왼쪽에서 스토리의 리스트를 볼 수 있다.

표시되는 스토리 중 하나를 클릭하면 오른쪽 영역에 해당 컴포넌트가 렌더링된다.

이것으로 컴포넌트의 모든 상태를 설명하고, 디자이너 및 제품 관리자와 정보를 공유할 수 있는 살아 있는 스타일 가이드를 만들었다.

마지막 작업으로, 두 번째 스토리를 만들어보자.

우리가 만든 리스트는 제목과 텍스트를 포함하는 항목을 표시할 수 있으므로 posts 컬렉션에 두 번째 속성을 추가해보자.

```
const posts = [
  {
    id: 1,
    title: 'Create Apps with No Configuration',
    excerpt: 'Create React App is a new officially supported...',
  },
  {
    id: 2,
    title: 'Mixins Considered Harmful',
    excerpt: '"How do I share the code between several...',
  },
]
```

이제 앞에서 만든 스토리에 이어 다음과 같이 스토리를 추가한다.

```
.add('with text field', () => (
  <List collection={posts} titleKey="title" textKey="excerpt" />
))
```

브라우저로 돌아가면, 페이지가 자동으로 새로 고쳐지고, 왼쪽에 스토리 2개가 표시된다.

스토리 중 하나를 클릭하면 오른쪽의 컴포넌트가 업데이트된다.

첫 번째 스토리를 클릭하면 제목의 리스트만 표시되며, 두 번째 스토리를 클릭하면 제목과 내용의 리스트가 표시된다.

더 복잡한 컴포넌트의 경우 여러 개의 스토리를 추가해 컴포넌트가 취할 수 있는 모든 상태와 변형의 조합을 표시할 수 있다.

요약

지금까지 재사용 가능 컴포넌트를 만드는 과정을 모두 알아봤다.

상태 저장 컴포넌트와 상태 비저장 컴포넌트의 차이점을 살펴봤으며, 밀결합된 컴포넌트를 재사용 가능하게 만드는 과정을 예제를 통해 알아봤다. 컴포넌트의 로컬 상태에 대해 살펴봤으며, 이를 사용하지 않아야 하는 경우를 설명했다. 프로퍼티 형식에 대한 기본 사항을 살펴봤고 이러한 개념을 재사용 가능 컴포넌트에 적용했다.

마지막으로, 팀원 간의 원활한 의사소통을 통해 이미 있는 비슷한 컴포넌트를 다시 만드는 수고를 방지하고 애플리케이션 내에서 일관성을 유지하도록 도와주는 살아 있는 스타일 가이드를 만드는 방법을 알아봤다.

이제 지금까지 만든 컴포넌트를 애플리케이션으로 결합하는 다양한 기법을 배울 준비가 됐다.

04

모든 것을 조합하기

3장에서 깔끔한 인터페이스를 이용해 재사용 가능 컴포넌트를 만드는 방법을 배웠다. 이번에는 이러한 컴포넌트가 서로 효과적으로 통신할 수 있는 방법을 알아보자.

리액트가 강력한 이유는 유지관리하고 테스트하기 쉬운 다수의 작은 컴포넌트를 결합해 복잡한 애플리케이션을 만들 수 있게 해주기 때문이다. 이 패러다임을 적용해 애플리케이션의 모든 작은 부분을 완벽하게 제어할 수 있다.

4장에서는 가장 많이 사용되는 여러 결합 패턴과 툴을 살펴본다.

4장에서 다루는 내용은 다음과 같다.

- 컴포넌트가 프로퍼티와 자식을 사용해 다른 컴포넌트와 통신하는 방법
- 컨테이너와 프레젠테이션 패턴으로 코드의 유지관리성을 개선하는 방법

- 믹스인을 사용한 문제 해결 방법과 실패 이유
- 상위 컴포넌트의 소개, 이를 통해 애플리케이션의 구조를 개선하는 방법
- 리콤포즈 라이브러리와 기본 제공 함수
- 컨텍스트와 상호작용하고 컨텍스트와 컴포넌트 간의 결합을 방지하는 방법
- 함수 자식 컴포넌트 패턴과 그 장점 소개

▌ 컴포넌트 간 통신

함수 재사용은 개발자의 목표 중 하나이며, 3장에서 재사용 가능 컴포넌트를 제작하는 데 리액트가 어떤 도움을 주는지 알아봤다.

재사용 가능 컴포넌트는 코드 중복을 방지하기 위해 애플리케이션의 여러 영역에서 공유할 수 있다.

깔끔한 인터페이스를 사용하는 작은 컴포넌트를 조합해 복잡한 애플리케이션을 만드는 방식은 강력할 뿐만 아니라 동시에 유지관리하기도 쉽다.

여러 리액트 컴포넌트를 조합하려면 다음과 같이 간단하게 render 메소드에 포함하면 된다.

```
const Profile = ({ user }) => (
   <div>
      <Picture profileImageUrl={user.profileImageUrl} />
      <UserName name={user.name} screenName={user.screenName} />
   </div>

   Profile.propTypes = {
      user: React.PropTypes.object,
   }
```

예를 들어, 이 예에서는 프로필 이미지를 표시하는 Picture 컴포넌트를 사용자의 이름과 화면 이름을 표시하는 UserName 컴포넌트와 조합해 Profile 컴포넌트를 만들었다.

이와 같이 단지 몇 행의 코드만 작성해도 사용자 인터페이스의 새로운 부분을 아주 빠르게 만들 수 있다.

앞의 예제와 같이 컴포넌트를 조합할 때는 **프로퍼티**를 사용해 컴포넌트 사이에 데이터를 공유한다.

프로퍼티는 부모 컴포넌트가 트리 아래쪽에서 이를 필요로 하는 모든(또는 일부) 컴포넌트에 전달하는 방법이다.

컴포넌트가 다른 컴포넌트로 프로퍼티를 전달할 때는 컴포넌트의 부모–자식 관계에 상관없이 전달하는 쪽을 **소유자**^{Owner} 라고 한다.

앞의 예에서 Profile은 Picture의 직계 부모가 아니지만(div 태그가 부모) 프로퍼티를 전달하므로 Profile이 Picture를 소유한다.

children

소유자가 render 메소드 안에 정의된 컴포넌트로 전달하는 children이라는 특수한 프로퍼티가 있다.

이 프로퍼티는 포함하는 값에 대한 정보를 전혀 제공하지 않기 때문에 리액트 설명서에서는 이를 불투명^{opaque}하다고 설명하고 있다.

부모 컴포넌트의 render 메소드에 정의된 하위 컴포넌트는 보통은 JSX에서 컴포넌트 자체의 속성으로서 전달되거나, createElement 함수의 두 번째 매개변수로 전달된 프로퍼티를 받는다.

컴포넌트는 내부의 중첩된 컴포넌트로 정의될 수도 있으며, 이 경우 children 프로퍼티를 이용해 이러한 자식에 접근할 수 있다.

다음과 같이 Button 컴포넌트에 버튼의 텍스트를 나타내는 text 프로퍼티가 있다고 가정해보자.

```
const Button = ({ text }) => (
    <button className="btn">{text}</button>
)

Button.propTypes = {
    text: React.PropTypes.string,
}
```

이 컴포넌트는 다음과 같이 사용할 수 있다.

```
<Button text="Click me!" />
```

이 코드는 다음과 같이 렌더링된다.

```
<button class="btn">Click me!</button>
```

다음은 동일한 버튼을 동일한 클래스 이름을 사용해 애플리케이션의 여러 부분에 사용하고, 단순한 문자열 외의 여러 항목을 버튼에 표시하고 싶다고 가정해보자.

실제로 UI에는 텍스트 버튼, 텍스트와 아이콘 버튼, 텍스트와 라벨 버튼 등의 여러 가지 버튼이 포함된다.

일반적인 해결책은 Button에 여러 매개변수를 추가하거나 특수한 용도별로 각기 다른 버전(예: IconButton)의 Button을 만드는 것이다.

그런데 Button을 단순히 래퍼로 취급하면 그 안에서 children 프로퍼티를 이용해 어떤 요소든지 렌더링할 수 있다.

이를 위해 Button 컴포넌트를 다음과 비슷하게 수정할 수 있다.

```
const Button = ({ children }) => (
    <button className="btn">{children}</button>
)

Button.propTypes = {
    children: React.PropTypes.array,
}
```

이렇게 수정한 다음에는 단일 텍스트 프로퍼티에 제한되지 않고 어떤 요소든지 Button으로 전달하고 children 프로퍼티 대신 렌더링할 수 있다.

이 예에서는 Button 컴포넌트 안에 래핑한 모든 요소는 클래스 이름 btn을 사용해 button 요소의 자식으로서 렌더링된다.

예를 들어, 버튼 안에 이미지 하나와 span으로 래핑한 텍스트를 렌더링하려면 다음과 같이 한다.

```
<Button>
    <img src="..." alt="..." />
    <span>Click me!</span>
</Button>
```

브라우저에서 렌더링된 결과는 다음과 같다.

```
<button className="btn">
    <img src="..." alt="..." />
    <span>Click me!</span>
</button>
```

이 예제는 컴포넌트가 어떤 children 요소든지 수신하고 이러한 요소를 미리 정의된 부모 안에 래핑하는 편리한 방법을 보여준다.

이제 이미지나 라벨은 물론 다른 리액트 컴포넌트까지 Button으로 전달하고 이 컴포넌트의 자식으로 렌더링할 수 있다.

앞의 예에서 볼 수 있듯이 children 프로퍼티를 배열로 정의했으므로 어떤 요소든지 수에 제한없이 컴포넌트의 자식으로 전달할 수 있다.

다음 코드와 같이 자식 하나를 전달할 수 있다.

```
<Button>
    <span>Click me!</span>
</Button>
```

그런데 자식 하나를 전달하면 프로퍼티 형식이 잘못됐다는 경고가 발생한다.

**Failed prop type: Invalid prop `children` of type `object` supplied
to `Button`, expected `array`.**

그 이유는 컴포넌트가 자식 하나를 갖는 경우 리액트가 성능 개선을 위해 배열을 할당하지 않고 요소를 생성하기 때문이다.

children 프로퍼티가 다음과 같은 프로퍼티 속성을 받을 수 있게 설정하면 간단하게 문제가 해결된다.

```
Button.propTypes = {
    children: React.PropTypes.oneOfType([
        React.PropTypes.array,
        React.PropTypes.element,
    ]),
}
```

▌ 컨테이너와 프레젠테이션 패턴

3장에서는 결합된 컴포넌트를 재사용 가능 컴포넌트로 바꾸는 과정을 단계별로 알아봤다.

이 절에서는 비슷한 패턴을 컴포넌트에 적용해 더 깔끔하고 유지관리하기 쉽게 만드는 방법을 알아본다.

일반적으로 리액트 컴포넌트에는 **논리**^{logic}와 **프레젠테이션**^{presentation}이 같이 들어 있다.

여기서 논리는 API 호출, 데이터 조작, 이벤트 핸들러와 같이 UI와 연관되지 않은 코드를 말하며, 프레젠테이션은 render 메소드 안에서 UI에 표시할 요소를 생성하는 코드다.

리액트에는 컴포넌트를 생성할 때 이러한 관심사를 분리할 수 있게 도와주는 **컨테이너**와 **프레젠테이션**이라는 단순하고 강력한 패턴이 있다.

논리와 프레젠테이션 사이에 잘 정의된 경계를 만들면 컴포넌트를 재사용하는 데 도움이 되며, 이 절에서 설명할 여러 혜택을 얻을 수 있다.

새로운 개념을 배우는 가장 좋은 방법은 역시 실용적인 예제를 살펴보는 것이다.

지오로케이션^{geolocation} API를 이용해 사용자의 현재 위치를 얻고 브라우저에 위도와 경도를 표시하는 컴포넌트가 있다고 가정해보자.

먼저 컴포넌트 폴더에 geolocation.js 파일을 만들고 클래스를 이용해 Geolocation 컴포넌트를 정의한다.

```
class Geolocation extends React.Component
```

그런 다음 생성자를 정의하고, 여기서 내부 상태를 초기화하고 이벤트 핸들러를 바인딩한다.

```
constructor(props) {
    super(props)

    this.state = {
        latitude: null,
        longitude: null,
    }

    this.handleSuccess = this.handleSuccess.bind(this)
}
```

이제 componentDidMount 콜백을 사용해 API로 요청을 발송할 수 있다.

```
componentDidMount() {
    if (navigator.geolocation) {
        navigator.geolocation.getCurrentPosition(this.handleSuccess)
    }
}
```

브라우저가 결과를 반환하면 다음 함수를 이용해 결과를 상태에 저장한다.

```
handleSuccess({ coords }) {
    this.setState({
        latitude: coords.latitude,
        longitude: coords.longitude,
    })
}
```

마지막으로, render 메소드에서 위도와 경도를 표시한다.

```
render() {
    return (
        <div>
```

```
      <div>Latitude: {this.state.latitude}</div>
      <div>Longitude: {this.state.longitude}</div>
    </div>
  )
}
```

여기서 한 가지 알아둬야 할 사실은 처음 렌더링하는 동안에는 컴포넌트가 마운팅될 때 브라우저에 좌표를 요청하므로 위도와 경도가 모두 null이라는 점이다. 따라서 실무에서는 2장 '깔끔한 코드 관리'에서 배운 조건문 기법 중 하나를 이용해 데이터가 실제로 반환될 때까지 회전판을 표시할 수 있다.

이 컴포넌트에는 아무 문제가 없고 예상대로 잘 작동한다.

컴포넌트에서 위도와 경도가 표시되는 컴포넌트의 UI 부분을 디자이너와 함께 만들고 있다고 가정해보자.

UI 부분과 위치를 요청하고 로드하는 부분을 분리하면 반복 개발의 속도를 높일 수 있지 않을까?

주 컴포넌트에서 프레젠테이션 부분을 격리하면 3장에서 살펴본 **스토리북**을 사용해 재사용 가능 컴포넌트의 모든 장점을 살리면서 **스타일 가이드**에 임시 데이터를 포함하는 컴포넌트를 렌더링할 수 있다.

이번에는 컨테이너와 프레젠테이션 패턴을 적용해 앞의 예제를 수정해보자.

이 패턴은 모든 컴포넌트를 명확한 역할을 가진 2개의 작은 컴포넌트로 분리한다.

컨테이너는 컴포넌트의 모든 논리를 포함하고 API가 호출되는 위치이며 데이터 조작과 이벤트 처리를 수행한다.

프레젠테이션 컴포넌트는 UI가 정의되는 위치이며 컨테이너로부터 프로퍼티를 통해 데이터를 수신한다. 프레젠테이션 컴포넌트는 일반적으로 논리를 포함하지 않으므로 함수형 상태 비저장 컴포넌트로 만들 수 있다.

프레젠테이션 컴포넌트가 상태를 가지면 안 된다는 규칙은 없으므로, 예를 들어 UI 상태를 내부에 포함할 수 있다.

이 예제에서는 위도와 경도를 표시하는 컴포넌트가 필요하므로 간단한 함수 하나를 사용한다.

먼저 Geolocation 컴포넌트를 GeolocationContainer로 이름을 바꿔야 한다.

```
class GeolocationContainer extends React.Component
```

또한 geolocation.js의 파일 이름을 geolocation-container.js로 변경한다.

필수 규칙은 아니지만 리액트 커뮤니티에서는 컨테이너 컴포넌트 이름 뒤에 container를 붙이고 프레젠테이션 컴포넌트에 원래 이름을 사용하는 방법을 모범사례로 권장하고 있다.

또한 render 메소드의 구현을 다음과 같이 수정해 UI 부분을 모두 제거해야 한다.

```
render() {
   return (
      <Geolocation {...this.state} />
   )
}
```

이 코드 조각에서 볼 수 있듯이, 컨테이너의 render 메소드에서 HTML 요소를 생성하지 않고 다음에 만들 프레젠테이션 컴포넌트에 상태를 전달하고 사용했다.

상태[state]에는 기본값이 null인 latitude와 longitude 프로퍼티가 있다. 이 두 프로퍼티는 브라우저가 **콜백**[callback]을 수행하면 사용자의 실제 위치로 설정된다.

여기서는 2장 '깔끔한 코드 관리'에서 살펴본 속성 전개 연산자를 사용해 프로퍼티를 수동으로 지정하지 않고 상태의 속성을 편리하게 전달했다.

다음은 geolocation.js라는 파일을 새로 만들고 다음과 같이 상태 비저장 함수형 컴포넌트를 정의한다.

```
const Geolocation = ({ latitude, longitude }) => (
  <div>
    <div>Latitude: {latitude}</div>
    <div>Longitude: {longitude}</div>
  </div>
)
```

상태 비저장 함수형 컴포넌트는 UI를 정의하는 아주 정교한 방법으로서, 상태를 전달하면 요소를 반환하는 순수 함수를 사용한다.

이 예제의 함수는 소유자로부터 latitude와 longitude 프로퍼티를 받고 화면에 표시할 마크업 구조를 반환한다.

모범사례에 따라 컴포넌트의 인터페이스를 명확하게 정의하기 위해 propTypes를 이용해 컴포넌트에 필요한 프로퍼티를 선언했다.

```
Geolocation.propTypes = {
  latitude: React.PropTypes.number,
  longitude: React.PropTypes.number,
}
```

브라우저에서 컴포넌트를 실행하면 다음과 비슷한 결과가 나온다.

지금까지 컨테이너와 프레젠테이션 패턴에 따라 임시 좌표를 전달하고 스타일 가이드로 출력할 수 있는 재사용 가능 컴포넌트를 만들었다.

이제부터는 애플리케이션의 동일한 데이터 구조를 다른 부분에서 표시해야 하는 경우, 컴포넌트를 새로 만들 필요 없이 새로운 컨테이너에 래핑하면 다른 엔드포인트로부터 위도와 경도 데이터를 로드할 수 있다.

이와 동시에 팀의 다른 개발자는, 예를 들어 프레젠테이션을 건드리지 않고 오류 처리 논리를 추가하는 식으로 컨테이너를 개선할 수 있다.

또한 데이터를 표시하고 디버깅하기 위해 임시 프레젠테이션 컴포넌트를 작성하고 사용한 후 나중에 준비가 되면 실제 프레젠테이션 컴포넌트로 대체할 수 있다.

동일한 컴포넌트에 대한 작업을 동시에 진행할 수 있다는 것은 팀 개발에서 큰 혜택이며, 특히 반복적 프로세스로 인터페이스를 개발하는 팀에 많은 도움이 된다.

이 패턴은 단순하면서 동시에 강력하며, 대규모 애플리케이션에 제대로 적용하면 프로젝트의 개발 속도와 유지관리 용이성을 크게 개선할 수 있다.

반면에 합당한 이유 없이 이 패턴을 적용하면 만들어야 하는 파일과 컴포넌트의 수가 늘어나므로 코드베이스의 유용성이 저하되는 정반대의 문제가 발생한다.

따라서 컨테이너와 프레젠테이션 패턴에 따라 컴포넌트를 리팩토링할지 결정할 때는 신중하게 고려해야 한다.

일반적으로 권장하는 방법은 논리와 프레젠테이션이 필요 이상으로 결합된 단일 컴포넌트를 분할하는 것으로 시작하는 것이다.

앞의 예제에서는 단일 컴포넌트에서 시작했으며, 마크업에서 API 호출을 분리할 수 있다는 사실을 알 수 있었다.

어떤 것이 컨테이너와 프레젠테이션 중 어디에 적합한지 항상 명확하게 구분할 수 있는 건 아니지만, 다음과 같은 사항이 판단하는 데 도움이 된다.

컨테이너 컴포넌트

- 동작과 관계가 많다.
- 프레젠테이션 컴포넌트를 렌더링한다.
- API 호출을 수행하고 데이터를 조작한다.
- 이벤트 핸들러를 정의한다.
- 클래스로 작성한다.

프레젠테이션 컴포넌트

- 시각적 표현과 관계가 많다.
- HTML 마크업(또는 다른 컴포넌트)을 렌더링한다.
- 부모로부터 프로퍼티 형태로 데이터를 받는다.
- 상태 비저장 함수형 컴포넌트로 작성되는 경우가 많다.

▎ 믹스인

컴포넌트는 재사용성을 높이는 아주 훌륭한 방법이다. 그런데 다른 도메인에 속한 다른 컴포넌트가 동일한 동작을 공유한다면 어떻게 해야 할까?

애플리케이션에서 코드가 중복되는 것은 바람직하지 않으므로, 리액트는 여러 컴포넌트 간에 기능을 공유하기 위한 **믹스인**^{mixin}이라는 방법을 제공한다.

이제 믹스인은 권장사항은 아니지만 믹스인으로 해결할 수 있는 문제가 무엇이고 대안은 무엇인지를 알아두면 도움이 된다.

또한 이전 버전의 리액트를 사용하는 기존 프로젝트에 참여하는 경우 믹스인이 무엇이고 어떻게 다루는지 알아둘 필요가 있다.

먼저 믹스인은 createClass 팩토리와 함께 사용하는 것만 가능하다. 즉, 클래스와 함께 믹스인을 사용할 수 없으며, 이것이 지금은 믹스인을 권장하지 않는 이유 중 하나다.

createClass를 사용하는 애플리케이션에서 여러 다른 컴포넌트에 동일한 코드가 필요하다는 사실을 발견했다고 가정해보자.

예를 들어, 창의 크기를 얻고 창 크기에 맞게 적절한 작업을 하려면 창 크기 변경 이벤트를 수신해야 한다.

믹스인을 사용하는 한 방법은 믹스인을 한 번 작성하고 여러 컴포넌트에서 공유하는 것이다. 코드 작성을 시작해보자.

믹스인은 컴포넌트의 함수와 속성을 포함하는 객체 리터럴로 정의할 수 있다.

```
const WindowResize = {...}
```

믹스인은 컴포넌트와 통신하기 위해 일반적으로 상태를 사용한다. getInitialState에서는 다음과 같이 상태를 창의 초기 innerWidth로 초기화한다.

```
getInitialState() {
  return {
    innerWidth: window.innerWidth,
  }
},
```

이제부터 변경사항을 추적하기 위해 컴포넌트가 마운팅되면 창 크기 변경 이벤트를 수신하기 시작한다.

```
componentDidMount() {
  window.addEventListener('resize', this.handleResize)
},
```

또한 메모리를 해제하고 사용되지 않는 수신기를 창에 남겨두지 않기 위해, 다음과 같이 컴포넌트가 언마운트되는 즉시 이벤트 수신기를 제거해야 한다.

```
componentWillUnmount() {
  window.removeEventListener('resize', this.handleResize)
},
```

마지막으로, 창 크기 변경 이벤트가 생성될 때마다 호출될 콜백을 정의한다.

콜백 함수는 새로운 innerWidth 값으로 상태를 업데이트해 이 믹스인을 사용하는 컴포넌트가 새로운 값을 이용해 다시 렌더링되도록 구현된다.

```
handleResize() {
  this.setState({
    innerWidth: window.innerWidth,
  })
},
```

앞의 코드 예제에서 볼 수 있듯이, 믹스인을 만드는 방법은 컴포넌트를 만드는 방법과 아주 비슷하다.

이제 컴포넌트에서 믹스인을 사용하려면 이를 객체의 프로퍼티인 믹스인의 배열에 할당하면 된다.

```
const MyComponent = React.createClass({

    mixins: [WindowResize],

    render() {
        console.log('window.innerWidth', this.state.innerWidth)
        ...
    },

})
```

이제부터 컴포넌트의 상태로 창의 innerWidth 값을 사용할 수 있게 되며, innerWidth가 변경될 때마다 업데이트된 값으로 컴포넌트가 다시 렌더링된다.

여러 컴포넌트에서 동시에 해당 믹스인을 사용할 수 있고, 각 컴포넌트에서 여러 믹스인을 사용할 수 있다.

믹스인의 장점 중 하나는 수명 주기 메소드 및 초기 상태를 병합할 수 있다는 점이다.

예를 들어, 컴포넌트에서 WindowResize 믹스인을 사용하고 componentDidMount 후크를 정의하면 둘이 모두 순서대로 실행된다.

여러 믹스인에서 동일한 수명 주기 후크를 사용하는 경우도 마찬가지다.

이번에는 믹스인의 문제점을 모두 확인하고, 다음 절에서는 동일한 결과를 얻을 수 있는 최상의 기법이 무엇인지 알아본다.

무엇보다 먼저, 믹스인은 컴포넌트와 통신하기 위해 종종 내부 함수를 사용한다.

예를 들어, `WindowResize` 믹스인이 컴포넌트에서 `handleResize` 함수를 구현한다고 가정하고 창 크기가 변경될 때마다 상태를 이용해 업데이트를 트리거하는 대신 원하는 작업을 하는 자유를 개발자에게 줄 수 있다.

아니면 상태에 새로운 값을 설정하는 대신 믹스인이 컴포넌트에서 예제의 `getInnerWidth`와 같은 함수를 호출해 실제 값을 얻어야 할 수 있다.

문제는 어떤 메소드를 구현해야 하는지 알 수 없다는 점이다.

이런 점은 유지관리성에 나쁜 영향을 준다. 한 컴포넌트에서 여러 믹스인이 사용되는 경우 여러 다른 메소드를 구현해야 하므로 일부 믹스인을 제거하거나 동작을 변경할 때 관련 코드를 제거하기 어렵다.

믹스인의 가장 흔한 문제는 충돌이다. 리액트는 수명 주기 콜백을 알아서 병합할 수 있을 만큼 영리하지만, 두 믹스인이 동일한 함수 이름을 정의 또는 요구하거나 상태에 동일한 속성을 사용하는 경우에는 속수무책이다.

특히 대규모 코드베이스에서 예기치 않은 동작이 발생하고 디버깅하기 어렵기 때문에 큰 문제가 된다.

앞서 `WindowResize` 예제에서 확인한 것처럼, 믹스인은 일반적으로 컴포넌트와 통신하기 위해 상태를 사용한다. 따라서 예를 들어 믹스인이 컴포넌트의 상태에 있는 특수한 속성을 업데이트하면 컴포넌트가 새로운 속성을 반영하고 다시 렌더링한다.

따라서 컴포넌트는 불필요하게 상태를 사용할 수 있다. 그런데 앞에서 재사용성과 유지관리성을 개선하려면 상태 이용을 최대한 자제해야 한다고 설명했다.

게다가 믹스인이 다른 믹스인에 의존하는 상황도 생길 수 있다. 예를 들어, 창의 크기 변경에 따라 일부 컴포넌트의 표시 여부를 변경하기 위해 `WindowResize` 믹스인을 이용하는 **ResponsiveMixin**이라는 믹스인을 만들 수 있다.

이러한 믹스인 간의 결합은 컴포넌트 리팩토링과 애플리케이션 확장을 아주 어렵게 만든다.

상위 컴포넌트

지금까지 믹스인을 사용해 컴포넌트 간에 기능을 공유하는 방법을 알아보고 이러한 방법에 어떤 단점이 있는지 확인했다.

2장 '깔끔한 코드 관리'의 '함수형 프로그래밍의 기본' 절에서, 함수를 지정하면 여기에 동작을 추가한 개선된 함수를 반환하는 **상위 함수**^{HoF, Higher-order Function}라는 개념을 언급했었다.

동일한 개념을 리액트 컴포넌트에 적용해 컴포넌트 간에 기능을 공유하는 목표를 달성하면서 믹스인의 단점을 극복할 수 있는지 알아보자.

상위 함수의 개념을 적용한 컴포넌트를 간단하게 **상위 컴포넌트**^{HoC, Higher-order Component}라고 부른다.

상위 컴포넌트의 기본 형식은 다음과 같다.

```
const HoC = Component => EnhancedComponent
```

상위 컴포넌트는 컴포넌트를 입력으로 받고 개선된 컴포넌트를 출력하는 함수다.

개선된 컴포넌트가 어떤 것인지 아주 간단한 예제를 통해 알아보자.

어떤 이유에서 모든 컴포넌트에 className이라는 동일한 프로퍼티를 추가해야 한다고 가정해보자. 모든 render 메소드를 변경해 일일이 className 프로퍼티를 추가해도 되지만, 다음과 같이 간단한 상위 컴포넌트를 작성하는 방법도 있다.

```
const withClassName = Component => props => (
    <Component {...props} className="my-class" />
)
```

이 코드는 처음에는 다소 이해하기 어려울 수 있으므로 자세히 살펴보자.

withClassName 함수는 Component 하나를 받고 다른 함수를 반환하도록 선언됐다.

반환된 함수는 몇 가지 프로퍼티를 받고 원래 컴포넌트를 렌더링하는 상태 비저장 함수형 컴포넌트다. 수집된 프로퍼티가 전개되며 "my-class" 값을 포함하는 className 프로퍼티가 여기로 전달된다.

상위 컴포넌트가 받은 프로퍼티를 컴포넌트에 전개하는 이유는 투명하게 새로운 동작을 추가하는 작업만 하기 때문이다.

이 예제는 아주 간단하며 그리 유용하지는 않지만, 상위 컴포넌트가 어떻게 작동하는지 이해하는 데 도움이 됐을 것이다.

다음은 다른 컴포넌트에서 withClassName 상위 컴포넌트를 사용하는 방법을 알아보자.

먼저 클래스 이름을 받고 div 태그에 적용하는 상태 비저장 함수형 컴포넌트를 만든다.

```
const MyComponent = ({ className }) => (
    <div className={className} />
)

MyComponent.propTypes = {
    className: React.PropTypes.string,
}
```

이를 직접 사용하지 않고 다음과 같이 상위 컴포넌트에 전달한다.

```
const MyComponentWithClassName = withClassName(MyComponent)
```

컴포넌트를 withClassName 함수로 래핑하고 className 프로퍼티를 받도록 한다.

이번에는 앞 절에서 만든 WindowResize 믹스인을 변경해 애플리케이션 전체에서 재사용할 수 있는 상위 컴포넌트로 바꿔보자.

이 믹스인은 창 크기 변경 이벤트를 수신하며, 창의 업데이트된 innerWidth 프로퍼티를 상태에서 이용할 수 있게 해준다.

믹스인의 가장 큰 문제 중 하나는 innerWidth 값을 제공하기 위해 컴포넌트의 상태를 이용한다는 점이다.

이것이 문제가 되는 이유는 추가 속성으로 상태를 오염시키며 이러한 속성이 컴포넌트 자체가 사용하는 속성과 충돌할 수 있기 때문이다.

먼저 컴포넌트를 수신하는 함수를 만들어야 한다.

```
const withInnerWidth = Component => (
    class extends React.Component { ... }
)
```

상위 컴포넌트를 명명하는 일반적인 패턴은 보강하는 컴포넌트에 대한 약간의 정보를 제공하는 접두사를 붙이는 것이다.

withInnerWidth 함수의 경우 앞의 예제에서 확인한 것처럼 추가 함수와 상태가 필요하므로 함수형 상태 비저장 컴포넌트 대신 클래스 컴포넌트를 반환한다.

반환되는 클래스가 어떻게 생겼는지 확인해보자.

생성자에서 초기 상태가 정의되고 handleResize 콜백이 현재 클래스에 바인딩된다.

```
constructor(props) {
    super(props)

    this.state = {
        innerWidth: window.innerWidth,
    }

    this.handleResize = this.handleResize.bind(this)
}
```

수명 주기 후크와 이벤트 핸들러는 믹스인에서 사용한 것과 동일하다.

```
componentDidMount() {
    window.addEventListener('resize', this.handleResize)
}

componentWillUnmount() {
    window.removeEventListener('resize', this.handleResize)
}

handleResize() {
    this.setState({
        innerWidth: window.innerWidth,
    })
}
```

마지막으로, 원래 컴포넌트가 다음과 같이 렌더링된다.

```
render() {
    return <Component {...this.props} {...this.state} />
}
```

앞서 살펴본 것과 마찬가지로 프로퍼티를 전개하며 상태도 함께 전개한다.

원래 동작을 유지하기 위해 innerWidth 값을 상태에 저장하지만, 컴포넌트의 상태를 오염시키지 않고 프로퍼티를 사용한다.

3장 '진정한 재사용 가능 컴포넌트'에서 배웠듯이, 재사용성을 보장하려면 프로퍼티를 사용하는 것이 좋다.

이제 아주 간단하게 상위 컴포넌트를 사용하고 innerWidth 값을 얻을 수 있다.

innerWidth를 프로퍼티로서 필요로 하는 상태 비저장 함수형 컴포넌트를 작성한다.

```
const MyComponent = ({ innerWidth }) => {
    console.log('window.innerWidth', innerWidth)
    ...
}

MyComponent.propTypes = {
    innerWidth: React.PropTypes.number,
}
```

그리고 이를 다음과 같이 보강한다.

```
const MyComponentWithInnerWidth = withInnerWidth(MyComponent)
```

상위 컴포넌트를 사용하면 믹스인을 사용할 때와 비교해 여러 장점이 있지만, 무엇보다 상태를 오염시키지 않으며 컴포넌트에서 함수를 구현할 필요가 없다.

즉, 컴포넌트와 상위 컴포넌트가 서로 결합되지 않으며, 애플리케이션 전체에서 재사용될 수 있다는 뜻이다.

또한 상태 대신 프로퍼티를 사용하므로 복잡한 논리를 무시하고 프로퍼티만 전달해 스타일 가이드에서 컴포넌트를 렌더링할 수 있다.

예를 들어, 다음 두 행과 같이 지원하는 innerWidth 크기별로 컴포넌트를 생성할 수 있다.

```
<MyComponent innerWidth={320} />
<MyComponent innerWidth={960} />
```

리컴포즈

상위 컴포넌트를 사용하는 방법과 그 강력함에 익숙해진 다음에는 장점을 극대화하는 방법을 찾을 차례다.

유명한 라이브러리 중 하나인 리컴포즈recompose는 여러 유용한 상위 컴포넌트와 이를 조합하는 방법을 제공한다.

이 라이브러리가 제공하는 상위 컴포넌트는 컴포넌트를 래핑하고 논리를 옮겨서 쉽게 재사용할 수 있게 만들어주는 작은 유틸리티다.

API에서 여러 속성을 가진 사용자 객체를 수신하는 컴포넌트가 있다고 가정해보자.

컴포넌트가 임의의 객체를 수신하게 하는 것은 좋은 방법이 아니다. 그 이유는 컴포넌트가 객체에 대해 알아야 하며, 무엇보다 객체가 변경되면 컴포넌트가 제대로 작동하지 않기 때문이다.

컴포넌트가 부모로부터 프로퍼티를 수신하는 더 좋은 방법은 각 프로퍼티를 기본형으로 정의하는 것이다.

Profile 컴포넌트는 다음과 같이 username과 age를 표시한다.

```
const Profile = ({ user }) => (
   <div>
      <div>Username: {user.username}</div>
      <div>Age: {user.age}</div>
   </div>
)

Profile.propTypes = {
   user: React.PropTypes.object,
}
```

이 인터페이스를 변경해 완전한 사용자 객체 대신 단일 프로퍼티를 수신하게 하려면 리컴포즈가 제공하는 flattenProp 상위 컴포넌트를 사용하면 된다.

작동 방식을 알아보자.

먼저, 다음과 같이 단일 프로퍼티를 선언하도록 컴포넌트를 변경한다.

```
const Profile = ({ username, age }) => (
  <div>
    <div>Username: {username}</div>
    <div>Age: {age}</div>
  </div>
)

Profile.propTypes = {
  username: React.PropTypes.string,
  age: React.PropTypes.number,
}
```

그런 다음 이 컴포넌트를 상위 컴포넌트를 이용해 보강한다.

```
const ProfileWithFlattenUser = flattenProp('user')(Profile)
```

여기서는 상위 컴포넌트를 약간 다른 방법으로 이용했음을 알 수 있다. 상위 컴포넌트 중에는 매개변수를 먼저 받기 위해 부분 적용을 사용한다.

이 경우 다음과 비슷한 시그니처를 사용한다.

```
const HoC = args => Component => EnhancedComponent
```

이제 다음과 같이 첫 번째 호출을 이용해 함수를 만들고 여기에 컴포넌트를 래핑하면 된다.

```
const withFlattenUser = flattenProp('user')
const ProfileWithFlattenUser = withFlattenUser(Profile)
```

다음은 컴포넌트를 더 범용적이고 재사용하기 쉽게 만들기 위해 username 속성을 바꾸고 싶다고 가정해보자.

이 경우 리컴포즈 라이브러리에서 제공하는 renameProp을 이용할 수 있는데, 먼저 컴포넌트를 다음과 같이 업데이트한다.

```
const Profile = ({ name, age }) => (
    <div>
        <div>Name: {name}</div>
        <div>Age: {age}</div>
    </div>
)
Profile.propTypes = {
    name: React.PropTypes.string,
    age: React.PropTypes.number,
}
```

다음은 user 프로퍼티를 플랫화하는 상위 컴포넌트와 user 객체에서 프로퍼티 하나의 이름을 변경하는 상위 컴포넌트를 적용해야 하는데, 이렇게 함수를 연결하는 방법은 그리 좋게 보이지 않는다.

여기에 리컴포즈의 compose 함수를 유용하게 쓸 수 있다.

다음과 같이 이 함수에 여러 상위 컴포넌트를 전달하면 보강된 상위 컴포넌트 하나를 얻을 수 있다.

```
const enhance = compose(
    flattenProp('user'),
    renameProp('username', 'name')
)
```

이제 다음과 같이 컴포넌트에 적용한다.

```
const EnhancedProfile = enhance(Profile)
```

이 방법이 더 세련되며 편리하다.

리컴포즈에서는 라이브러리에서 제공하는 상위 컴포넌트 외에, 자신의 상위 컴포넌트를 조합하거나 두 종류의 컴포넌트를 함께 사용할 수도 있다.

```
const enhance = compose(
    flattenProp('user'),
    renameProp('username', 'name'),
    withInnerWidth
)
```

여기서 볼 수 있듯이 compose 함수는 아주 강력하며 코드를 알아보기 쉽게 만들어주고, 여러 상위 컴포넌트를 연결해 컴포넌트를 최대한 단순하게 만들어준다.

그런데 상위 컴포넌트를 남용하지 않는 것도 중요하다. 모든 추상화에는 약간의 문제가 있으며 이 경우에는 약간의 성능 저하가 따른다.

컴포넌트 하나를 상위 컴포넌트로 래핑할 때마다 새로운 render 함수와 수명 주기 함수, 그리고 메모리 할당이 추가된다는 점을 알아둬야 한다.

따라서 상위 컴포넌트 사용을 고려할 때는 구조를 변경하는 것이 더 나은 방법인지도 생각해봐야 한다.

컨텍스트

상위 컴포넌트는 컨텍스트를 다룰 때도 아주 편리하다.

컨텍스트는 리액트에서 처음부터 지원되고 여러 라이브러리에서 사용됐지만, 다소 시간이 지난 후에 관련 정보가 문서화됐다.

설명서에서도 컨텍스트가 아직 실험적이며 나중에 변경될 수 있으므로 꼭 필요할 때만 사용하도록 권장하고 있다.

그러나 컨텍스트를 잘 활용하면 트리의 모든 단계에서 프로퍼티를 사용하지 않고도 트리 아래쪽으로 원활하게 정보를 전달할 수 있다.

컴포넌트와 API가 결합되지 않게 하면서 컨텍스트의 장점을 살리려면 상위 컴포넌트를 사용하면 된다.

상위 컴포넌트를 사용하면 컨텍스트에서 데이터를 얻고, 이를 프로퍼티로 변환하며, 프로퍼티를 컴포넌트로 전달할 수 있다.

이러한 방식으로 컴포넌트는 컨텍스트를 인식하지 않으므로 애플리케이션의 여러 다른 부분에서 손쉽게 재사용할 수 있다.

또한 나중에 컨텍스트의 API가 변경되더라도 여기에 컴포넌트가 결합되지 않았으므로 상위 컴포넌트만 수정하면 된다는 큰 장점이 있다.

리컴포즈는 컨텍스트를 투명하게 활용해 아주 쉽고 간단하게 프로퍼티를 수신할 수 있게 해주는 함수를 제공한다. 이 함수의 사용 방법을 확인해보자.

통화currency와 액수value를 표시하는 Price라는 컴포넌트가 있다고 가정해보자.

컨텍스트는 루트에서 아래쪽으로 공통 구성을 전달하는 데 많이 사용되는데, 통화 역시 이러한 공통 구성에 해당한다.

우선은 컨텍스트를 인식하는 컴포넌트부터 시작하고 이를 상위 컴포넌트를 사용해 재사용 가능 컴포넌트로 바꾸는 과정을 단계별로 살펴보자.

```
const Price = ({ value }, { currency }) => (
   <div>{currency}{value}</div>
)
```

```
Price.propTypes = {
    value: React.PropTypes.number,
}

Price.contextTypes = {
    currency: React.PropTypes.string,
}
```

이 상태 비저장 컨텍스트에서 두 번째 매개변수로 통화를 받고, 프로퍼티로 액수를 받는다.

또한 두 값의 컨텍스트 형식과 프로퍼티 형식을 정의했다.

이 컴포넌트는 자식 컨텍스트 형식으로 통화를 갖는 부모가 있어야 작동하므로 진정한 재사용 가능 컴포넌트가 아니다.

예를 들어, 이 컴포넌트는 가짜 통화를 프로퍼티로 전달하고 스타일 가이드에서 렌더링하기가 어렵다.

먼저 두 값을 모두 프로퍼티로 받도록 컴포넌트를 수정해보자.

```
const Price = ({ currency, value }) => (
    <div>{currency}{value}</div>
)

Price.propTypes = {
    currency: React.PropTypes.string,
    value: React.PropTypes.number,
}
```

물론 아직은 통화 프로퍼티를 설정하는 부모가 없기 때문에 곧바로 이전 컴포넌트를 이 컴포넌트로 바꿀 수는 없다.

한 가지 방법은 이 컴포넌트를 상위 컴포넌트로 바꿔서 컨텍스트에서 받은 값을 프로퍼티로 바꿀 수 있게 하는 것이다.

여기서는 리컴포즈의 `getContext` 함수를 사용했지만 커스텀 래퍼를 직접 작성하는 것도 어렵지 않다.

여기서도 부분 적용을 이용해 상위 컴포넌트를 특화하고 여러 차례 재사용할 수 있게 했다.

```
const withCurrency = getContext({
    currency: React.PropTypes.string
})
```

그런 다음 이를 컴포넌트에 적용한다.

```
const PriceWithCurrency = withCurrency(Price)
```

이제 이전 Price 컴포넌트를 새로운 컴포넌트로 대체하면 컨텍스트와의 결합 없이 잘 작동한다.

부모를 변경할 필요가 없고, 향후 API 변경에 대한 걱정 없이 컨텍스트를 사용할 수 있으며, Price 컴포넌트를 재사용할 수 있게 됐으므로 상당히 큰 성과다.

이제 부모가 값을 제공하지 않아도 임의의 통화와 액수를 컴포넌트로 전달할 수 있다.

▌ 함수 자식

리액트 커뮤니티에 널리 보급된 패턴 중 하나로 **함수 자식**^{Function as Child}이 있다.

이 패턴은 6장 '브라우저에 맞는 코드 작성'에서 살펴볼 리액트 모션^{react-motion} 라이브러리에서 많이 사용된다.

함수 자식 패턴의 기본 개념은 자식을 컴포넌트 형태로 전달하는 대신 부모로부터 매개변수를 받을 수 있는 함수를 정의하고 사용하는 것이다.

다음 예제를 살펴보자.

```
const FunctionAsChild = ({ children }) => children()

FunctionAsChild.propTypes = {
    children: React.PropTypes.func.isRequired,
}
```

여기서 볼 수 있듯이 FunctionAsChild는 JSX 식으로 사용되지 않고 호출되는 함수로서 정의된 children 프로퍼티를 가진 컴포넌트다.

이 컴포넌트는 다음과 같이 사용할 수 있다.

```
<FunctionAsChild>
    {() => <div>Hello, World!</div>}
</FunctionAsChild>
```

이 예제는 보이는 것처럼 간단하다. 부모의 렌더링 메소드에서 자식 함수가 호출되며, 이 함수는 화면에 표시할 div에 래핑된 Hello, World! 텍스트를 반환한다.

다음은 부모 컴포넌트가 자식 함수로 매개변수를 전달하는 유용한 예제를 살펴보자.

다음 코드는 함수 자식에 문자열 World를 전달하는 Name 컴포넌트를 만든다.

```
const Name = ({ children }) => children('World')

Name.propTypes = {
    children: React.PropTypes.func.isRequired,
}
```

이 컴포넌트는 다음과 같이 사용할 수 있다.

```
<Name>
    {name => <div>Hello, {name}!</div>}
</Name>
```

이 코드는 이전 예제와 마찬가지로 Hello, World!를 렌더링하지만, 이번에는 부모에서 전달한 매개변수가 문자열에 포함돼 있다.

이 패턴이 작동하는 방법을 이해하기는 어렵지 않으므로 다음은 장점을 살펴보자.

첫 번째 장점은 상위 컴포넌트를 사용하듯이 컴포넌트를 래핑하고 고정된 프로퍼티가 아닌 변수를 런타임에 전달할 수 있다는 점이다.

다음의 Fetch 컴포넌트는 API 엔드포인트에서 약간의 데이터를 로드하고 children 함수로 반환하는 좋은 예다.

```
<Fetch url="...">
    {data => <List data={data} />}
</Fetch>
```

두 번째 장점은 이 방식으로 컴포넌트를 조합할 때는 children이 미리 정의된 프로퍼티 이름을 사용하도록 강제할 필요가 없다는 점이다.

함수는 변수를 받으므로 컴포넌트를 사용하는 개발자가 변수의 이름을 결정할 수 있다. 결과적으로 더 유연하다.

무엇보다 래퍼는 받을 자식에 대해 특정한 가정을 하지 않으며 단순히 함수를 요구하므로 재사용성이 아주 높다.

덕분에 함수 자식 컴포넌트는 다양한 자식 컴포넌트를 지정하며 애플리케이션의 여러 부분에서 사용할 수 있다.

▌ 요약

4장에서는 재사용 가능 컴포넌트를 만드는 방법과 이러한 컴포넌트 간의 효과적인 통신 방법에 대해 알아봤다.

프로퍼티는 컴포넌트 간의 연결을 해제하고 깔끔하고 잘 정의된 인터페이스를 만들기 위한 좋은 방법이다.

리액트에서 가장 많이 사용되는 몇 가지 결합 패턴에 대해 배웠다.

가장 먼저 프레젠테이션에서 논리를 분리하고 한 가지 역할을 하는 특화된 컴포넌트를 만들기 위한 컨테이너와 프레젠테이션 패턴에 대해 알아봤다.

리액트가 컴포넌트 간에 기능을 공유하는 문제를 해결하기 위해 믹스인을 어떻게 활용했는지 알아봤다. 아쉽게도 믹스인은 기능을 공유하는 문제를 해결하지만 애플리케이션의 유지관리성을 저하시키는 단점을 갖고 있다.

믹스인과 동일한 목표를 달성하면서 복잡성을 높이지 않는 다른 방법으로서 컴포넌트를 받고 보강된 컴포넌트를 반환하는 상위 컴포넌트가 있다.

리컴포즈 라이브러리는 작성하는 컴포넌트의 구현에 최소한의 논리를 남겨둘 수 있게 도와주는 여러 유용한 상위 컴포넌트를 제공한다.

컨텍스트를 소개했으며, 상위 컴포넌트를 사용해 컴포넌트와 결합 없이 컨텍스트를 활용하는 방법을 배웠다.

마지막으로, 함수 자식 패턴에 따라 동적으로 컴포넌트를 조합하는 방법을 알아봤다.

다음은 데이터 읽기와 단방향 데이터 흐름에 대해 알아볼 차례다.

05

올바른 데이터 읽기

5장의 목표는 리액트 애플리케이션에 활용할 수 있는 여러 데이터 읽기 패턴을 소개하는 것이다.

최상의 전략을 결정하려면 리액트의 컴포넌트 트리에서 데이터 흐름을 명확하게 이해해야 한다.

부모가 자식과 통신하는 방법은 물론, 반대로 자식이 부모와 통신하는 방법도 제대로 알아야 한다. 또한 서로 연결되지 않는 형제 간에 데이터를 공유하는 방법도 이해해야 한다.

5장에서는 상위 컴포넌트를 이용해 기본 컴포넌트를 구조화된 컴포넌트로 바꾸는 과정과 함께 데이터 읽기에 대한 몇 가지 실용적인 예제를 살펴본다.

마지막으로, 핵심적인 데이터 읽기 기능을 제공해 많은 시간을 절약할 수 있게 도와주는 리액트 리페치^{react-refetch} 같은 기존 라이브러리를 살펴본다.

5장에서 다루는 내용은 다음과 같다.

- 리액트의 단방향 데이터 흐름
- 자식이 콜백을 사용해 부모와 통신하는 방법
- 형제가 공통 부모를 통해 데이터를 교환하는 방법
- 범용 상위 컨테이너를 만들어 API 엔드포인트에서 데이터를 읽는 방법
- 데이터 읽기를 손쉽게 처리할 수 있게 해주는 리액트 패치의 작동 및 통합 방법

█ 데이터 흐름

3장과 4장에서 재사용 가능 컴포넌트를 만드는 방법과 여러 재사용 가능 컴포넌트를 효과적으로 조합하는 방법을 배웠다.

이제 애플리케이션의 여러 컴포넌트 간 데이터 공유를 위한 올바른 데이터 흐름을 구축할 차례다.

리액트는 데이터가 루트에서 리프로 이동하게 하는 아주 흥미로운 패턴을 적용한다. 일반적으로 **단방향 데이터 흐름**^{Unidirectional Data Flow}이라고 하는 이 패턴에 대해서는 다음 절에서 자세히 알아본다.

이름이 의미하는 것처럼 리액트에서는 데이터가 트리의 맨 위에서 아래로 단방향으로 움직인다. 이 방식은 컴포넌트의 동작과 컴포넌트 간의 관계를 간소화하고 코드를 예측 가능하고 유지관리하기 쉽게 만들어준다는 여러 장점을 갖고 있다.

모든 컴포넌트는 부모로부터 프로퍼티 형태로 데이터를 수신하지만 프로퍼티는 수정할 수 없다. 수신한 데이터는 새로운 정보로 변환되고 트리의 다른 자식으로 전달된

다. 각 자식은 로컬 상태를 포함할 수 있으며, 이를 중첩된 컴포넌트에 대한 프로퍼티로 사용할 수 있다.

지금까지 살펴본 예제에서는 모두 데이터가 프로퍼티를 통해 부모에서 자식 컴포넌트로 공유됐다.

그런데 자식에서 부모로 데이터를 푸시해야 한다면 어떻게 할까? 또는 자식의 상태가 변경되면 부모가 업데이트돼야 하는 경우 어떻게 할까? 또는 두 형제 컴포넌트가 서로 데이터를 공유하려면 어떻게 할까? 이제부터 현실적인 예제를 살펴보면서 이러한 질문의 답을 찾아보자.

우선 자식이 없는 간단한 컴포넌트로 시작하고 이를 깔끔하고 구조화된 컴포넌트로 바꾸는 과정을 단계적으로 살펴보자.

이러한 접근법으로 각 단계에서 트리상의 데이터 흐름에 적합한 최적의 패턴이 무엇인지 알 수 있게 될 것이다.

Counter 컴포넌트를 만드는 코드부터 시작해보자. 이 컴포넌트는 0부터 시작하며 값을 증가시키는 버튼과 감소시키는 버튼을 포함한다.

먼저 리액트의 Component 함수를 확장하는 클래스를 만든다.

```
class Counter extends React.Component
```

이 클래스의 생성자는 다음과 같이 카운터를 0으로 초기화하고 이벤트 핸들러를 컴포넌트에 바인딩한다.

```
constructor(props) {
  super(props)

  this.state = {
    counter: 0,
```

```
    }

    this.handleDecrement = this.handleDecrement.bind(this)
    this.handleIncrement = this.handleIncrement.bind(this)
}
```

이벤트 핸들러는 현재 카운터를 1만큼 증가시키거나 감소시키는 방법으로 상태를 변경한다.

```
handleDecrement() {
    this.setState({
        counter: this.state.counter - 1,
    })
}

handleIncrement() {
    this.setState({
        counter: this.state.counter + 1,
    })
}
```

마지막으로, render 메소드에서는 현재 카운터 값을 표시하고 onClick 핸들러를 포함하는 버튼을 정의한다.

```
render() {
    return (
        <div>
            <h1>{this.state.counter}</h1>
            <button onClick={this.handleDecrement}>-</button>
            <button onClick={this.handleIncrement}>+</button>
        </div>
    )
}
```

자식-부모 통신(콜백)

이 컴포넌트는 여러 가지 일을 하지만 중요한 문제가 될 사항은 없다.

- 카운터 값을 상태에 저장한다.
- 데이터를 표시하는 역할을 한다.
- 데이터를 증가 및 감소시키는 논리를 포함한다.

애플리케이션의 유지관리성을 개선하고 요구사항의 변경에 유연하게 대처하려면 컴포넌트를 세부적인 동작을 가진 더 작은 조각으로 나누는 것이 좋다.

애플리케이션의 다른 부분에도 비슷한 더하기와 빼기 버튼이 필요하다고 가정해보자.

앞서 Counter 컴포넌트에서 정의한 버튼을 재사용할 수 있으면 좋겠지만, 컴포넌트 바깥으로 옮겨놓은 버튼에서 어떻게 클릭을 감지하고 카운터를 업데이트할 수 있는지 알 수 있을까?

리액트에서는 자식이 부모로 정보를 푸시하거나 이벤트를 트리거해야 할 때 **콜백**callback을 사용한다.

작동 방식을 알아보자.

다음의 Buttons 컴포넌트는 증가와 감소 버튼을 표시하며, 이러한 버튼을 클릭하면 내부 함수가 아닌 프로퍼티를 통해 전달된 함수를 호출한다.

```
const Buttons = ({ onDecrement, onIncrement }) => (
    <div>
        <button onClick={onDecrement}>-</button>
        <button onClick={onIncrement}>+</button>
    </div>
)

Buttons.propTypes = {
    onDecrement: React.PropTypes.func,
    onIncrement: React.PropTypes.func,
}
```

이 컴포넌트는 간단한 상태 비저장 함수형 컴포넌트이며, onClick 이벤트 핸들러가 프로퍼티를 통해 받은 함수를 호출한다.

다음은 새로 만든 컴포넌트를 Counter와 통합하는 방법을 알아보자.

다음과 같이 원래 마크업을 컴포넌트로 대체하고 내부 함수를 새로운 자식으로 전달한다.

```
render() {
   return (
      <div>
         <h1>{this.state.counter}</h1>
         <Buttons
            onDecrement={this.handleDecrement}
            onIncrement={this.handleIncrement}
         />
      </div>
   )
}
```

나머지 모든 사항은 동일하며, 논리는 여전히 부모 컴포넌트 안에 있다.

이제 버튼은 단순화됐으며 클릭되면 소유자에게 이를 알리는 일만 한다.

자식이 부모로 데이터를 올려보내야 하거나 어떤 일이 발생했을 때 부모에 알려야 하는 경우 콜백을 전달하고 나머지 논리를 부모에서 구현하면 된다.

공통 부모

이제 Counter가 약간 개선됐고 Buttons는 재사용할 수 있게 됐다. 마지막으로, 완전하게 정리하고 표시 코드를 제거하는 과정이 남았다.

이를 위해 단순하게 표시할 값을 받고 화면에 표시하는 역할을 하는 Display 컴포넌트를 만든다.

```
const Display = ({ counter }) => <h1>{counter}</h1>

Display.propTypes = {
    counter: React.PropTypes.number,
}
```

이 경우 상태를 유지할 필요가 없으므로 상태 비저장 함수형 컴포넌트를 사용할 수 있다. 그런데 여기서는 단순히 h1 요소 하나를 렌더링하는 것이 전부이므로 굳이 이 컴포넌트를 분할할 필요가 없지만, 실제 애플리케이션에서는 CSS 클래스를 추가하고 값에 따라 카운터를 다른 색으로 표시하는 논리를 추가할 수 있다.

일반적으로 우리의 목표는 데이터 원본을 인식하지 않는 컴포넌트를 만들어 애플리케이션의 여러 다른 부분에서 다양한 원본으로 재사용할 수 있게 하는 것이다.

Counter에서 새 컴포넌트를 사용하려면, 다음과 같이 간단하게 기존의 마크업을 Display 컴포넌트로 바꾸면 된다.

```
render() {
    return (
        <div>
            <Display counter={this.state.counter} />
            <Buttons
                onDecrement={this.handleDecrement}
                onIncrement={this.handleIncrement}
            />
        </div>
    )
}
```

여기서 볼 수 있듯이 두 형제 컴포넌트는 공통 부모를 통해 서로 통신한다.

Buttons를 클릭하면 부모로 알림을 보내며, 부모는 업데이트된 값을 Display 컴포넌트로 보낸다. 이것은 리액트에서 아주 일반적인 패턴이며, 직접 연결되지 않은 컴포넌트 간에 데이터를 공유하는 데 좋은 해결책이다.

데이터는 항상 부모에서 자식으로 이동하지만, 자식도 부모로 알림을 보내고 새로운 정보로 트리를 다시 렌더링하게 만들 수 있다.

직접 연결되지 않은 컴포넌트가 서로 통신해야 할 때는 둘 사이의 공통 부모를 찾고 해당 레벨에 상태를 유지해서 상태가 업데이트될 때마다 두 컴포넌트가 프로퍼티를 통해 새로운 데이터를 받게 하면 된다.

▌데이터 읽기

앞 절에서는 트리에 속한 컴포넌트 간에 데이터를 공유하기 위해 활용할 수 있는 여러 패턴을 확인했다.

다음은 리액트에서 데이터를 가져오는 방법과 데이터를 가져오는 논리를 배치할 위치에 대해 알아볼 차례다.

이 절의 예제에서는 이전의 XMLHttpRequest를 대체하는 fetch 함수를 사용해 웹 요청을 수행한다.

이 책을 집필하는 시점에는 크롬과 파이어폭스에서 이 기능이 기본으로 지원됐지만, 그 밖의 브라우저에서 지원이 필요한 경우 깃허브의 **페치 폴리필**fetch pollyfill을 사용해야 한다.

    https://github.com/github/fetch

또한 데이터를 로드하기 위해 공용 깃허브 API를 사용하며, 사용자 이름을 지정하면 **지스트**gist의 목록을 반환하는 엔드포인트를 사용한다.

    https://api.github.com/users/:username/gists

지스트는 여러 개발자들이 손쉽게 공유할 수 있는 코드 조각이다.

처음 만들 컴포넌트는 사용자가 생성한 gaearon이라는 간단한 지스트의 목록이다.

본격적으로 클래스 작성을 시작해보자.

클래스를 사용하는 이유는 내부 상태를 저장해야 하며 수명 주기 메소드가 필요하기 때문이다.

```
class Gists extends React.Component
```

생성자는 다음과 같이 상태를 초기화한다.

```
constructor(props) {
    super(props)

    this.state = { gists: [] }
}
```

이제부터 데이터 읽기에 관한 흥미로운 내용이다.

데이터 읽기를 넣을 수 있는 수명 주기 후크에는 componentWillMount와 componentDidMount가 있다.

첫 번째는 컴포넌트가 처음으로 렌더링되기 전에 호출되며, 두 번째는 컴포넌트가 마운팅된 후 곧바로 호출된다.

가급적이면 일찍 데이터를 로드하려고 하므로 componentWillMount가 올바른 선택인 것 같지만, 이 함수는 서버 측과 클라이언트 측 렌더링에서 모두 호출된다는 데 주의해야 한다.

서버 측 렌더링에 대해서는 8장 '재미와 효율을 위한 서버 측 렌더링'에서 다루겠지만, 서버에서 컴포넌트가 렌더링될 때 비동기 API를 호출하면 예기치 않은 결과가 발생할 수 있다.

componentDidMount 후크를 사용하면 브라우저에서만 해당 API 엔드포인트가 호출된다.

또한 처음 렌더링할 때는 지스트의 리스트가 비어 있으므로 2장 '깔끔한 코드 관리'에서 설명한 기법 중 하나를 사용해 회전판을 표시해야 할 수 있다. 이 절에서는 이 내용을 다시 설명하지 않는다.

앞서 언급한 대로 fetch 함수를 사용하고 깃허브 API를 호출해 gaearon의 지스트를 가져온다.

```
componentDidMount() {
    fetch('https://api.github.com/users/gaearon/gists')
        .then(response => response.json())
        .then(gists => this.setState({ gists }))
}
```

이 코드에는 설명이 약간 필요하다. componentDidMount 후크가 호출되면 깃허브 API를 대상으로 fetch 함수를 호출한다.

fetch 함수는 Promise 하나를 반환하며, 이를 응답의 JSON 콘텐츠를 반환하는 JSON 함수로 확인하면 응답 객체 하나를 얻을 수 있다.

JSON을 구문 분석하고 반환할 때 원시 지스트를 컴포넌트의 내부 상태 안에 저장하고 render 메소드에서 이용할 수 있다.

```
render() {
    return (
        <ul>
            {this.state.gists.map(gist => (
                <li key={gist.id}>{gist.description}</li>
            ))}
        </ul>
    )
}
```

render 메소드는 간단하게 리스트 전체를 순회하면서 각 항목을 <li> 요소로 매핑하며 설명을 표시한다.

<li>에 key 속성을 사용한 것을 볼 수 있는데, 이것은 성능을 개선하기 위해서이며 이 책을 끝낼 즈음에는 이유를 이해할 수 있을 것이다.

속성을 제거하려고 하면 브라우저의 콘솔에서 리액트 경고가 표시된다.

이 컴포넌트는 지금도 잘 작동하며 문제가 없지만, 지금까지 배운 것처럼 컴포넌트를 세부적인 역할을 하는 여러 하위 컴포넌트로 분리하면 구조를 간소화하고 테스트를 용이하게 할 수 있다.

앞서 애플리케이션의 여러 부분에 위치한 컴포넌트가 부모로부터 필요한 정보를 받는 방법을 배웠으므로 컴포넌트를 이동하는 것은 어렵지 않다.

코드베이스의 여러 다른 부분에서 API로부터 데이터를 읽는 경우는 아주 흔하지만, 코드가 중복되지 않게 해야 한다.

컴포넌트에서 데이터 논리를 제거하고 애플리케이션 전체에서 재사용하는 한 가지 방법은 상위 컴포넌트를 만드는 것이다.

이 경우 상위 컴포넌트는 보강되는 컴포넌트 대신 데이터를 로드한 후 이를 프로퍼티를 통해 자식에 제공한다.

상위 컴포넌트는 컴포넌트와 매개변수를 받고 여기에 특수한 동작을 추가한 보강된 컴포넌트를 반환하는 함수다.

여기서는 먼저 부분 적용partial application을 이용해 매개변수를 받은 다음, 실제 컴포넌트를 두 번째 매개변수로 받는다.

```
const withData = url => Component => (...)
```

with* 패턴에 따라 withData 함수를 호출했다.

이 함수는 로드할 데이터가 있는 URL과 로드한 데이터를 필요로 하는 컴포넌트를 받는다.

이 함수의 구현은 앞의 예제와 거의 비슷하지만, URL이 매개변수라는 것과 render 메소드 안에서 자식 컴포넌트를 사용한다는 점이 다르다.

이 함수는 다음과 같이 정의된 클래스를 반환한다.

```
class extends React.Component
```

생성자는 초기의 빈 상태를 설정한다.

특정한 객체 형태나 컬렉션과 결합되지 않는 범용 컴포넌트로 만들기 위해 데이터를 저장하는 데 사용할 프로퍼티 이름을 data로 지정했다.

```
constructor(props) {
    super(props)

    this.state = { data: [] }
}
```

componentDidMount 후크 안에서 fetch 함수가 호출되며, 서버에서 반환된 데이터가 JSON으로 변환된 후 상태에 저장된다.

```
componentDidMount() {
    fetch(url)
        .then(response => response.json())
        .then(data => this.setState({ data }))
}
```

이제 상위 컴포넌트에서 받은 첫 번째 매개변수를 이용해 URL을 설정했다.

이러한 방식으로 모든 엔드포인트에 대한 모든 API 호출을 재사용할 수 있다.

마지막으로, 상위 컴포넌트가 투명하게 작동하도록 프로퍼티를 전개하고 해당 컴포넌트를 렌더링한다.

JSON 데이터를 자식 컴포넌트로 전달하기 위해 상태도 전개한다.

```
render() {
    return <Component {...this.props} {...this.state} />
}
```

이것으로 상위 컴포넌트를 사용할 준비가 됐다.

이제부터는 이 상위 컴포넌트를 이용해 다른 컴포넌트를 래핑하면 지정한 URL에서 로드한 데이터가 해당 컴포넌트로 제공된다.

실제 사용 방법을 알아보자.

먼저 처음 예제의 마크업을 사용해 데이터를 수신하고 표시할 기본 컴포넌트가 필요하다.

```
const List = ({ data: gists }) => (
    <ul>
        {gists.map(gist => (
            <li key={gist.id}>{gist.description}</li>
        ))}
    </ul>
)

List.propTypes = {
    data: React.PropTypes.array,
}
```

상태를 저장하거나 핸들러를 정의할 필요가 없으므로 상태 비저장 함수형 컴포넌트를 사용했다.

API로부터 받은 응답을 포함하는 프로퍼티의 이름은 별다른 의미가 없는 data이지만 ES2015를 이용하면 손쉽게 의미 있는 이름을 지정할 수 있다.

다음은 상위 컴포넌트 withData를 사용해 데이터를 앞서 만든 List 컴포넌트로 전달할 차례다.

부분 적용을 이용하면 다음과 같이 상위 컴포넌트를 특화해 여러 차례 특화된 호출을 수행할 수 있다.

```
const withGists = withData(
    'https://api.github.com/users/gaearon/gists'
)
```

이제부터는 어떤 컴포넌트든지 새로운 withGists 함수로 래핑하고 URL을 여러 번 지정하지 않고도 gaeron의 지스트를 수신할 수 있다.

마지막으로, 컴포넌트를 래핑해 새로운 컴포넌트를 얻는다.

```
const ListWithGists = withGists(List)
```

이제 애플리케이션 내의 모든 위치에서 보강된 컴포넌트를 사용할 수 있다.

withData 상위 컴포넌트는 아주 훌륭하지만 아직은 정적 URL만 로드할 수 있다. 실제 URL은 매개변수나 프로퍼티로 지정하는 경우가 많다.

아쉽게도 상위 컴포넌트를 적용하는 시점에는 프로퍼티를 알 수 없으므로, 프로퍼티를 사용할 수 있게 되면 API 호출 전에 호출되는 후크가 필요하다.

해결 방법은 상위 컴포넌트를 수정해 문자열과 함수의 두 가지 형식으로 URL을 받는 것이다. 문자열은 지금까지와 마찬가지로 처리하며, 함수는 컴포넌트의 프로퍼티를 받고 매개변수에 따라 URL을 반환하면 된다.

이를 위해 componentDidMount 후크를 다음과 같이 변경한다.

```
componentDidMount() {
    const endpoint = typeof url === 'function'
        ? url(this.props)
        : url

    fetch(endpoint)
        .then(response => response.json())
        .then(data => this.setState({ data }))
}
```

URL이 함수인 경우 프로퍼티를 매개변수로 전달하고 함수를 호출하며, 문자열인 경우 문자열을 직접 사용한다.

이제 다음과 같이 상위 컴포넌트를 사용할 수 있다.

```
const withGists = withData(
    props => `https://api.github.com/users/${props.username}/gists`
)
```

지스트를 로드하는 데 사용할 사용자 이름은 컴포넌트의 프로퍼티로 설정할 수 있다.

```
<ListWithGists username="gaearon" />
```

▌ 리액트 리페치

이제 상위 컴포넌트가 예상대로 작동하며, 전체 코드베이스에서 아무 문제 없이 재사용할 수 있다.

그런데 추가 기능이 필요할 경우에는 어떻게 해야 할까?

예를 들어, 프로퍼티가 변경되면 데이터를 다시 읽거나 서버로 데이터를 게시하는 기능이 필요할 수 있다.

또는 componentDidMount에서 데이터를 로드하지 않고 일종의 지연 로드 패턴을 적용하고 싶을 수 있다.

필요한 기능을 우리가 모두 작성해도 되지만, 여러 유용한 기능을 포함하며 곧바로 사용할 수 있는 라이브러리가 이미 있다.

이 라이브러리를 리액트 리페치react-refetch라고 하며, 헤로쿠Heroku의 개발자들이 유지 관리하고 있다.

리액트 리페치를 이용해 상위 컴포넌트를 효과적으로 대체하는 방법을 알아보자.

앞의 예제에서는 지스트의 컬렉션을 받고 각 항목의 설명을 표시하는 상태 비저장 함수형 컴포넌트인 List 컴포넌트가 사용됐다.

```
const List = ({ data: gists }) => (
   <ul>
      {gists.map(gist => (
         <li key={gist.id}>{gist.description}</li>
      ))}
   </ul>
)

List.propTypes = {
   data: React.PropTypes.array,
}
```

이 컴포넌트를 withData 상위 컴포넌트로 래핑하면서 엔드포인트의 URL을 전달하면 프로퍼티를 통해 투명한 방법으로 데이터를 제공할 수 있다.

리액트 리페치를 이용해도 같은 작업을 할 수 있다. 우선 라이브러리를 설치해야 한다.

```
npm install react-refetch --save
```

그런 다음 connect 함수를 모듈로 가져온다.

```
import { connect } from 'react-refetch'
```

마지막으로, connect 상위 컴포넌트를 사용해 컴포넌트를 데코레이션한다.

여기서도 함수를 특화하고 재사용하기 위해 부분 적용 기법을 사용한다.

```
const connectWithGists = connect(({ username }) => ({
    gists: `https://api.github.com/users/${username}/gists`,
}))
```

이 코드를 이해하려면 약간의 설명이 필요하다.

우선, 매개변수를 통해 함수 하나를 전달하고 connect 함수를 사용한다. 매개변수 함수는 프로퍼티(및 컨텍스트)를 매개변수로 받아 컴포넌트의 현재 프로퍼티를 기준으로 동적 URL을 생성한다.

콜백 함수는 키가 요청의 식별자이며 값이 URL인 객체 하나를 반환한다.

URL은 문자열 하나로 제한되지 않는다. 요청에 여러 매개변수를 추가하는 방법은 나중에 살펴본다.

그리고 앞서 작성한 함수로 다음과 같이 컴포넌트를 보강한다.

```
const ListWithGists = connectWithGists(List)
```

또한 새로운 상위 컴포넌트에 맞게 초기 컴포넌트를 약간 수정해야 한다.

우선 매개변수를 data에서 gists로 바꿔야 한다.

리액트 리페치는 connect 함수에서 지정한 키와 동일한 이름으로 프로퍼티를 주입한다.

gists 프로퍼티는 실제 데이터는 아니며, PromiseState라는 특정 형식의 객체다.

PromiseState 객체는 Promise의 동기식 표현이며, 데이터 리스트나 스피너를 표시하는 데 사용할 수 있는 pending이나 fulfilled 같은 몇 가지 유용한 속성을 갖고 있다.

또한 오류 발생 시 사용할 수 있는 rejected 프로퍼티가 있다.

요청이 수행된 후, 로드하려고 한 데이터에 value 프로퍼티를 통해 접근하고 순회해 지스트를 표시할 수 있다.

```
const List = ({ gists }) => (
   gists.fulfilled && (
      <ul>
         {gists.value.map(gist => (
            <li key={gist.id}>{gist.description}</li>
         ))}
      </ul>
   )
)
```

상태 비저장 함수형 컴포넌트가 렌더링된 후, 요청이 수행됐는지 검사하고, 요청이 수행된 경우 gists.value 프로퍼티를 이용해 리스트를 표시할 수 있다.

나머지 사항은 모두 동일하다.

또한 propTypes를 업데이트하고 수신된 프로퍼티의 이름과 해당 형식을 변경해야 한다.

```
List.propTypes = {
   gists: React.PropTypes.object,
}
```

이제 이 라이브러리가 프로젝트에 포함돼 있으므로 더 많은 기능을 List 컴포넌트로 추가할 수 있다.

예를 들어, 지스트를 시작하는 버튼을 추가할 수 있다.

UI부터 시작한 후 리액트 리페치를 이용해 실제 API 호출을 추가해보자.

List 컴포넌트의 역할은 리스트를 표시하는 것이므로, 여기에 책임을 너무 많이 추가하는 것은 좋지 않다.

다음과 같이 루프 안에서 새로운 컴포넌트 Gist를 사용한다.

```
const List = ({ gists }) => (
  gists.fulfilled && (
    <ul>
      {gists.value.map(gist => (
        <Gist key={gist.id} {...gist} />
      ))}
    </ul>
  )
)
```

<li> 요소를 Gist 컴포넌트로 대체했으며, 여기에 gist 객체를 전개해 프로퍼티 하나를 받고 테스트와 유지관리를 쉽게 할 수 있게 했다.

Gist 컴포넌트는 스타링 논리^{starring logic}를 리액트 리페치가 처리하며 상태나 이벤트 처리기를 필요로 하지 않으므로 상태 비저장 함수형 컴포넌트다.

이 컴포넌트는 설명을 나타내는 description을 받으며, 아직은 +1 버튼이 있다는 것이 이전 마크업과의 유일한 차이지만, 나중에 여기에 몇 가지 기능을 더 추가한다.

```
const Gist = ({ description }) => (
  <li>
    {description}
    <button>+1</button>
```

```
    </li>
)

Gist.propTypes = {
    description: React.PropTypes.string,
}
```

지스트를 스타링하는 엔드포인트의 URL은 다음과 같다.

https://api.github.com/gists/:id/star?access_token=:access_token

여기서 :id는 스타링하려는 지스트의 ID이고, 액세스 토큰^{access token}은 액션을 실행하는 데 필요한 인증 토큰이다.

액세스 토큰을 얻는 데는 여러 가지 방법이 있으며, 깃허브 설명서에서 자세한 내용을 볼 수 있다. 하지만 이 책의 범위를 벗어나는 내용이므로 이 절에서는 다루지 않는다.

다음 단계는 버튼의 onClick 이벤트에 지스트의 ID를 이용해 API를 호출하는 함수를 추가하는 것이다.

리액트 리페치의 connect 함수는 첫 번째 인수로 함수를 받으며, 이 함수는 앞서 살펴본 것처럼 요청의 객체를 반환해야 한다.

요청의 값이 문자열인 경우 프로퍼티가 사용 가능해지는 즉시 데이터를 읽는다.

반면에 요청 키의 값이 함수인 경우 이 함수가 컴포넌트로 전달되며 지연 호출할 수 있다.

예를 들어, 특정 이벤트가 발생했을 때 해당 함수를 트리거할 수 있다.

코드를 더 살펴보자.

```
const token = 'access_token=123'

const connectWithStar = connect(({ id }) => ({
    star: () => ({
```

```
            starResponse: {
                url: `https://api.github.com/gists/${id}/star?${token}`,
                method: 'PUT',
            },
        }),
    }))
```

먼저 connect 함수를 부분 적용하고 id 프로퍼티를 이용해 URL을 구성한다.

그런 다음 키는 star이고 값은 함수(마찬가지로 요청의 객체를 반환)인 요청의 객체를 정의한다. 이 예에서 **starResponse** 키의 값은 간단한 문자열이 아니라 매개변수 2개(url과 method)를 갖는 객체다.

이렇게 하는 이유는 이 라이브러리가 기본적으로 HTTP GET을 생성하지만 이 경우 PUT을 사용해 지스트를 스타링해야 하기 때문이다.

다음은 컴포넌트를 보강할 차례다.

```
const GistWithStar = connectWithStar(Gist)
```

또한 star 함수를 사용하고 요청을 생성해야 한다.

```
const Gist = ({ description, star }) => (
    <li>
        {description}
        <button onClick={star}>+1</button>
    </li>
)

Gist.propTypes = {
    description: React.PropTypes.string,
    star: React.PropTypes.func,
}
```

보다시피, 이 컴포넌트는 star 함수를 받는다. 여기서 star는 connect 함수에서 정의한 요청의 이름이다. 해당 함수는 버튼을 클릭하면 호출된다.

다음 그림은 브라우저에서 확인한 최종 결과다.

여기서 볼 수 있듯이, 리액트 리페치를 사용해 컴포넌트를 상태 비저장으로 유지하고 컴포넌트가 수행하는 액션을 인식할 필요가 없게 했다.

결과적으로, 하위 컴포넌트를 수정하지 않아도 상위 컴포넌트의 구현을 손쉽게 변경할 수 있게 됐다.

▌ 요약

이것으로 리액트의 데이터 읽기에 대해 모두 알아보고, API 엔드포인트를 대상으로 데이터를 주고받는 과정을 살펴봤다.

리액트의 데이터 흐름에 대해 알아보고, 이러한 접근 방식이 애플리케이션을 간단하고 깔끔하게 유지하는 데 어떤 도움을 주는지 확인했다.

자식과 부모 컴포넌트가 콜백을 사용해 통신하는 가장 흔한 패턴 몇 가지를 살펴봤다.

직접 연결되지 않은 컴포넌트가 공통 부모를 이용해 데이터를 공유하는 방법을 살펴봤다.

두 번째 절에서는 깃허브에서 데이터를 로드하는 간단한 컴포넌트를 살펴보고, 상위 컴포넌트를 활용해 이를 재사용하는 방법을 알아봤다.

이제 컴포넌트의 논리를 밖으로 추상화해 최대한 단순하게 만들고 테스트를 용이하게 하는 방법을 숙달했다.

마지막으로, 리액트 리페치를 이용해 데이터 읽기 패턴을 여러 컴포넌트에 적용함으로써 같은 코드가 중복되지 않게 하는 방법을 배웠다.

6장에서는 브라우저에 맞게 리액트를 효과적으로 활용하는 방법을 배운다.

06

브라우저에 맞는 코드 작성

리액트와 브라우저를 사용하는 작업에는 몇 가지 세부적인 방법이 있다. 예를 들어, 폼을 이용해 사용자에게 정보를 입력하도록 요청하고 리액트에서 다양한 기법으로 정보를 처리할 수 있다.

제어되지 않는 컴포넌트 uncontrolled component 를 구현하고 필드가 내부 상태를 유지하도록 하거나 제어되는 컴포넌트를 구현해 필드 상태를 완전하게 제어할 수 있다.

6장에서는 리액트에서 이벤트가 작동하는 방법과 라이브러리를 이용한 고급 기법으로 여러 브라우저에서 일관된 인터페이스를 구현하는 방법을 알아본다. 또한 리액트 팀이 이벤트 시스템의 성능을 개선하기 위해 구현한 흥미로운 해결책에 대해 알아본다.

이벤트에 대해 알아본 다음에는 참조로 관심을 돌려서 리액트 컴포넌트에서 기반 DOM 노드에 접근하는 방법을 알아본다. 이 기능은 아주 강력하지만 리액트를 이용한 작업을 도와주는 몇 가지 관례를 무력화하므로 신중하게 사용해야 한다.

참조에 대해 알아본 다음에는 **리액트 모션**^{react-motion} 같은 타사 라이브러리와 리액트 애드온을 사용해 손쉽게 애니메이션을 구현하는 방법을 알아본다. 마지막으로, 리액트에서 SVG를 사용하는 작업이 얼마나 쉬운지 알아보고 애플리케이션에서 구성 가능 아이콘을 동적으로 만드는 방법을 알아본다.

6장에서 다루는 내용은 다음과 같다.

- 리액트를 사용해 폼을 만드는 여러 가지 기법
- DOM 이벤트 수신과 커스텀 핸들러 구현
- 참조를 이용해 DOM 노드에 대해 명령식 작업을 수행하는 방법
- 여러 브라우저에서 작동하는 간단한 애니메이션 만들기
- SVG를 생성하는 리액트의 방법

▌ 폼

리액트를 이용해 실제 애플리케이션을 만들려면 사용자와 상호작용하는 기능이 필요하다. 브라우저 안에서 사용자로부터 정보를 요청할 때 가장 일반적인 해결책은 폼이다. 라이브러리가 작동하는 방식과 라이브러리의 선언식 특성 때문에 리액트를 이용해 입력 필드와 그 밖의 폼 요소를 처리하는 과정은 간단하지 않지만, 일단 논리를 이해하면 그리 어렵지 않다.

제어되지 않는 컴포넌트

입력 필드와 제출 버튼 하나를 포함하는 폼을 표시하는 간단한 예제부터 시작해보자. 코드는 아주 간단하다.

```
const Uncontrolled = () => (
    <form>
        <input type="text" />
        <button>Submit</button>
    </form>
)
```

이 코드 조각을 브라우저에서 실행하면 예상대로 사용자가 텍스트를 입력할 수 있는 입력 필드와 버튼 하나가 표시된다. 이것이 제어되지 않는 컴포넌트의 예다. 즉, 우리가 입력 필드의 값을 설정하지 않고 컴포넌트가 내부 상태를 관리하도록 한다.

제출 버튼이 클릭되면 요소의 값을 이용해 필요한 작업을 해야 한다.

예를 들어, 데이터를 API 엔드포인트로 전송할 수 있다.

onChange 수신기를 추가하면 간단하게 원하는 작업을 할 수 있다. 이벤트 수신기에 대해서는 6장의 뒷부분에서 자세하게 다룬다.

수신기를 추가한다는 것이 어떤 의미인지 알아보자.

우선 함수와 상태를 정의할 수 있도록 컴포넌트를 상태 비저장에서 클래스로 바꿔야 한다.

```
class Uncontrolled extends React.Component
```

클래스의 생성자에서 이벤트 수신기를 바인딩할 수 있다.

```
constructor(props) {
    super(props)

    this.handleChange = this.handleChange.bind(this)
}
```

그런 다음 이벤트 생성자를 정의할 수 있다.

```
handleChange({ target }) {
    console.log(target.value)
}
```

이벤트 수신기는 이벤트 객체를 받는다. 여기서 target은 이벤트를 생성한 필드를 나타내며 그 값이 중요하다. 지금은 간단하게 이 값을 로깅했지만 나중에 값을 상태에 저장하는 방법을 알아본다.

마지막으로, 폼을 렌더링한다.

```
render() {
    return (
        <form>
            <input type="text" onChange={this.handleChange} />
            <button>Submit</button>
        </form>
    )
}
```

이 컴포넌트를 브라우저에서 렌더링하고 폼 필드에 React라는 단어를 입력하면 콘솔에 다음과 같은 내용이 차례로 표시된다.

```
R
Re
Rea
Reac
React
```

입력 요소의 값이 변경될 때마다 handleChange 수신기가 호출된다. 즉, 각 문자를 입력할 때마다 함수가 호출된다. 다음 단계는 사용자가 입력한 값을 저장해 제출 버튼을 클릭할 때 이 값을 이용할 수 있게 하는 것이다.

이제 다음과 같이 처리기의 구현을 수정해 값을 로깅하는 대신 상태에 저장하면 된다.

```
handleChange({ target }) {
    this.setState({
        value: target.value,
    })
}
```

폼이 제출에 대한 알림을 받는 것은 입력 필드의 변경 이벤트를 수신하는 것과 아주 비슷하다. 둘 모두 어떤 일이 일어났을 때 브라우저에 의해 호출되는 이벤트다.

다음과 같이 생성자 안에 두 번째 이벤트 처리기를 추가한다.

```
constructor(props) {
    super(props)

    this.state = {
        value: '',
    }

    this.handleChange = this.handleChange.bind(this)
    this.handleSubmit = this.handleSubmit.bind(this)
}
```

버튼이 클릭되면 변경 이벤트가 트리거되기 전에 상태의 값 프로퍼티를 빈 문자열로 초기화하는 것도 생각해볼 수 있다.

다음은 간단하게 값을 로깅하는 handleSubmit 함수를 정의한다. 실제 시나리오에서는 데이터를 API 엔드포인트로 전송하거나 다른 컴포넌트로 전달하는 것이 일반적이다.

```
handleSubmit(e) {
    e.preventDefault()

    console.log(this.state.value)
}
```

이 처리기는 간단하게 현재 상태에 저장된 값을 로깅한다. 또한 커스텀 동작을 수행하기 위해, 폼이 제출될 때 브라우저의 기본 동작을 비활성화해야 한다.

이 방법은 필드가 하나일 때는 아주 잘 작동하지만 필드가 아주 많을 때는 문제가 될 수 있다.

우선은 각 필드와 처리기를 수동으로 만드는 기본 예제를 살펴보고 여러 단계로 최적화를 거쳐 예제를 개선해보자.

먼저 이름과 성 필드를 포함하는 폼을 새로 만들어보자. 앞서 만든 Uncontrolled 클래스를 재사용하고 다음과 같이 생성자를 수정한다.

```
constructor(props) {
    super(props)

    this.state = {
        firstName: '',
        lastName: '',
    }

    this.handleChangeFirstName =
        this.handleChangeFirstName.bind(this)
    this.handleChangeLastName = this.handleChangeLastName.bind(this)
    this.handleSubmit = this.handleSubmit.bind(this)
}
```

상태 내의 두 필드를 초기화하고 각 필드에 대해 이벤트 처리기를 정의한다. 짐작할 수 있듯이 필드가 많으면 확장하기 어렵지만, 더 유연한 해결책을 적용하기 전에 먼저 문제를 정확하게 이해해야 한다.

이제 새로운 처리기를 구현해보자.

```
handleChangeFirstName({ target }) {
    this.setState({
        firstName: target.value,
    })
}

handleChangeLastName({ target }) {
    this.setState({
        lastName: target.value,
    })
}
```

제출 처리기를 약간 수정해 버튼을 클릭하면 이름과 성을 표시하면 된다.

```
handleSubmit(e) {
    e.preventDefault()

    console.log(`${this.state.firstName} ${this.state.lastName}`)
}
```

마지막으로, render 메소드 안에서 요소 구조를 기술한다.

```
render() {
    return (
        <form onSubmit={this.handleSubmit}>
            <input type="text" onChange={this.handleChangeFirstName} />
            <input type="text" onChange={this.handleChangeLastName} />
            <button>Submit</button>
        </form>
    )
}
```

이제 준비가 완료됐다. 이 컴포넌트를 브라우저에서 실행하면 필드 2개가 표시된다. 첫 번째 필드와 두 번째 필드에 각각 이름과 성을 입력한 다음 폼을 제출하면 브라우저 콘솔에 성과 이름이 함께 표시된다.

이 예제도 역시 잘 작동하며, 같은 방법으로 몇 가지 흥미로운 작업을 할 수 있지만, 복잡한 시나리오를 처리하려면 보일러플레이트 코드를 많이 작성해야 한다.

다음은 가능한 최적화 방법을 알아보자.

여기에서 목표는 수신기를 새로 만들 필요 없이 하나의 변경 처리기로 원하는 수의 필드를 추가할 수 있게 하는 것이다.

생성자로 돌아가서 변경 처리기 하나를 정의한다.

```
constructor(props) {
    super(props)

    this.state = {
        firstName: '',
        lastName: '',
    }

    this.handleChange = this.handleChange.bind(this)
    this.handleSubmit = this.handleSubmit.bind(this)
}
```

값을 초기화해야 하는 경우도 있으므로 이 절의 뒷부분에서 폼에 사전에 입력된 값을 포함하는 방법을 알아본다.

흥미로운 부분은 onChange 처리기의 구현을 수정해 다른 필드에도 사용 가능하게 만드는 방법이다.

```
handleChange({ target }) {
    this.setState({
```

```
        [target.name]: target.value,
    })
}
```

앞서 살펴본 것처럼, 수신하는 이벤트의 **target** 프로퍼티는 이벤트를 생성한 입력 필드를 나타낸다. 따라서 필드의 이름과 해당 값을 변수로 사용할 수 있다.

다음은 각 필드의 이름을 설정한다. 이 이름은 나중에 render 메소드에서 이용된다.

```
render() {
    return (
        <form onSubmit={this.handleSubmit}>
            <input
                type="text"
                name="firstName"
                onChange={this.handleChange}
            />
            <input
                type="text"
                name="lastName"
                onChange={this.handleChange}
            />
            <button>Submit</button>
        </form>
    )
}
```

이제 추가 핸들러를 만들지 않고도 원하는 만큼 필드를 추가할 수 있다.

제어되는 컴포넌트

다음은 서버에서 받거나 부모로부터 프로퍼티를 통해 받은 값으로 폼 필드를 미리 채우는 방법을 알아보자.

개념을 제대로 이해할 수 있도록, 이번에도 간단한 상태 비저장 함수형 컴포넌트로 시작하고 단계적으로 개선해보자.

첫 번째 예제는 입력 필드에 포함된 미리 정의된 값을 보여준다.

```
const Controlled = () => (
    <form>
        <input type="text" value="Hello React" />
        <button>Submit</button>
    </form>
)
```

이 컴포넌트를 브라우저에서 실행하면, 예상대로 기본값이 필드에 표시되지만 이를 수정해 다른 값을 입력할 수 없다.

이러한 결과가 나오는 이유는 리액트에서 화면에 표시될 내용을 선언할 때 고정된 값으로 속성을 설정하면 다른 어떤 동작을 하더라도 항상 미리 설정된 값이 렌더링되기 때문이다. 실제 애플리케이션에서 이러한 동작이 필요한 경우는 거의 없다.

콘솔을 열면 리액트가 무엇이 잘못됐는지 알려준다.

```
You provided a `value` prop to a form field without an `onChange` handler.
This will render a read-only field.
```

리액트가 알려준 내용이 정확하다.

입력 필드에 사용자가 수정할 수 있는 기본값을 표시하려면 다음과 같이 defaultValue 프로퍼티를 사용하면 된다.

```
const Controlled = () => (
    <form>
        <input type="text" defaultValue="Hello React" />
```

```
        <button>Submit</button>
    </form>
)
```

이제 이 필드는 기본적으로 Hello React를 표시하지만, 사용자가 필드 내용을 수정해 값을 바꿀 수 있다. 그런데 우리가 원하는 것은 컴포넌트의 값을 완전하게 제어하는 것이다. 이를 위해서는 컴포넌트를 상태 비저장 함수형 컴포넌트에서 클래스로 바꿔야 한다.

```
class Controlled extends React.Component
```

짐작할 수 있겠지만, 상태를 초기화하는 생성자를 정의하는 것으로 시작하는데 이번에는 필드의 기본값을 설정한다. 또한 폼이 작동하는 데 필요한 이벤트 처리기를 바인딩한다.

제어되지 않는 컴포넌트 예제의 개선된 버전에서 살펴본 것처럼, name 속성을 이용해 상태를 업데이트하는 단일 처리기를 사용한다.

```
constructor(props) {
    super(props)

    this.state = {
        firstName: 'Dan',
        lastName: 'Abramov',
    }

    this.handleChange = this.handleChange.bind(this)
    this.handleSubmit = this.handleSubmit.bind(this)
}
```

처리기는 이전과 동일하다.

```
handleChange({ target }) {
   this.setState({
      [target.name]: target.value,
   })
}

handleSubmit(e) {
   e.preventDefault()

   console.log(`${this.state.firstName} ${this.state.lastName}`)
}
```

중요한 변경사항은 render 메소드에 있는데, 다음과 같이 입력 필드의 초깃값과 업데이트된 값을 설정하기 위해 입력 필드의 value 속성을 사용한다.

```
render() {
   return (
      <form onSubmit={this.handleSubmit}>
         <input
            type="text"
            name="firstName"
            value={this.state.firstName}
            onChange={this.handleChange}
         />
         <input
            type="text"
            name="lastName"
            value={this.state.lastName}
            onChange={this.handleChange}
         />
         <button>Submit</button>
      </form>
   )
}
```

186

폼이 처음 렌더링될 때, 리액트는 상태에 있는 값을 사용해 입력 필드를 설정한다. 폼이 렌더링된 후 사용자가 필드에 값을 입력하면 handleChange 함수가 호출되고 필드의 새로운 값이 상태에 저장된다.

상태가 변경되면 리액트가 컴포넌트를 다시 렌더링하며 입력 필드의 현재 값을 반영하기 위해 다시 상태를 사용한다.

이제 필드의 값을 완전하게 제어할 수 있게 됐으며, 이러한 패턴을 **제어되는 컴포넌트** Controlled Components 라고 한다.

JSON 스키마

지금까지 리액트에서 폼이 작동하는 방법을 알아봤다. 다음은 폼 생성을 자동화해서 작성할 보일러플레이트를 줄이고 코드를 훨씬 깔끔하게 만드는 방법을 알아볼 차례다.

많이 사용되는 솔루션으로 모질라 서비스 mozilla-services가 유지관리하는 react-jsonschema-form이 있다. 우선 다음과 같이 npm을 사용해 설치해야 한다.

```
npm install --save react-jsonschema-form
```

라이브러리를 설치한 후 다음과 같이 컴포넌트로 가져온다.

```
import Form from 'react-jsonschema-form'
```

그리고 다음과 같이 스키마를 정의한다.

```
const schema = {
  type: 'object',
  properties: {
    firstName: { type: 'string', default: 'Dan' },
```

```
    lastName: { type: 'string', default: 'Abramov' },
  },
}
```

JSON 스키마 형식에 대해서는 이 책에서 자세히 다루지 않는다. 중요한 것은 여러 HTML 요소를 만들 필요 없이 구성 객체를 사용해 폼의 필드를 나타낼 수 있다는 점이다.

이 예제에서 볼 수 있듯이, 스키마의 형식을 객체로 설정한 다음 폼의 프로퍼티인 firstName과 lastName을 문자열 형식으로 선언하고 기본값을 지정할 수 있다.

이제 스키마를 라이브러리에서 가져온 Form 컴포넌트로 전달하면 폼이 자동으로 생성된다.

이번에도 간단한 상태 비저장 함수형 컴포넌트로 시작하고 단계적으로 기능을 추가해보자.

```
const JSONSchemaForm = () => (
    <Form schema={schema} />
)
```

이 컴포넌트를 페이지 안에 렌더링하면 스키마에서 선언한 필드와 제출 버튼 하나가 포함된 폼이 표시된다.

다음은 폼이 제출되면 알림을 받고 폼 데이터를 이용해 필요한 작업을 하는 방법을 알아보자.

이벤트 핸들러를 만들려면 먼저 상태 비저장 함수형 컴포넌트를 클래스로 바꿔야 한다.

```
class JSONSchemaForm extends React.Component
```

그리고 생성자 안에서 이벤트 처리기를 바인딩한다.

```
constructor(props) {
    super(props)

    this.handleSubmit = this.handleSubmit.bind(this)
}
```

위 예제에서는 간단하게 폼 데이터를 콘솔로 로깅했지만, 실제 애플리케이션에서는 필드를 엔드포인트로 전송할 수 있다.

handleSubmit 처리기는 객체 하나를 받는데, 여기에는 폼 필드의 이름과 값이 들어 있는 formData 속성이 포함돼 있다.

```
handleSubmit({ formData }) {
    console.log(formData)
}
```

render 메소드는 다음과 같다.

```
render() {
    return (
        <Form schema={schema} onSubmit={this.handleSubmit} />
    )
}
```

schema 프로퍼티는 앞서 정의한 스키마 객체다. 이 프로퍼티는 이 예제처럼 정적으로 정의하거나 서버에서 가져오거나 프로퍼티를 이용해 조합할 수 있다.

라이브러리가 제공한 Form 컴포넌트의 onSubmit 콜백에 처리기를 연결하면 간단하게 작동하는 폼이 만들어진다.

이 밖의 콜백으로는 필드의 값이 변경될 때마다 수행되는 onChange나 폼이 잘못된 데이터를 사용해 제출될 때 수행되는 onError 등이 있다.

▌이벤트

브라우저에 따라 이벤트가 작동하는 방법에 약간의 차이가 있다. 리액트는 이벤트의 작동 방식을 추상화해 개발자에게 일관된 인터페이스를 제공한다. 이 기능은 대상 브라우저에 대해 신경 쓰지 않고 공급업체와 무관하게 이벤트 처리기와 함수를 작성할 수 있게 해주는 훌륭한 기능이다.

리액트는 이 기능을 제공하기 위해 **합성 이벤트**^{synthetic event}라는 개념을 도입했다. 합성 이벤트는 브라우저가 제공하는 원래 이벤트 객체를 래핑하는 객체이며, 사용하는 브라우저에 관계없이 동일한 프로퍼티를 갖는다.

이벤트 수신기를 노드에 연결하고 이벤트 생성 시 이벤트 객체를 받는 데는 이벤트를 DOM 노드에 연결할 때와 비슷한 방식을 사용할 수 있다. 카멜 표기법 이벤트 이름에 on을 붙인 단어(예: onKeyDown)를 이용해 이벤트 생성 시 호출되는 콜백을 정의할 수 있다. 많이 사용되는 관례는 이벤트 이름에 handle 접두사를 붙여 이벤트 처리기 함수의 이름을 지정하는 것이다(예: handleKeyDown).

이전 예제에서 폼 필드의 onChange 이벤트를 수신하면서 이 패턴을 사용했다.

기본적인 이벤트 수신기 예제를 다시 살펴보면서 동일한 컴포넌트 안에 여러 이벤트를 깔끔하게 정리하는 방법을 알아보자.

간단한 버튼 하나를 구현해보자. 먼저 클래스를 만드는 것으로 시작한다.

```
class Button extends React.Component
```

생성자를 추가하고, 여기서 이벤트 수신기를 바인딩한다.

```
constructor(props) {
    super(props)

    this.handleClick = this.handleClick.bind(this)
}
```

이벤트 처리기를 정의한다.

```
handleClick(syntheticEvent) {
    console.log(syntheticEvent instanceof MouseEvent)
    console.log(syntheticEvent.nativeEvent instanceof MouseEvent)
}
```

여기서 볼 수 있듯이, 리액트에서 수신한 이벤트 객체의 형식과 이에 연결된 원시 이벤트의 형식을 확인하는 간단한 작업을 한다. 첫 번째는 false를 반환하며, 두 번째는 true를 반환할 것으로 예상할 수 있다.

원시 이벤트에 접근할 필요는 없겠지만, 원하는 경우 이와 같이 가능하다는 것을 알아두자. 마지막으로, render 메소드 안에서 이벤트 수신기를 연결하는 onClick 속성을 포함하는 버튼을 정의한다.

```
render() {
    return (
        <button onClick={this.handleClick}>Click me!</button>
    )
}
```

다음은 더블클릭 이벤트를 수신하는 두 번째 처리기를 버튼에 연결한다고 가정해보자. 한 가지 방법은 다음과 같이 onDoubleClick 속성을 이용해 별도의 처리기를 만들고 버튼에 연결하는 것이다.

```
<button
    onClick={this.handleClick}
    onDoubleClick={this.handleDoubleClick}
>
    Click me!
</button>
```

항상 보일러플레이트 코드와 중복 코드 작성을 최소화해야 한다는 점을 기억하자. 이를 위해 각 컴포넌트의 단일 이벤트 처리기를 작성하고 이벤트 형식에 따라 다른 동작을 트리거하는 패턴을 사용할 수 있다.

마이클 찬[Michael Chan]의 패턴 컬렉션에 이 기법에 대한 설명이 있다.

http://reactpatterns.com/#event-switch

이번에는 새로운 범용 이벤트 처리기를 바인딩해야 하므로 먼저 컴포넌트의 생성자를 수정해야 한다.

```
constructor(props) {
    super(props)

    this.handleEvent = this.handleEvent.bind(this)
}
```

다음은 범용 이벤트 처리기를 구현한다.

```
handleEvent(event) {
    switch (event.type) {
        case 'click':
            console.log('clicked')
            break

        case 'dblclick':
            console.log('double clicked')
```

```
        break

    default:
        console.log('unhandled', event.type)
    }
}
```

범용 이벤트 처리기는 이벤트 객체를 받고 이벤트 형식을 기준으로 스위치를 수행해 올바른 동작을 수행한다. 이 방식은 분석 등을 위해 각 이벤트에 대해 별도의 함수를 호출하거나 일부 이벤트가 동일한 논리를 공유하는 경우 유용하다.

마지막으로, 새로운 이벤트 수신기를 onClick과 onDoubleClick 속성에 연결한다.

```
render() {
    return (
        <button
            onClick={this.handleEvent}
            onDoubleClick={this.handleEvent}
        >
            Click me!
        </button>
    )
}
```

이제부터는 이 컴포넌트에 새로운 이벤트 처리기가 필요할 때마다 메소드를 새로 만들고 바인딩할 필요 없이 스위치에 케이스를 추가하면 된다.

리액트의 이벤트에 대해서는 두 가지 흥미로운 사실이 있는데, 첫 번째는 합성 이벤트가 재활용된다는 점이며, 두 번째는 **단일 전역 처리기**single global handler가 있다는 점이다. 첫 번째 개념은 합성 이벤트를 저장하고 나중에 재사용할 수 없다는 의미다. 즉, 합성 이벤트는 동작 수행 후 곧바로 null이 된다. 이 기법은 성능 면에서 아주 바람직하지만 어떤 이유로든 컴포넌트의 상태 안에 이벤트를 저장하려는 경우 문제가 된다.

이 문제를 해결하기 위해 리액트는 합성 이벤트를 지속형으로 만들어 저장한 후 나중에 가져올 수 있는 `persist` 메소드를 지원한다.

두 번째 흥미로운 구현 세부사항 역시 성능과 관련이 있으며, 리액트가 이벤트 처리기를 DOM에 연결하는 방법에 대한 것이다.

`on*` 속성을 사용할 때마다 달성하려는 행동을 리액트에 설명하지만, 사실 라이브러리는 실제 이벤트 처리기를 기반 DOM 노드에 연결하지 않는다.

실제로는 단일 이벤트 처리기가 루트 요소에 연결되며 **이벤트 버블링**event bubbling이라는 개념을 활용해 모든 이벤트를 수신한다. 우리가 관심을 갖는 이벤트를 브라우저가 생성하면 리액트가 특정 컴포넌트의 처리기를 대신 호출한다. 이 기법을 **이벤트 위임**event delegation이라고 하며, 메모리와 속도를 최적화하는 데 도움을 준다.

▌ 참조

리액트가 많은 인기를 얻은 이유 중 하나는 리액트가 선언식이기 때문이다. 선언식이라는 것은 특정 시점에 화면에 표시될 사항을 기술하면 리액트가 브라우저와의 통신을 알아서 처리한다는 뜻이다. 이러한 특징 덕분에 리액트는 이해하기 쉬운 동시에 아주 강력하다.

그런데 가끔은 명령식 작업을 수행하기 위해 기반 DOM 노드에 접근해야 하는 경우가 있다. 대부분의 경우 이런 기법과 동일한 결과를 얻을 수 있는 리액트 친화적인 해결책이 있기 때문에 가급적 사용하지 않는 편이 좋지만, 올바른 결정을 내릴 수 있도록 이것이 가능하다는 사실과 그 방법을 알아두는 게 좋다.

입력 필드와 버튼이 하나씩 있는 간단한 폼에서 버튼을 클릭하면 입력 필드가 포커스를 받게 만든다고 가정해보자.

이 경우 브라우저 창에 있는 입력 요소의 실제 DOM 인스턴스에서 focus 메소드를 호출하면 된다.

우선 Focus라는 클래스를 만든다. 이 클래스의 생성자에서 handleClick 메소드를 바인딩해야 한다.

```
class Focus extends React.Component
```

버튼에서는 클릭 이벤트를 수신한다.

```
constructor(props) {
    super(props)

    this.handleClick = this.handleClick.bind(this)
}
```

handleClick 메소드는 다음과 같다.

```
handleClick() {
    this.element.focus()
}
```

여기서 볼 수 있듯이, 클래스의 element 속성을 참조하고 focus 메소드를 호출했다.

이 메소드가 어떻게 실행되는지 보려면 render 메소드의 구현을 보면 된다.

```
render() {
    return (
        <form>
            <input
                type="text"
                ref={element => (this.element = element)}
            />
```

```
        <button onClick={this.handleClick}>Focus</button>
    </form>
  )
}
```

여기에 핵심 논리가 있다. 입력 요소를 포함하는 폼을 만들고 요소의 ref 속성에 함수를 정의했다.

정의한 콜백은 컴포넌트가 마운팅될 때 호출되며, element 매개변수는 입력의 DOM 인스턴스를 나타낸다. 또한 컴포넌트가 언마운트될 때는 메모리를 해제하기 위해 동일한 콜백이 null 매개변수와 함께 호출된다. 콜백에서는 요소의 참조를 저장해 나중에(예: handleClick 메소드가 호출될 때) 사용할 수 있게 한다. 그런 다음 이벤트 처리기가 지정된 버튼이 나온다. 이 코드 조각을 브라우저에서 실행하면 예상대로 입력 필드와 버튼이 포함된 폼이 표시되며, 버튼을 클릭하면 입력 필드에 포커스가 설정된다.

 앞에서도 언급했듯이, 참조를 사용하면 코드가 명령식으로 작동하며 코드를 이해하고 유지관리하기 어려워지므로 사용하지 않는 것이 좋다.

컴포넌트를 제이쿼리^{jQuery} 같은 명령식 라이브러리와 통합할 때는 어쩔 수 없이 참조를 사용해야 한다.

네이티브가 아닌 컴포넌트(대문자로 시작하는 커스텀 컴포넌트)에 참조 콜백을 설정하면 콜백의 매개변수로서 받는 참조가 DOM 노드 인스턴스가 아닌 컴포넌트 자체의 인스턴스라는 데 주의해야 한다. 자식 컴포넌트의 내부 인스턴스에 접근할 수 있는 강력한 기능이지만 위험하기도 하므로 사용하지 말아야 한다.

이 기법의 예제를 살펴보기 위해 컴포넌트 2개를 만들어야 한다.

- 입력 필드의 값을 빈 문자열로 재설정하는 재설정 함수를 노출하는 제어되는 입력 필드

- 앞에서 만든 입력 필드와 클릭하면 인스턴스 메소드를 호출하는 재설정 버튼을 포함하는 폼

먼저 입력 필드를 만들어보자.

```
class Input extends React.Component
```

기본 상태(빈 문자열)를 지정하는 생성자를 정의하고 컴포넌트를 제어하는 데 필요한 onChange 메소드를 바인딩한다. reset 메소드는 컴포넌트의 공용 API를 나타낸다.

```
constructor(props) {
   super(props)

   this.state = {
      value: '',
   }
   this.reset = this.reset.bind(this)
   this.handleChange = this.handleChange.bind(this)
}
```

reset 함수는 간단하게 상태를 빈 문자열로 재설정한다.

```
reset() {
   this.setState({
      value: '',
   })
}
```

handleChange도 아주 간단하며, 컴포넌트의 상태를 입력 요소의 현재 값과 동기화하는 역할을 한다.

```
handleChange({ target }) {
  this.setState({
    value: target.value,
  })
}
```

마지막으로, render 메소드에서 다음과 같이 제어되는 값과 이벤트 처리기를 포함하는 입력 필드를 정의한다.

```
render() {
  return (
    <input
      type="text"
      value={this.state.value}
      onChange={this.handleChange}
    />
  )
}
```

다음은 앞서 만든 컴포넌트를 사용하며, 버튼이 클릭되면 reset 메소드를 호출하는 Reset 컴포넌트를 만들어보자.

```
class Reset extends React.Component
```

생성자에서는 이벤트 처리기를 바인딩한다.

```
constructor(props) {
  super(props)

  this.handleClick = this.handleClick.bind(this)
}
```

handleClick 함수의 코드는 입력의 인스턴스에서 reset 메소드를 호출하는 역할을 하므로 아주 흥미롭다.

```
handleClick() {
    this.element.reset()
}
```

마지막으로, 다음과 같이 render 메소드를 정의한다.

```
render() {
    return (
      <form>
        <Input ref={element => (this.element = element)} />
        <button onClick={this.handleClick}>Reset</button>
      </form>
    )
}
```

여기서 볼 수 있듯이, 노드 요소와 인스턴스에 대한 참조는 참조 콜백의 면에서는 기본적으로 동일하다.

손쉽게 컴포넌트의 메소드에 접근할 수 있는 강력한 기능이지만, 캡슐화를 손상시키고 리팩토링을 아주 어렵게 만들므로 주의해야 한다. 예를 들어, 어떤 이유에서 reset 함수의 이름을 바꿔야 하는 경우 이를 사용하는 모든 부모 컴포넌트를 확인하고 수정해야 한다.

리액트는 광범위하고 유연한 선언식 API를 제공하지만, 고급 상호작용과 복잡한 구조를 만들 필요가 있을 때는 지금까지 알아본 방법으로 기반 DOM 노드와 컴포넌트 인스턴스에 직접 접근할 수 있다.

▌ 애니메이션

UI와 브라우저에 대해 생각할 때는 당연히 애니메이션도 함께 떠올린다.

애니메이션 UI는 좀 더 사용자 친화적이며, 사용자에게 어떤 일이 일어났거나 일어날 예정임을 보여주는 데 아주 중요한 툴이다.

이 절은 애니메이션과 멋진 UI를 만들기 위한 완벽 가이드를 제공하기 위한 것은 아니며, 리액트 컴포넌트에 애니메이션을 적용할 수 있는 일반적인 솔루션에 대한 기본적인 내용을 알아보기 위한 것이다.

리액트 같은 UI 라이브러리에서는 개발자가 손쉽게 애니메이션을 만들고 관리할 수 있는 방법을 제공하는 것이 아주 중요하다. 리액트는 애니메이션을 선언식으로 만들수 있게 도와주는 react-addons-css-transition-group이라는 애드온을 제공한다. 이번에도 작업을 선언식으로 수행할 수 있는 것이 아주 큰 장점이며, 코드를 이해하고 팀과 공유하는 데도 큰 도움이 된다.

먼저 리액트 애드온을 이용해 텍스트에 페이드인 효과를 적용하는 과정을 알아본 다음, 복잡한 애니메이션을 쉽게 수행할 수 있게 도와주는 타사 라이브러리인 리액트 모션^{react-motion}을 이용해 같은 작업을 하는 과정을 알아본다.

애니메이션 컴포넌트를 만드는 첫 단계는 애드온을 설치하는 것이다.

```
npm install --save react-addons-css-transition-group
```

그리고 컴포넌트를 가져온다.

```
import CSSTransitionGroup from 'react-addons-css-transition-group'
```

그런 다음 애니메이션을 적용하려는 컴포넌트를 래핑한다.

```
const Transition = ( ) => (
    <CSSTransitionGroup
        transitionName="fade"
        transitionAppear
        transitionAppearTimeout={500}
    >
        <h1>Hello React</h1>
    </CSSTransitionGroup>
)
```

여기에 나온 몇 가지 프로퍼티에 대한 설명이 필요하다.

먼저 transitionName을 선언했다. ReactCSSTransitionGroup은 해당 프로퍼티의 이름을 가진 클래스를 자식 요소에 적용함으로써 CSS 트랜지션을 사용해 애니메이션을 만들 수 있게 해준다.

단일 클래스로는 애니메이션을 제대로 만들기 어렵기 때문에 애니메이션의 상태에 따라 트랜지션 그룹을 여러 클래스에 적용한다.

여기서는 transitionAppear 프로퍼티를 이용해 화면에 나타날 때 자식에 애니메이션을 적용할 것임을 컴포넌트에 알린다.

즉, 라이브러리는 컴포넌트가 렌더링된 후 즉시 fade-appear 클래스(페이드는 transitionName 프로퍼티의 값)를 컴포넌트에 적용한다.

다음 틱에는 fade-appear-active 클래스가 적용되므로 CSS를 이용해 초기 상태에서 새로운 상태로 애니메이션을 시작할 수 있다.

또한 애니메이션이 완료되기 전에 DOM에서 해당 요소를 제거하지 않도록 애니메이션의 길이를 리액트에 알리기 위해 transitionAppearTimeout 프로퍼티를 설정해야 한다.

요소를 페이드인fade in하는 CSS는 다음과 같다.

먼저 초기 상태의 요소 불투명도를 정의한다.

```css
.fade-appear {
    opacity: 0.01;
}
```

다음은 요소에 적용된 후 즉시 시작되는 두 번째 클래스를 사용해 트랜지션을 정의한다.

```css
.fade-appear.fade-appear-active {
    opacity: 1;
    transition: opacity .5s ease-in;
}
```

여기서는 ease-in 함수를 사용해 500ms 동안 불투명도를 0.01에서 1로 트랜지션한다.

아주 쉬운 애니메이션이지만, 더 복잡한 애니메이션도 만들 수 있으며 컴포넌트의 다른 상태에도 애니메이션을 적용할 수 있다.

예를 들어, 트랜지션 그룹의 자식으로 새로운 요소가 추가될 때 *-enter와 *-enter-active 클래스가 적용된다.

요소를 제거할 때도 비슷한 일이 일어난다.

리액트 모션

더 복잡한 애니메이션이 필요하거나 애니메이션이 다른 애니메이션에 의존하거나 컴포넌트에 물리 기반 동작을 적용해야 하는 경우 트랜지션 그룹만으로는 원하는 결과를 얻기 어려우며 타사 라이브러리를 고려해야 한다.

리액트에서 애니메이션을 만드는 데 사용되는 인기 있는 라이브러리로 리액트 모션

react-motion이 있다. 이 라이브러리는 아주 깔끔하고 사용하기 쉬운 API를 제공하며, 어떤 애니메이션이든 만들 수 있다.

리액트 모션을 사용하려면 먼저 설치해야 한다.

```
npm install --save react-motion
```

설치가 완료되면 motion 컴포넌트와 spring 함수를 가져와야 한다. 컴포넌트는 애니메이션을 적용하려는 요소를 래핑하는 데 사용되며, 함수는 시작 상태부터 최종 상태까지 값을 보간하기 위한 유틸리티다.

```
import { Motion, spring } from 'react-motion'
```

코드를 살펴보자.

```
const Transition = () => (
  <Motion
    defaultStyle={{ opacity: 0.01 }}
    style={{ opacity: spring(1) }}
  >
    {interpolatingStyle => (
      <h1 style={interpolatingStyle}>Hello React</h1>
    )}
  </Motion>
)
```

이 코드에는 흥미로운 사항이 많다.

먼저 이 컴포넌트는 런타임에 값을 받는 자식을 정의하는 강력한 기법인 함수 자식 패턴(4장 '모든 것을 조합하기' 참고)을 사용한다.

Motion 컴포넌트에 두 속성이 있는 것을 볼 수 있는데, 첫 번째 속성인 defaultStyle
은 초기 스타일을 나타낸다.

여기서는 불투명도를 0.01로 설정해 요소를 숨기고 페이드를 시작한다.

style 속성은 최종 스타일을 나타내는데, 여기서는 직접 값을 설정하지 않고 spring
함수를 사용해 초기 상태부터 최종 상태까지 보간된 값을 계산하게 했다.

spring 함수가 실행될 때마다 자식 함수가 해당 시점의 보간된 스타일을 받으며, 받
은 객체를 컴포넌트의 style 속성에 적용해 불투명도 전환 효과를 구현할 수 있다.

이 라이브러리로 멋진 효과를 만들 수 있지만 가장 먼저 기본 개념을 명확하게 이해
해야 한다.

또한 현재 프로젝트에 맞는 올바른 선택을 할 수 있도록 트랜지션 그룹과 리액트 모
션 간의 차이를 비교해보는 것도 흥미로운 일이다.

▌ SVG

브라우저에서 아이콘과 그래프를 그리기 위해 활용할 수 있는 가장 흥미로운 기법으
로 SVG^{Scalable Vector Graphics} 가 있다.

SVG는 벡터를 선언식으로 기술하며, 리액트의 목적과 완벽하게 일치하는 훌륭한 기
술이다.

아이콘을 만들기 위해 아이콘 글꼴을 이용하기도 하지만, 접근성이 낮다는 점을 비롯
해 잘 알려진 문제점이 있다. 또한 CSS를 이용해 아이콘 글꼴을 배치하기도 아주 어
렵고, 모든 브라우저에서 깔끔하게 보이는 것도 아니다. 따라서 웹 애플리케이션에서
는 SVG를 사용하는 것이 좋다.

리액트의 관점에서는 render 메소드에서 div 요소나 SVG 요소 중 무엇을 출력하더
라도 차이가 없는데, 바로 이 점이 SVG가 유용한 이유다.

SVG를 선택하는 다른 이유는, 런타임에 CSS와 자바스크립트를 사용해 수정하기 쉬우므로 리액트의 함수형 기법과 아주 잘 어울리기 때문이다.

즉, 용도에 맞는 다양한 프로퍼티를 전달해 조작하는 방법으로 독립형 SVG 아이콘을 만드는 것을 쉽게 상상할 수 있다.

웹 애플리케이션에서 SVG를 만드는 일반적인 방법은 벡터를 리액트 컴포넌트로 래핑하고 프로퍼티를 이용해 동적 값을 정의하는 것이다.

SVG 요소를 래핑하는 리액트 컴포넌트를 만들어 파란색 원을 그리는 간단한 예제를 살펴보자.

```
const Circle = ({ x, y, radius, fill }) => (
  <svg>
    <circle cx={x} cy={y} r={radius} fill={fill} />
  </svg>
)
```

여기서 볼 수 있듯이, SVG 마크업을 래핑하는 상태 비저장 함수형 컴포넌트를 사용하고 SVG와 마찬가지로 동일한 프로퍼티를 받을 수 있다.

즉, SVG는 단순한 템플릿이며, 애플리케이션에서 동일한 `Circle`을 다양한 프로퍼티로 여러 번 사용할 수 있다.

프로퍼티는 다음과 같이 정의한다.

```
Circle.propTypes = {
  x: React.PropTypes.number,
  y: React.PropTypes.number,
  radius: React.PropTypes.number,
  fill: React.PropTypes.string,
}
```

이와 같이 SVG와 해당 프로퍼티와 관련된 작업을 명시적으로 수행할 수 있어 인터페이스를 명확하게 유지하고 아이콘을 구성하는 방법을 확실히 알 수 있다.

예를 들어, 다음과 같이 사용할 수 있다.

```
<Circle x={20} y={20} radius={20} fill="blue" />
```

또한 리액트의 강력함을 최대로 활용하고 기본 매개변수를 설정해 일부 프로퍼티를 지정하지 않고 Circle 아이콘을 렌더링해도 기본적인 모양이 표시되도록 할 수 있다.

예를 들어, 기본 색상을 정의할 수 있다.

```
Circle.defaultProps = {
    fill: 'red',
}
```

이렇게 기본 프로퍼티를 정의할 수 있는 기능은 UI를 만들 때 아주 유용하다. 특히 일부 기본값을 포함하는 아이콘 집합을 팀과 공유하면서도 다른 팀에서 동일한 SVG 모양을 다시 만들 필요 없이 설정을 결정할 수 있게 하려는 경우 더 유용하다.

그런데 일관성을 유지하기 위해 일부 값을 고정하려는 경우도 있는데, 리액트에서는 아주 간단하게 해결할 수 있다.

예를 들어, 다음과 같이 기본 Circle 컴포넌트를 RedCircle 컴포넌트로 래핑할 수 있다.

```
const RedCircle = ({ x, y, radius }) => (
    <Circle x={x} y={y} radius={radius} fill="red" />
)
```

여기서는 색이 기본으로 설정되고 변경할 수 없으며, 그 밖의 프로퍼티는 그대로 원래 Circle로 전달된다.

fill을 제외한 나머지 프로퍼티 형식은 동일하다.

```
RedCircle.propTypes = {
    x: React.PropTypes.number,
    y: React.PropTypes.number,
    radius: React.PropTypes.number,
}
```

다음 스크린샷은 리액트에서 SVG를 사용해 파란색과 빨간색 원을 표시한 것이다.

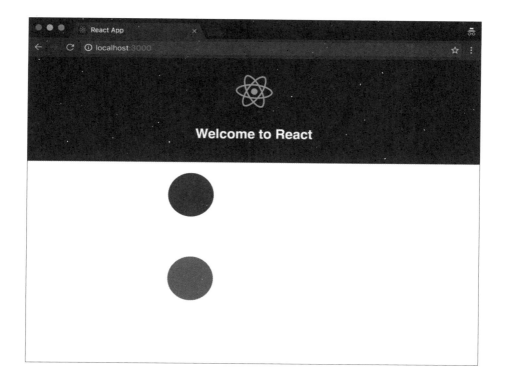

이 기법을 이용해 여러 다른 버전의 Circle(예: SmallCircle 및 RightCircle)이나 UI를
만드는 데 필요한 다른 모든 항목을 그릴 수 있다.

▌ 요약

6장에서는 폼 생성, 이벤트, 애니메이션, SVG를 비롯해 브라우저를 대상으로 작업할 때 알아야 할 여러 사항을 알아봤다.

리액트는 웹 애플리케이션을 개발할 때 만들어야 하는 모든 것을 선언식으로 처리할 수 있게 해준다.

또한 기존의 명령식 라이브러리와 통합하는 경우와 같이 필요할 때는 실제 DOM 노드에 접근하고 명령식으로 작업할 수 있게 해준다.

7장에서는 CSS와 인라인 스타일에 대한 모든 것을 다루며, 자바스크립트에서 CSS를 작성하는 것이 어떤 의미인지 알아본다.

07

컴포넌트 꾸미기

리액트 모범사례와 디자인 패턴에 대한 여행이 이제 컴포넌트를 더 멋있게 꾸미는 단계까지 왔다. 이를 위해 일반 CSS가 컴포넌트 스타일링을 위한 최적의 방법이 아닌 이유를 설명하고 여러 다른 해결책을 소개한다.

7장에서는 인라인 스타일부터 라듐, CSS 모듈, 스타일드 컴포넌트에 이르기까지 자바스크립트 내 CSS에 대한 모든 내용을 속속들이 들여다본다.

이 주제는 관심이 많은 만큼 논란의 여지도 많기 때문에 열린 마음으로 진행하기를 권장한다.

7장에서 다루는 내용은 다음과 같다.

- CSS를 대규모로 사용할 때의 일반적인 문제점
- 리액트에서 인라인 스타일의 의미와 문제점
- 라듐 라이브러리로 인라인 스타일의 문제를 해결하는 방법
- 웹팩과 CSS 모듈을 사용해 프로젝트를 처음부터 설정
- CSS 모듈의 기능, CSS 모듈을 사용해 전역 CSS를 방지하는 방법
- 리액트 컴포넌트 스타일링의 최신 기법을 지원하는 스타일드 컴포넌트 라이브러리

▌ 자바스크립트 내의 CSS

2014년 네이션JS[NationJS] 컨퍼런스에서 크리스토퍼 셰듀[Christopher Chedeau]의 강연 이후로 리액트 컴포넌트의 스타일링에 대한 혁신이 일어났다는 것은 커뮤니티에서 모두가 인정하는 사실이다.

크리스토퍼는 페이스북 개발자이며 리액트 개발에 기여하고 있다. 이 강연에서 그는 페이스북에서 CSS를 대규모로 사용하면서 겪었던 모든 문제를 설명한다.

크리스토퍼가 설명하는 내용을 모두 알아두면 인라인 스타일과 로컬 범위의 클래스 이름 같은 개념을 이해하는 데도 도움이 된다.

다음의 슬라이드는 프레젠테이션에 사용된 것이며, CSS의 주된 문제를 나열하고 있다.

잘 알려진 CSS의 첫 번째 문제는 모든 선택자가 전역이라는 점이다. 스타일을 구성하는 방법이나 네임스페이스 또는 BEM 류의 방법론을 사용하는 방법에 관계없이 결국에는 전역 네임스페이스가 오염되는 문제가 발생한다. 이것은 원칙적인 문제일 뿐만 아니라 대규모 코드베이스에서 많은 오류를 유발하며, 장기적인 유지관리성을 크게 떨어뜨린다. 대규모 팀에서 일할 때는 특정 클래스나 요소에 이미 스타일이 적용됐는지 확인하는 일이 간단하지 않으며, 기존의 것을 재사용하기보다 클래스를 추가하게 되는 경우가 많다.

CSS의 두 번째 문제는 의존성의 정의에 대한 것이다. 특정 컴포넌트가 특정 CSS에 의존한다는 것과 스타일을 적용하기 위해 CSS를 로드해야 한다는 것을 명확하게 기술하기 어렵다. 스타일 자체가 전역이므로 어떤 파일의 어떤 스타일이든 요소에 적용될 수 있기 때문에 통제를 잃어버리기 쉽다.

프론트엔드 개발자는 CSS를 하위 모듈로 분할하기 위해 전처리기를 사용하는 경우가 많지만, 결국에는 거대한 전역 CSS 번들이 만들어진다. CSS 코드베이스는 급속하게 성장하며 제어하기 어려워지는 경우가 많다. CSS의 세 번째 문제는 **죽은 코드 제거**^{dead}

code elimination에 대한 것이다. 어떤 스타일이 어떤 컴포넌트에 속하는지 신속하게 확인하기 어렵기 때문에 불필요한 코드를 삭제하기가 매우 어렵다. 또한 선택자나 규칙을 제거하면 CSS의 계단식 특성 때문에 브라우저에서 예기치 않은 결과가 나올 수 있다.

또한 CSS와 자바스크립트 애플리케이션의 선택자와 클래스 이름을 축소할 때도 어려움을 겪을 수 있다. 이 작업은 생각보다 어려운데, 특히 클래스가 즉석으로 적용되거나 클라이언트에서 연결되는 경우 더 까다롭다.

클래스 이름을 축소하거나 최적화하지 않으면 성능이 상당히 저하될 수 있으며 CSS의 크기에도 큰 영향을 준다.

일반 CSS로 작업할 때는 상수를 스타일과 클라이언트 애플리케이션 간에 공유하기도 쉽지 않다. 예를 들어, 의존하는 다른 요소의 위치를 다시 계산하기 위해 헤더의 높이를 알아야 하는 경우가 있다.

보통은 클라이언트에서 자바스크립트 API를 사용해 값을 읽지만, 이보다는 런타임에 과도한 계산을 수행하지 않고 상수를 공유하는 것이 좋다. 이것이 페이스북 개발자들이 해결하고 있는 다섯 번째 문제다.

여섯 번째 문제는 CSS의 비결정적 해결non-deterministic resolution에 의한 것이다. CSS에서는 순서가 중요하며, 주문식으로 CSS를 로드할 경우 순서를 보장할 수 없고 잘못된 스타일이 요소에 적용될 수 있다.

예를 들어, 사용자가 특정 페이지로 이동할 때만 해당 페이지와 연관된 CSS를 로드하도록 CSS를 요청하는 방법을 최적화기를 원한다고 가정해보자. 마지막 페이지와 연관된 페이지에 다른 페이지의 요소에 적용되는 규칙이 있을 경우, 마지막에 로드됐다는 사실 때문에 애플리케이션의 나머지 부분의 스타일에 영향을 미칠 수 있다. 예를 들어 사용자가 이전 페이지로 돌아갈 경우, 페이지의 UI가 처음 방문했을 때와 약간 다르게 표시될 수 있다.

스타일, 규칙, 탐색 경로의 모든 다양한 조합을 제어하기는 극히 어렵지만, 필요할 때 CSS를 로드할 수 있는 능력은 웹 애플리케이션의 성능에 심대한 영향을 미친다.

CSS의 일곱 번째 문제는 격리에 대한 것이다. 파일이나 컴포넌트의 CSS를 제대로 격리하는 것은 거의 불가능하다. 선택자는 전역이며 손쉽게 덮어쓸 수 있다. 스타일이 격리되지 않기 때문에 애플리케이션의 다른 부분에 있는 규칙이 관계가 없는 요소에 영향을 미칠 수 있다. 즉, 요소에 적용된 클래스 이름을 아는 것만으로는 요소의 최종 스타일 결과를 예측하기 어렵다.

강연 내용은 다소 공격적이고 논쟁의 여지가 있지만, 스타일링이라는 주제를 열린 마음으로 접근하는 데 도움이 되므로 이 주제에 관심이 있다면 꼭 확인해보기를 권장한다.

https://vimeo.com/116209150

강연의 결론은 CSS의 이러한 문제를 해결하기 위해 페이스북은 인라인 스타일^{inline styles}을 선택했다는 것이다.

다음 절에서는 리액트에서 인라인 스타일을 사용한다는 것이 어떤 의미인지, 장단점은 무엇인지 알아본다.

▌ 인라인 스타일

공식 리액트 설명서에서는 리액트 컴포넌트를 스타일링할 때 인라인 스타일을 사용하도록 권장하고 있다. 오랫동안 관심사를 분리하는 것이 중요하며 마크업과 CSS를 섞지 않아야 한다고 배운 것을 생각하면 이러한 권장사항은 다소 이상하게 느껴질 수 있다.

리액트는 관심사의 분리 개념을 기술의 분리에서 컴포넌트의 분리로 바꾸려고 하고 있다. 서로 밀접하게 결합돼 있고 서로가 없으면 작동할 수 없는 마크업, 스타일, 논리 등을 다른 파일로 분리하는 것은 속임수에 지나지 않는다. 프로젝트 구조를 깔끔하게 만드는 데 도움을 주더라도 실제로는 전혀 이익이 없다.

리액트에서 컴포넌트는 애플리케이션 구조의 근본적인 단위가 된다. 따라서 컴포넌트를 애플리케이션 전체의 어디로든 이동할 수 있어야 하며, 어디에서 렌더링하든지 논리와 UI 면에서 동일한 결과를 제공해야 한다.

이것이 리액트에서 컴포넌트 안에 스타일을 배치하고 인라인 스타일을 사용해 요소에 스타일을 적용하는 것을 권장하는 이유다.

리액트에서 노드의 style 요소를 사용해 컴포넌트에 스타일을 적용하는 예제를 살펴보자.

다음 코드는 Click me!라는 텍스트를 포함하는 버튼을 만들고, 여기에 전경색과 배경색을 적용한다.

```
const style = {
   color: 'palevioletred',
   backgroundColor: 'papayawhip',
}

const Button = () => <button style={style}>Click me!</button>
```

여기서 볼 수 있듯이, 리액트에서 인라인 스타일로 요소를 스타일링하기는 아주 쉽다. 속성이 CSS 규칙이고 값이 일반 CSS 파일에서 사용하려는 값인 객체를 만들면 된다.

유일한 차이는 하이픈을 붙인 CSS 규칙은 자바스크립트 호환으로 만들기 위해 카멜 표기법으로 변경해야 하며, 값은 문자열이므로 따옴표를 둘러야 한다는 것이다.

공급업체 접두사에 대해서는 몇 가지 예외사항이 있다. 예를 들어, **웹킷**webkit에서 트랜지션을 정의하려면 대문자로 시작하는 웹킷 접두사를 붙인 WebkitTransition 속성을 사용해야 한다. 이 규칙은 소문자로 시작하는 **ms**를 제외한 모든 공급업체 접두사에 적용된다.

숫자는 따옴표나 단위 없이 지정할 수 있으며, 기본적으로 픽셀로 취급된다.

다음 규칙은 height에 100px을 적용한다.

```
const style = {
    height: 100,
}
```

인라인 스타일은 잘 작동하며, 일반 CSS로는 구현하기 어려운 작업도 할 수 있다. 예를 들어 일부 CSS 값을 런타임에 클라이언트에서 다시 계산할 수 있는데, 이것은 아주 강력한 개념이며 다음 예제에서 직접 구현해본다.

글꼴 크기가 값에 따라 변경되는 폼 필드를 만들려고 한다고 가정해보자. 예를 들어, 필드의 값이 24이면 글꼴 크기가 24픽셀이 된다. 아쉽게도 일반 CSS로는 엄청난 노력과 많은 중복 코드가 아니면 거의 불가능하다.

인라인 스타일을 사용하면 얼마나 쉽게 구현할 수 있는지 알아보자.

상태를 저장해야 하며 이벤트 처리기가 필요하므로 클래스를 만든다.

```
class FontSize extends React.Component
```

클래스의 생성자에서는 상태의 기본값을 설정하며, 입력 필드의 onChange 이벤트를 수신하는 handleChange 처리기를 바인딩한다.

```
constructor(props) {
    super(props)

    this.state = {
```

```
      value: 16,
   }

   this.handleChange = this.handleChange.bind(this)
}
```

간단한 변경 핸들러를 구현했는데, 이 핸들러에서 이벤트의 **target** 속성을 사용해 필드의 현재 값을 얻는다.

```
handleChange({ target }) {
   this.setState({
      value: Number(target.value),
   })
}
```

마지막으로, 숫자 형식을 받는 입력 필드를 렌더링한다. 이 필드는 상태를 사용해 값을 계속 업데이트하므로 제어되는 컴포넌트다. 여기에도 필드의 값이 변경될 때마다 호출되는 이벤트 처리기가 있다.

끝으로, 필드의 **style** 속성을 사용해 해당 **font-size**를 설정한다. 여기서 볼 수 있듯이, 리액트 관례를 따르기 위해 카멜 표기법을 적용한 CSS 규칙을 사용한다.

```
render() {
   return (
      <input
         type="number"
         value={this.state.value}
         onChange={this.handleChange}
         style={{ fontSize: this.state.value }}
      />
   )
}
```

이 컴포넌트를 렌더링하면 입력된 값에 따라 글꼴 크기가 달라지는 입력 필드가 표시된다. 이 입력 필드는 값이 변경되면 새로운 값을 상태에 저장한다. 상태가 변경되면 컴포넌트가 다시 렌더링되며, 새로운 상태 값을 이용해 필드의 표시 값을 글꼴 크기로 설정한다. 아주 간단하지만 효과적인 작업 방법이다.

그런데 모든 솔루션에는 단점이 있으며 요건의 균형을 맞춰야 한다. 아쉽게도 인라인 스타일에는 문제도 적지 않다.

우선 인라인 스타일에서는 의사 선택자(예: :hover)와 의사 요소를 사용할 수 없는데, 이것은 상호작용과 애니메이션을 사용하는 UI를 만들 때 상당히 큰 제약이다.

의사 요소 대신 실제 요소를 만드는 등의 우회책이 있지만, 의사 클래스의 경우 자바스크립트를 사용해 CSS 동작을 시뮬레이션하는 그리 바람직하지 않은 방법을 사용해야 한다.

미디어 쿼리^{Media queries}에도 마찬가지 문제가 있으며, 인라인 스타일을 사용해 이를 정의할 수 없기 때문에 반응성이 우수한 웹 애플리케이션을 만들기 어렵다. 스타일은 자바스크립트 객체를 사용해 선언하므로, 스타일 폴백^{style fallback}을 사용할 수도 없다.

```
display: -webkit-flex;
display: flex;
```

자바스크립트 객체는 동일한 이름으로 두 속성을 가질 수 없다. 스타일 폴백은 피하는 것이 좋지만, 필요할 때 사용할 수 있다면 더 좋을 것이다.

인라인 스타일을 사용해 흉내 낼 수 없는 CSS의 또 다른 기능으로 **애니메이션**^{Animations}이 있다. 해결 방법은 애니메이션을 전역으로 정의하고 이를 요소의 **style** 속성 안에서 사용하는 것이다.

인라인 스타일을 사용할 때는 일반 CSS로 스타일을 재정의할 때마다 `!important` 키워드를 사용해야 하는데, 이 방법은 해당 요소에 다른 스타일이 적용되는 것을 막기 때문에 좋은 방법이 아니다.

인라인 스타일을 사용할 때 가장 어려운 것은 디버깅이다. 실제로 브라우저 데브 툴^{DevTools}에서 요소를 찾고 어떤 스타일이 적용됐는지 확인하기 위해 클래스 이름을 사용하는 경향이 있다.

인라인 스타일을 사용하면 항목의 모든 스타일이 해당 style 속성에 나열되므로 결과를 확인하고 디버깅하기가 아주 어렵다.

예를 들어, 이 절의 앞부분에서 만든 버튼은 다음과 같이 렌더링된다.

```
<button style="color: palevioletred; background-color: papayawhip;">Click me!</button>
```

그냥 보면 알아보기 그리 어려울 것 같지 않지만, 요소와 스타일이 수백 개가 있다고 가정하면 문제가 상당히 복잡해진다는 것을 예상할 수 있다.

또한 모든 단일 항목이 동일한 style 속성을 갖는 리스트를 디버깅할 때 즉석에서 하나를 수정하고 브라우저에서 결과를 확인하면, 동일한 스타일을 공유하더라도 다른 형제에는 적용되지 않고 해당 항목에만 스타일이 적용됨을 알 수 있다.

마지막으로, 서버 측에서 애플리케이션을 렌더링하는 경우(자세한 내용은 8장 '재미와 효율을 위한 서버 측 렌더링' 참고) 인라인 스타일을 사용할 때 페이지의 크기가 더 커진다.

인라인 스타일에서는 CSS의 모든 내용을 마크업에 넣으므로 클라이언트로 전송하는 파일의 바이트 수가 증가되며 웹 애플리케이션이 느리게 느껴진다.

압축 알고리즘은 비슷한 패턴을 압축하는 효율이 좋으므로 도움이 되며, 경우에 따라서는 주요 경로 CSS를 로드하는 것도 좋은 해결책이지만, 보통은 사용하지 않는 편이 좋다.

인라인 스타일은 해결하는 문제보다 자체 문제가 더 많다고 할 수 있다.

이 때문에 커뮤니티에서는 스타일을 컴포넌트 내부 또는 컴포넌트 로컬에 유지하면서도 인라인 스타일의 장점을 제공할 수 있는 다양한 툴을 만들었다.

크리스토퍼 셰듀의 강연 이후로 많은 개발자가 인라인 스타일에 대해 이야기하기 시작했으며, 자바스크립트에서 CSS를 작성하기 위한 여러 새로운 방법에 대한 실험과 솔루션 개발이 이어졌다.

나는 직접 모든 솔루션을 실험해보고 각 솔루션으로 간단한 버튼 컴포넌트를 게시하는 리포지터리를 만들었다.

https://github.com/MicheleBertoli/css-in-js

처음에는 두세 가지 솔루션이 있었지만 현재는 40가지가 넘는다.

다음 절에서는 그중 가장 유명한 것을 살펴보겠다.

▌ 라듐

인라인 스타일의 문제를 해결하기 위해 만들어진 첫 번째 라이브러리 중 하나로 **라듐**Radium이 있다. 라듐은 포미더블 랩스Formidable Labs의 개발자들이 유지관리하고 있으며, 현재 가장 인기 있는 솔루션 중 하나다.

이 절에서는 라듐이 작동하는 방법과 라듐으로 해결할 수 있는 문제, 그리고 라듐이 리액트에서 컴포넌트 스타일링을 위한 라이브러리로 권장되는 이유를 알아본다.

여기서는 7장의 앞부분에서 작성한 것과 비슷한 간단한 버튼을 만든다.

스타일을 적용하지 않은 기본 버튼으로 시작한 다음, 기본적인 스타일링과 의사 클래스 및 미디어 쿼리를 추가하고 라이브러리의 주요 기능을 살펴본다.

버튼은 다음과 같이 간단하게 시작한다.

```
const Button = () => <button>Click me!</button>
```

먼저 다음과 같이 npm을 사용해 라듐을 설치한다.

```
npm install --save radium
```

설치가 끝나면 라이브러리를 가져오고 버튼을 래핑할 수 있다.

```
import radium from 'radium'

const Button = () => <button>Click me!</button>

export default radium(Button)
```

radium 함수는 Button의 기능을 확장하고 보강된 컴포넌트를 반환하는 **상위 컴포넌트**(4장 '모든 것을 조합하기' 참고)다.

현재는 버튼에 스타일을 적용하지 않았기 때문에 지금 브라우저에서 버튼을 렌더링하면 아무것도 표시되지 않는다.

우선 배경색, 여백, 크기를 비롯한 몇 가지 CSS 프로퍼티를 지정한 간단한 스타일 객체부터 시작해보자.

앞 절에서 살펴봤듯이, 리액트에서 인라인 스타일은 카멜 표기법을 적용한 CSS 스타일을 포함하는 자바스크립트 객체를 사용해 정의한다.

```
const styles = {
   backgroundColor: '#ff0000',
   width: 320,
   padding: 20,
   borderRadius: 5,
   border: 'none',
   outline: 'none',
}
```

이 코드 조각은 리액트에서 사용하는 보통의 인라인 스타일과 다르지 않으며, 다음과 같이 버튼으로 전달하면 모든 스타일이 적용된 버튼을 볼 수 있다.

```
const Button = () => <button style={styles}>Click me!</button>
```

결과 마크업은 다음과 같다.

```
<button data-radium="true" style="background-color: rgb(255, 0, 0); width:
320px; padding: 20px; border-radius: 5px; border: none; outline:
none;">Click me!</button>
```

유일한 차이점은 요소에 연결된 data-radium 속성이 true로 설정돼 있다는 점이다.

인라인 스타일에서는 의사 클래스를 정의할 수 없다고 했는데, 라듐을 사용해 이 문제를 해결하는 방법을 알아보자.

라듐에서는 아주 간단하게 의사 클래스(예: :hover)를 사용할 수 있다.

스타일 객체 안에 :hover 프로퍼티를 만들면 라듐이 나머지 작업을 알아서 해준다.

```
const styles = {
    backgroundColor: '#ff0000',
    width: 320,
    padding: 20,
    borderRadius: 5,
    border: 'none',
    outline: 'none',
    ':hover': {
        color: '#fff',
    },
}
```

이 스타일 객체를 버튼에 적용하고 화면에 렌더링하면, 마우스 포인터를 버튼을 가리킬 때마다 버튼의 텍스트가 흰색으로 바뀌는 효과를 확인할 수 있다.

이와 같이 의사 클래스와 인라인 스타일을 함께 사용할 수 있다.

그런데 데브툴을 열고 **Styles** 패널에서 :hover 상태를 적용해보면 아무 일도 일어나지 않는 것을 볼 수 있다.

마우스 가리킴 효과를 볼 수는 있지만 CSS로 시뮬레이션할 순 없는 이유는 라듐이 스타일 객체에 정의된 가리킴 상태를 자바스크립트를 사용해 적용하고 제거하기 때문이다.

데브툴을 열어놓은 상태에서 요소를 마우스로 가리키면 스타일 문자열이 변경되고 동적으로 색이 추가되는 모습을 볼 수 있다.

```
<button data-radium="true" style="background-color: rgb(255, 0, 0); width:
320px; padding: 20px; border-radius: 5px; border: none; outline: none;
color: rgb(255, 255, 255);">Click me!</button>
```

라듐은 의사 클래스의 동작을 트리거하는 각 이벤트에 대해 이벤트 처리기를 추가하고 이벤트를 수신하는 방법으로 작동한다.

라듐은 이벤트 중 하나가 생성되는 즉시 컴포넌트의 상태를 변경해 올바른 스타일로 컴포넌트를 다시 렌더링한다. 처음에는 이상하게 보일 수 있지만, 이 방식에는 이렇다 할 단점이 없으며 성능상의 차이도 거의 느끼기 힘들다.

새로운 의사 클래스(예: :active)를 추가해도 예상대로 잘 작동한다.

```
const styles = {
    backgroundColor: '#ff0000',
    width: 320,
    padding: 20,
    borderRadius: 5,
```

```
    border: 'none',
    outline: 'none',
    ':hover': {
       color: '#fff',
    },
    ':active': {
       position: 'relative',
       top: 2,
    },
}
```

라듐이 지원하는 또 다른 중요한 기능으로 미디어 쿼리가 있다. 미디어 쿼리는 반응
성이 우수한 애플리케이션을 만드는 데 아주 중요하며, 라듐은 이번에도 자바스크립
트를 사용해 이 CSS 기능을 지원한다.

작동 방식을 알아보자. API는 아주 비슷하며 스타일 객체에 새로운 속성 하나를 만들
고 미디어 쿼리가 일치했을 때 적용될 스타일을 중첩해 넣어주면 된다.

```
const styles = {
    backgroundColor: '#ff0000',
    width: 320,
    padding: 20,
    borderRadius: 5,
    border: 'none',
    outline: 'none',
    ':hover': {
       color: '#fff',
    },
    ':active': {
       position: 'relative',
       top: 2,
    },
    '@media (max-width: 480px)': {
       width: 160,
    },
}
```

미디어 쿼리가 작동하기 위해서는 라듐이 제공하는 **StyleRoot** 컴포넌트로 애플리케이션을 래핑해야 한다.

라듐은 특히 서버 측 렌더링의 경우 미디어 쿼리가 제대로 작동하기 위해 미디어 쿼리와 관련된 규칙을 `!important`로 설정된 모든 프로퍼티와 함께 DOM 내의 스타일 요소로 주입한다.

이것은 라이브러리에서 일치하는 쿼리를 알아내기 전에 문서에 적용된 스타일 간의 깜박임을 방지하기 위한 것이다. 스타일을 스타일 요소 안에 구현하면 브라우저가 보통의 작업을 하도록 함으로써 이 문제를 예방할 수 있다.

이를 위해 먼저 **StyleRoot** 컴포넌트를 가져온다.

```
import { StyleRoot } from 'radium'
```

그런 다음 전체 애플리케이션을 이 컴포넌트로 래핑한다.

```
class App extends Component {
    render() {
        return (
            <StyleRoot>
                ...
            </StyleRoot>
        )
    }
}
```

따라서 데브툴을 열어보면 라듐이 다음 스타일을 DOM으로 주입한 것을 볼 수 있다.

```
<style>@media (max-width: 480px){ .rmq-1d8d7428{width: 160px
!important;}}</style>
```

rmq-1d8d7428 클래스도 자동으로 버튼에 적용된다.

```
<button class="rmq-1d8d7428" data-radium="true" style="background-color:
rgb(255, 0, 0); width: 320px; padding: 20px; border-radius: 5px; border:
none; outline: none;">Click me!</button>
```

브라우저 창의 크기를 변경하면 예상대로 작은 창에서는 버튼이 작아지는 모습을 볼
수 있다.

CSS 모듈

인라인 스타일이 자신의 프로젝트나 팀에는 맞지 않지만, 스타일을 최대한 컴포넌트
와 가까운 곳에 배치하고 싶다면 **CSS 모듈**^{CSS Modules}이라는 해결책이 있다.

웹팩

CSS 모듈과 그 작동 방식을 자세히 알아보기 전에, 이것이 어떻게 만들어졌고 어떤
툴을 제공하는지 먼저 확인할 필요가 있다.

2장 '깔끔한 코드 관리'에서 ES2015 코드를 작성하고 이 코드를 바벨과 해당 프리셋
을 이용해 트랜스파일하는 방법을 배웠다. 애플리케이션의 규모가 커지면 코드베이
스를 모듈로 분할하는 것을 고려할 수 있다.

애플리케이션을 필요에 따라 가져올 수 있는 여러 작은 모듈로 분할하면서, 브라우저
에 대한 큰 번들을 만들려면 **브라우저리파이**^{Browserify}나 **웹팩**^{Webpack} 같은 툴을 사용하면
된다. 이러한 툴을 **모듈 번들러**^{module bundler}라고 하며, 애플리케이션의 모든 의존성을
브라우저에서 실행할 수 있는 단일 번들로 로드하는 역할을 한다. 이 단계까지는 모
듈의 개념이 전혀 적용되지 않는다.

웹팩은 리액트 환경에서 인기가 많으며, 흥미롭고 유용한 여러 기능을 제공하지만, 그중에서도 특히 로더의 개념이 중요하다. 웹팩을 사용하면 자바스크립트 외에 로더가 있는 다른 어떤 의존성이라도 로드할 수 있다. 예를 들어, JSON 파일은 물론 이미지나 다른 에셋을 번들 내부로 로드할 수 있다.

2015년 5월, CSS 모듈의 개발자 중 한 명인 마크 달글레이시^{Mark Dalgleish}는 CSS를 웹팩 번들로 가져올 수 있음을 확인하고 이 개념을 더 발전시키기로 결정한다.

그는 CSS를 컴포넌트에 로컬로 가져올 수 있으므로, 가져온 모든 클래스 이름도 로컬 범위를 가질 수 있다고 생각했다. '전역 CSS의 종말^{The end of global CSS}'이라는 문서에 이 개념이 자세하게 설명돼 있다.

> https://medium.com/seek-ui-engineering/the-end-of-global-css-90d2a4a06284

프로젝트 설정

이 절에서는 바벨을 사용해 자바스크립트를 트랜스파일하고 CSS 모듈을 사용해 로컬 범위의 CSS를 번들로 로드하는 아주 간단한 웹팩 애플리케이션을 설정하는 과정을 살펴본다. 또한 CSS 모듈의 모든 기능을 살펴보고, CSS 모듈로 해결할 수 있는 문제를 알아본다. 가장 먼저 빈 폴더로 이동하고 다음 명령을 실행한다.

```
npm init
```

이 명령은 몇 가지 기본값을 포함하는 package.json을 생성한다.

다음은 의존성을 설치할 차례다. 첫 번째는 웹팩이며, 두 번째는 웹팩 데브서버다. 웹팩 데브서버는 애플리케이션을 로컬에서 실행하고 즉석에서 번들을 생성하는 데 사용한다.

```
npm install --save-dev webpack webpack-dev-server
```

웹팩을 설치한 다음에는 바벨과 바벨 로더를 설치할 차례다. 웹팩은 번들을 만드는 데 사용하며, 바벨 로더는 웹팩 내에서 ES2015 코드를 트랜스파일하는 데 사용한다.

```
npm install --save-dev babel-loader babel-core babel-preset-es2015
babel-preset-react
```

마지막으로, 스타일 로더와 CSS 로더를 설치한다. 이 두 로더는 CSS 모듈을 활성화하는 데 필요하다.

```
npm install --save-dev style-loader CSS-loader
```

또한 작업을 수월하게 해줄 HTML 웹팩 플러그인을 설치해야 한다. 이 플러그인은 웹팩 구성을 분석하고 즉석으로 자바스크립트 애플리케이션을 호스팅할 HTML 페이지를 생성해서 직접 HTML 파일을 만들 필요가 없게 해준다.

```
npm install --save-dev html-webpack-plugin
```

마지막으로, 예제에 사용할 리액트와 리액트 DOM을 설치한다.

```
npm install --save react react-dom
```

의존성을 모두 설치한 다음에는 제대로 작동하도록 구성할 차례다.

가장 먼저 할 일은 개발 환경에서 애플리케이션을 서비스하는 웹팩 데브서버를 실행하도록 npm 스크립트를 package.json에 추가하는 것이다.

```
"scripts": {
  "start": "webpack-dev-server"
},
```

웹팩은 구성 파일이 있어야 다양한 종류의 의존성을 처리하는 방법을 알 수 있다. 이를 위해 객체 하나를 내보내는 webpack.config.js라는 파일을 만들어야 한다.

```
module.exports = { }
```

여기서 내보내는 객체는 웹팩이 번들을 생성할 때 사용하는 구성 객체이며, 프로젝트의 크기와 특징에 따라 다른 프로퍼티를 포함할 수 있다.

이 예제는 아주 간단하게 유지하기 위해 속성을 세 가지만 추가해보자.

첫 번째인 entry 속성은 웹팩에 애플리케이션 주 파일의 위치를 알려준다.

```
entry: './index.js',
```

두 번째인 module 속성은 웹팩에 외부 의존성을 로드하는 방법을 알려준다. module 속성에 포함되는 loaders 속성으로는 파일 형식별로 특정 로더를 설정한다.

```
module: {
  loaders: [
    {
      test: /\.js$/,
      exclude: /(node_modules|bower_components)/,
      loader: 'babel',
      query: {
        presets: ['es2015', 'react'],
      }
    },
    {
```

```
        test: /\.css$/,
        loader: 'style!css?modules',
      },
    ],
},
```

여기서는 .js 정규식과 일치하는 파일을 바벨 로더를 사용해 로드해 번들로 트랜스파일 및 로드하도록 지정한다.

여기서 프리셋도 설정했음을 알 수 있다. 2장 '깔끔한 코드 관리'에서 알아본 것처럼, 프리셋은 다양한 구문 형식(예: JSX)을 처리하는 방법을 바벨에 알려주는 구성 옵션의 집합이다.

loaders 배열의 두 번째 항목은 CSS 파일을 가져올 때 웹팩이 할 일을 알려주며, 여기서는 modules 플래그를 활성화하고 CSS 로더를 사용해 CSS 모듈을 활성화하도록 지정한다. 변환 결과는 스타일 로더로 전달되며, 스타일 로더는 스타일을 페이지 머리글로 주입한다.

마지막으로 페이지를 자동으로 생성하도록 HTML 플러그인을 활성화하고, 앞서 지정한 진입 경로를 사용해 자동으로 스크립트 태그를 추가하게 한다.

```
const HtmlWebpackPlugin = require('html-webpack-plugin')
...
plugins: [new HtmlWebpackPlugin()]
```

이제 터미널에서 npm start를 실행하고 브라우저에서 http://localhost:8080으로 이동하면 다음과 같은 마크업이 제공된다.

```
<!DOCTYPE html>
<html>
    <head>
        <meta charset="UTF-8">
```

```
    <title>Webpack App</title>
  </head>
  <body>
    <script type="text/javascript" src="bundle.js"></script></body>
</html>
```

로컬 범위 CSS

다음은 이전 예제에서 사용한 것과 같은 간단한 버튼으로 구성된 애플리케이션을 만들 차례다. 이 예제로 CSS 모듈의 모든 기능을 살펴보자.

다음은 웹팩 구성에서 진입점으로 지정한 index.js 파일을 생성하고 React와 ReactDOM을 가져온다.

```
import React from 'react'
import ReactDOM from 'react-dom'
```

다음은 간단한 버튼을 만든다. 지금까지와 마찬가지로 스타일을 지정하지 않은 버튼으로 시작한 후 단계적으로 스타일을 추가한다.

```
const Button = () => <button>Click me!</button>
```

마지막으로, 버튼을 DOM으로 렌더링한다.

```
ReactDOM.render(<Button />, document.body)
```

리액트 컴포넌트를 본문으로 렌더링하는 것은 나쁜 관행이지만, 여기서는 간단한 구현을 위해 사용했다.

이제 버튼에 배경색, 크기 등의 스타일을 적용하려고 한다고 가정해보자.

index.css라는 일반 CSS 파일을 만들고, 여기에 다음과 같은 클래스를 추가한다.

```css
.button {
    background-color: #ff0000;
    width: 320px;
    padding: 20px;
    border-radius: 5px
    border: none;
    outline: none;
}
```

CSS 모듈을 사용하면 CSS 파일을 자바스크립트로 가져올 수 있다고 했다. 그 방법을 알아보자.

버튼 컴포넌트를 정의한 index.js 파일에 다음 코드 행을 추가한다.

```js
import styles from './index.css'
```

이 `import` 문의 결과로 index.css에 정의된 클래스를 속성으로 포함하는 스타일 객체 하나를 얻는다.

console.log를 실행하면 데브툴에서 다음 객체를 볼 수 있다.

```
{
    button: "_2wpxM3yizfwbWee6k0UlD4"
}
```

즉, 속성이 클래스 이름이고 값이 (보기에는) 임의의 문자열인 객체가 있다. 나중에 이 문자열이 임의가 아니라는 사실을 확인하겠지만, 일단은 이 객체를 이용해 할 수 있는 작업을 알아보자.

다음과 같이 이 객체를 이용해 버튼의 클래스 이름 속성을 설정할 수 있다.

```
const Button = () => (
    <button className={styles.button}>Click me!</button>
)
```

브라우저로 돌아가 보면 index.css에서 정의한 스타일이 버튼에 적용돼 있는 모습을 확인할 수 있다.

데브툴에서 확인해보면, 요소에 적용된 클래스가 코드로 가져온 스타일 오브젝트에 연결된 문자열과 동일함을 알 수 있다.

```
<button class="_2wpxM3yizfwbWee6k0UlD4">Click me!</button>
```

페이지의 헤드 부분을 보면 동일한 클래스 이름이 페이지로 주입된 것을 볼 수 있다.

```
<style type="text/css">
._2wpxM3yizfwbWee6k0UlD4 {
    background-color: #ff0000;
    width: 320px;
    padding: 20px;
    border-radius: 5px;
    border: none;
    outline: none;
}
</style>
```

이것이 CSS와 스타일 로더가 작동하는 방법이다.

CSS 로더는 CSS 파일을 자바스크립트 모듈로 가져올 수 있게 해주며, 모듈 플래그가 활성화되면 모든 클래스 이름이 CSS 파일을 가져온 모듈의 로컬 범위가 된다.

앞서 언급했듯이, 가져온 문자열은 임의가 아니라 파일의 해시와 다른 매개변수를 사용해 생성된 것이며 코드베이스 안에서 고유하다.

마지막으로, 스타일 로더는 CSS 모듈 변환의 결과를 받고 페이지의 헤드로 스타일을 주입한다.

이 기법으로 CSS의 모든 기능과 표현성의 장점을 로컬 범위의 클래스 이름과 명시적 의존성의 장점과 결합할 수 있다.

7장의 앞부분에서 언급했듯이, CSS는 전역이기 때문에 대규모 애플리케이션에서 유지관리하기 어렵다. CSS 모듈을 사용하면 클래스 이름이 로컬 범위이며 애플리케이션의 다른 부분에 있는 클래스 이름과 충돌하지 않으므로 결정적 결과를 보장할 수 있다.

또한 CSS 의존성을 명시적으로 컴포넌트 내부로 가져오므로 어떤 컴포넌트가 어떤 CSS를 필요로 하는지 명확하게 알 수 있다. 또한 어떤 이유에서든 컴포넌트를 삭제할 때 해당 컴포넌트가 정확히 어떤 CSS를 사용하는지 알 수 있으므로 사용되지 않는 코드를 제거하는 데도 유용하다.

CSS 모듈은 일반 CSS이므로 의사 클래스, 미디어 쿼리, 애니메이션을 사용할 수 있다.

예를 들어, 다음과 같은 CSS 규칙을 추가할 수 있다.

```css
.button:hover {
    color: #fff;
}

.button:active {
    position: relative;
    top: 2px;
}

@media (max-width: 480px)
    .button {
        width: 160px
    }
}
```

이 규칙은 다음과 같은 코드로 변환되고 문서로 주입된다.

```
._2wpxM3yizfwbWee6k0UlD4:hover {
    color: #fff;
}

._2wpxM3yizfwbWee6k0UlD4:active {
    position: relative;
    top: 2px;
}

@media (max-width: 480px) {
    ._2wpxM3yizfwbWee6k0UlD4 {
        width: 160px
    }
}
```

이와 같이 클래스 이름이 생성되고 버튼이 사용되는 곳마다 안정적인 로컬로 대체된다.

이러한 클래스 이름은 아주 유용하지만, 어떤 클래스가 해시를 생성했는지 쉽게 알 수 없기 때문에 디버깅이 어렵다는 문제가 있다.

개발 모드에서는 특수한 구성 매개변수를 추가해 클래스 이름을 생성하는 데 사용되는 패턴을 선택할 수 있다.

예를 들어, 로더의 값을 다음과 같이 바꿀 수 있다.

```
loader: 'style!css?modules&localIdentName=[local]--[hash:base64:5]',
```

여기서 localIdentName은 매개변수이고, [local]과 [hash:base64:5]는 원래 클래스 이름 값과 5자리 해시에 대한 자리표시자placeholder다.

사용 가능한 그 밖의 자리표시자로는 CSS 파일의 경로를 나타내는 [path]와 소스 CSS 파일의 이름을 나타내는 [name]이 있다.

이전 구성 옵션을 활성화하면 브라우저에서 다음과 같은 결과를 얻는다.

```
<button class="button--2wpxM">Click me!</button>
```

이와 같이 이해하고 디버깅하기 쉬운 코드를 만들 수 있다.

실무에서는 이런 클래스 이름이 필요 없고 성능이 더 중요하므로, 짧은 클래스 이름과 해시를 사용하면 된다.

웹팩에서는 애플리케이션 수명 주기의 단계별로 선택할 수 있는 여러 구성 파일을 사용할 수 있다. 또한 실무에서는 CSS 파일을 번들에서 브라우저로 주입하기보다 CSS 파일을 추출해 번들을 작게 유지하고 CDN에서 CSS 캐싱하는 것이 성능 개선을 위해 좋다.

이를 위해서는 CSS 모듈에서 생성된 모든 범위 지정 클래스를 넣고 CSS 파일을 생성할 수 있는 익스트랙트 텍스트 플러그인^{extract-text-plugin}이라는 또 다른 웹팩 플러그인을 설치해야 한다.

CSS 모듈에는 몇 가지 알아둘 만한 기능이 있다.

첫 번째는 **global** 키워드다. 클래스에 :global 접두사를 붙이면 CSS 모듈이 현재 선택자를 로컬 범위로 만들지 않는다.

예를 들어, CSS를 다음과 같이 변경했다고 가정해보자.

```
:global .button {
    ...
}
```

이 경우 출력은 다음과 같다.

```
.button {
    ...
}
```

이 접두사는 타사 위젯과 같이 로컬 범위일 수 없는 스타일을 적용할 때 유용하다.

CSS 모듈의 기능 중 개인적으로 가장 좋아하는 기능은 **합성**composition이다. 합성을 이용하면 동일한 파일이나 외부 의존성의 클래스를 참조하고 요소에 적용된 모든 스타일을 얻을 수 있다.

예를 들어, 버튼의 규칙에서 배경색을 빨간색으로 설정하는 규칙을 별도의 블록으로 추출할 수 있다.

```css
.background-red {
    background-color: #ff0000;
}
```

그리고 다음과 같이 버튼 안에서 합성할 수 있다.

```css
.button {
    composes: background-red;
    width: 320px;
    padding: 20px;
    border-radius: 5px;
    border: none;
    outline: none;
}
```

이렇게 하면 버튼의 모든 규칙과 함께 `composes` 선언의 모든 규칙이 버튼에 적용된다.

합성은 아주 강력한 기능이며 흥미로운 방식으로 작동한다. SASS @extend의 경우처럼, 합성된 모든 클래스가 참조된 클래스 안에 중복되는 것으로 예상하기 쉽지만 사실은 그렇지 않으며, 모든 합성된 클래스 이름이 DOM의 컴포넌트에 하나씩 차례로 적용된다.

이전 예의 경우 다음과 같은 결과를 얻는다.

```
<button class="_2wpxM3yizfwbWee6k0UlD4 Sf8w9cFdQXdRV_i9dgcOq">Click me!
</button>
```

페이지로 주입되는 CSS는 다음과 같다.

```
.Sf8w9cFdQXdRV_i9dgcOq {
    background-color: #ff0000;
}

._2wpxM3yizfwbWee6k0UlD4 {
    width: 320px;
    padding: 20px;
    border-radius: 5px;
    border: none;
    outline: none;
}
```

원자형 CSS 모듈

지금까지 합성이 CSS 모듈의 강력한 기능이라고 설명한 이유와 작동하는 방식을 살펴 봤다. 내가 이 책을 집필하기 시작할 때 일하던 회사인 YPlan에서는 이 개념을 한 단계 더 발전시켜 composes의 강력함과 **원자형 CSS** Atomic CSS(또는 함수형 CSS Functional CSS)의 유연함을 결합하려는 시도를 했었다.

원자형 CSS는 모든 클래스가 단일 규칙을 갖도록 CSS를 사용하는 방법이다.

예를 들어, margin-bottom을 0으로 설정하는 클래스를 만들 수 있다.

```
.mb0 {
    margin-bottom: 0;
}
```

또한 `font-weight`를 600으로 설정하는 클래스를 만들 수 있다.

```css
.fw6 {
    font-weight: 600;
}
```

그런 다음 모든 원자형 클래스를 요소에 적용할 수 있다.

```html
<h2 class="mb0 fw6">Hello React</h2>
```

이 기법은 논쟁의 여지는 있지만 동시에 상당히 효율적이다. 마크업에 너무 많은 클래스가 포함되므로 최종 결과를 예상하기 어렵기 때문에 당장 사용을 시작하기는 어렵다. 그런데 생각해보면 짧은 클래스 이름을 프록시로 사용한다는 사실과는 별도로, 규칙당 클래스 하나를 적용한다는 점은 인라인 스타일과 상당히 비슷하다.

원자형 CSS를 반대하는 측에서 주장하는 가장 중요한 내용은 스타일링 논리를 CSS에서 마크업으로 옮기게 된다는 점이다. 클래스는 CSS 파일에 정의되지만 뷰에서 조합되며, 요소의 스타일을 수정할 때마다 마크업을 편집하게 된다.

원자형 CSS를 활용해보고 느낀 점 중 하나는 프로토타입 개발이 아주 빨라진다는 것이었다.

실제로 모든 기본 규칙을 생성한 후에는 이러한 클래스를 요소에 적용하고 새로운 스타일을 만드는 과정을 아주 빨리 진행할 수 있는데, 이것은 큰 장점이다. 둘째, 원자형 CSS를 사용하면 스타일이 포함된 새로운 컴포넌트를 만들 때 클래스를 새로 만들지 않고 기존의 클래스를 사용하므로 CSS 파일의 크기를 통제할 수 있다. 이 점은 성능에 아주 긍정적인 영향을 준다.

즉, CSS 모듈을 사용해 원자형 CSS의 문제를 해결하려고 시도했고, 이 기법을 **원자형 CSS 모듈**^{Atomic CSS Modules}이라고 불렀다.

요약하면, 먼저 기본 CSS 클래스(예: mb0)를 만드는 것으로 시작한 후, 클래스 이름을 마크업에 하나씩 적용하는 대신, CSS 모듈을 사용해 자리표시자 클래스를 조합한다는 것이다.

정의하는 방법은 다음과 같다.

```
.title {
    composes: mb0 fw6;
}
```

그리고 다음과 같이 사용한다.

```
<h2 className={styles.title}>Hello React</h2>
```

스타일 논리를 CSS에 유지하며, 모든 단일 클래스를 마크업에 적용하는 작업은 CSS 모듈 composes가 처리하므로 바람직하다.

위 코드의 결과는 다음과 비슷하다.

```
<h2 class="title--3JCJR mb0--21SyP fw6--1JRhZ">Hello React</h2>
```

여기서 mb0과 fw6은 자동으로 요소에 적용되며 로컬 범위를 가지므로 CSS 모듈의 모든 장점이 유지된다.

리액트 CSS 모듈

CSS 모듈을 사용할 때 큰 도움이 되는 라이브러리가 있다. 지금까지 CSS의 모든 클래스를 로드하기 위해 스타일 객체를 사용했으며, 자바스크립트가 하이픈 지정 속성을 지원하지 않기 때문에 카멜 표기법 클래스 이름을 사용했다.

또한 CSS 파일에 없는 클래스 이름을 참조할 때는 이를 미리 알 수 있는 방법이 없었으며, 클래스의 목록에 undefined가 추가됐다.

이를 비롯한 여러 유용한 기능을 사용하기 위해 CSS 모듈을 사용하는 작업을 원활하게 하고자 패키지 사용을 고려할 수 있다.

이 절의 앞부분에서 사용한 index.js로 돌아가서 CSS 모듈만 사용할 때와 리액트 CSS 모듈을 사용할 때의 차이를 확인해보자.

이 패키지를 리액트 CSS 모듈이라고 한다. 먼저 다음과 같이 설치해야 한다.

```
npm install --save react-css-modules
```

패키지를 설치한 후 다음과 같이 index.js로 가져온다.

```
import cssModules from 'react-css-modules'
```

리액트 CSS 모듈은 다음과 같이 상위 컴포넌트로서 보강하려는 Button 컴포넌트와 CSS에서 가져온 스타일 객체를 전달하고 사용한다.

```
const EnhancedButton = cssModules(Button, styles)
```

이제 스타일 객체를 사용하지 않도록 버튼의 구현을 변경해야 한다. 리액트 CSS 모듈에서는 일반 클래스로 변환되는 styleName 프로퍼티를 사용한다.

클래스 이름을 문자열(예: "button")로 지정할 수 있다는 점은 아주 편리하다.

```
const Button = ( ) => <button styleName="button">Click me!</button>
```

지금 EnhancedButton을 DOM으로 렌더링하면, 이전과 달라진 것이 없음을 알 수 있다. 즉, 라이브러리가 정상 작동한 것이다.

존재하지 않는 클래스 이름을 참조하도록 styleName 프로퍼티를 수정하고 실험해보자.

```
const Button = () => (
    <button styleName="button1">Click me!</button>
)
```

이 경우 브라우저 콘솔에 다음과 같은 오류가 표시된다.

```
Uncaught Error: "button1" CSS module is undefined.
```

코드베이스가 커지고 여러 개발자가 각기 다른 컴포넌트와 스타일을 작업할 때 유용하다.

▍ 스타일드 컴포넌트

스타일드 컴포넌트[Styled Components]는 컴포넌트 스타일링을 위한 다른 라이브러리의 모든 문제점을 해결하도록 개발된 아주 기대되는 차세대 라이브러리다.

지금까지 자바스크립트에서 CSS를 작성하기 위한 다양한 방법과 솔루션이 시도됐다. 이제는 배운 내용과 노하우를 바탕으로 좀 더 성숙한 라이브러리를 만들 때다.

이 라이브러리는 자바스크립트 커뮤니티에서 유명한 개발자인 글렌 매던[Glenn Maddern]과 맥스 스토이버그[Max Stoiberg]가 개발하고 유지관리하고 있다.

이 라이브러리는 완벽한 스타일링 솔루션을 제공하기 위해 ES2015의 최신 기능과 함께 리액트에 적용된 여러 고급 기법을 최대한 활용한다.

스타일드 컴포넌트라는 이 라이브러리를 사용해 7장의 앞부분에서 만들었던 동일한 버튼을 다시 만들어보고, 우리가 중요하게 여기는 CSS 기능(예: 의사 클래스, 미디어 쿼리 등)이 어떻게 지원되는지 알아보자.

먼저 다음 명령을 실행해 라이브러리를 설치해야 한다.

```
npm install --save styled-components
```

라이브러리를 설치한 후 다음과 같이 컴포넌트의 파일로 가져온다.

```
import styled from 'styled-components'
```

이제부터 styled.elementName을 수행해 요소를 생성하는 방법으로 styled 함수를 사용할 수 있다. 여기서 elementName은 div, 버튼 또는 다른 유효한 DOM 요소일 수 있다.

다음은 생성하려는 요소의 스타일을 정의해야 하는데, 이를 위해서는 사전 처리 없이 템플릿 문자열을 함수로 전달할 수 있는 ES2015의 기능인 **태그 템플릿 리터럴**^{Tagged} _{Template Literals}을 사용한다.

즉, 함수가 모든 자바스크립트 식을 포함하는 실제 템플릿을 받을 수 있으며, 라이브러리가 자바스크립트의 모든 능력을 활용해 스타일을 요소에 적용할 수 있다는 뜻이다.

기본 스타일링을 사용하는 간단한 버튼을 만드는 것부터 시작해보자.

```
const Button = styled.button
    backgroundColor: #ff0000;
    width: 320px;
    padding: 20px;
    borderRadius: 5px
```

```
    border: none;
    outline: none;
`
```

이 구문은 다소 이상해 보이지만 버튼 요소 하나를 렌더링하고 템플릿에 정의된 모든 스타일을 적용하는 Button이라는 정상적인 컴포넌트를 반환한다. 스타일이 적용되는 과정을 살펴보면, 먼저 고유한 클래스 이름을 생성하고, 이를 요소에 추가한 다음, 해당하는 스타일을 문서의 헤드로 주입하는 단계로 진행된다.

이 컴포넌트는 다음과 같이 렌더링된다.

```
<button class="kYvFOg">Click me!</button>
```

페이지에 추가되는 스타일은 다음과 같다.

```
.kYvFOg {
    background-color: #ff0000;
    width: 320px;
    padding: 20px;
    border-radius: 5px;
    border: none;
    outline: none;
}
```

스타일드 컴포넌트의 장점은 CSS의 거의 모든 기능을 지원하므로 실제 애플리케이션에서 사용하기 적합하다는 점이다.

예를 들어, SASS와 비슷한 구문으로 의사 클래스를 지원한다.

```
const Button = styled.button`
    background-color: #ff0000;
    width: 320px;
```

```
    padding: 20px;
    border-radius: 5px;
    border: none;
    outline: none;
    &:hover {
        color: #fff;
    }
    &:active {
        position: relative;
        top: 2px;
    }
```

또한 미디어 쿼리를 지원한다.

```
const Button = styled.button`
    background-color: #ff0000;
    width: 320px;
    padding: 20px;
    border-radius: 5px;
    border: none;
    outline: none;
    &:hover {
        color: #fff;
    }
    &:active {
        position: relative;
        top: 2px;
    }
    @media (max-width: 480px) {
        width: 160px;
    }
`
```

이 라이브러리는 이 밖에도 많은 기능을 제공한다.

예를 들어 버튼을 만든 후, 버튼의 스타일을 재정의해 다른 프로퍼티로 여러 번 재사용할 수 있다.

템플릿 안에서 컴포넌트가 받은 프로퍼티를 이용해 스타일을 적절하게 변경하는 것도 가능하다.

또 다른 훌륭한 기능으로 테마^{Theming}가 있다. 컴포넌트를 ThemeProvider 컴포넌트로 래핑하면 테마 프로퍼티를 주입해 스타일의 일부는 컴포넌트 간에 공유하며, 일부 다른 프로퍼티는 현재 선택한 테마에 따라 결정되는 UI를 아주 손쉽게 만들 수 있다.

▌ 요약

7장에서는 여러 다양한 주제를 살펴봤다. 우선 CSS를 대규모로 사용할 때 겪는 일반적인 문제를 페이스북의 사례를 통해 살펴봤다.

리액트에서 인라인 스타일의 작동 방법을 알아보고, 인라인 스타일이 컴포넌트 안에 스타일을 배치하는 좋은 방법인 이유도 살펴봤다. 또한 인라인 스타일의 한계를 확인했다.

그다음은 인라인 스타일의 가장 큰 문제를 해결하고 자바스크립트에서 CSS를 작성하기 위한 명확한 인터페이스를 제공하는 라듐을 소개했다. 인라인 스타일을 선호하지 않는 독자를 위해 CSS 모듈을 소개하고 간단한 프로젝트를 처음부터 만들어봤다.

CSS 파일을 컴포넌트로 가져오면 의존성을 명확하게 하고, 클래스 이름을 로컬 범위로 설정해 충돌을 예방할 수 있다. CSS 모듈의 composes가 얼마나 훌륭한 기능인지 확인했고, 이를 원자형 CSS와 함께 활용해 신속한 프로토타입 개발을 위한 프레임워크를 만드는 방법을 배웠다.

마지막으로, 컴포넌트 스타일링의 새로운 방법으로 주목받고 있는 라이브러리인 스타일드 컴포넌트를 간단하게 소개했다.

08

재미와 효율을 위한 서버 측 렌더링

리액트 애플리케이션을 구축하는 다음 단계는 서버 측 렌더링이 작동하는 방법과 그 장점에 대해 알아보는 것이다. **유니버설 애플리케이션**universal application 은 검색 엔진 최적화에 도움을 주며, 프론트엔드와 백엔드 간에 정보 공유를 가능하게 해준다.

또한 웹 애플리케이션의 인지 성능을 개선한다. 인지 성능 개선은 일반적으로 대화 증가 효과로 이어진다. 그런데 리액트 애플리케이션에 서버 측 렌더링을 적용하려면, 사전에 신중하게 고려해야 하는 비용이 발생한다.

8장에서는 서버 측 렌더링 애플리케이션을 설정하는 과정을 알아보고, 유니버설 애플리케이션을 구축하는 방법과 이 기법의 장단점을 살펴본다.

8장에서 다루는 내용은 다음과 같다.

- 유니버설 애플리케이션
- 서버 측 렌더링을 활용하는 이유
- 리액트를 이용한 간단한 정적 서버 측 렌더링 애플리케이션 작성
- 서버 측 렌더링에 데이터 읽기를 추가하는 방법과 건조/수화 개념 이해
- Next.js를 이용해 서버와 클라이언트 모두에서 실행되는 애플리케이션 개발

█ 유니버설 애플리케이션

일반적으로 자바스크립트 웹 애플리케이션을 이야기할 때는 브라우저에서 실행되는 클라이언트 측 코드를 의미하는 것이다.

이러한 애플리케이션은 일반적으로 서버가 애플리케이션을 로드하는 스크립트 태그가 포함된 빈 HTML 페이지를 반환하는 방법으로 작동한다. 애플리케이션이 준비되면 브라우저 내의 DOM을 조직해 UI를 표시하고 사용자와 상호작용한다. 이것이 그동안 가장 일반적인 방식이었으며, 현재도 엄청난 수의 애플리케이션에서 이 방식을 사용한다.

이 책에서는 지금까지 리액트 컴포넌트를 사용해 손쉽게 애플리케이션을 제작하는 방법과 브라우저에서 애플리케이션을 작동하는 방법을 배웠다. 그런데 이러한 컴포넌트를 서버에서 렌더링하는 **서버 측 렌더링**SSR, Server-Side Rendering에 대해서는 아직 배우지 않았다.

자세한 내용을 살펴보기 전에 서버와 클라이언트 양쪽에서 렌더링하는 애플리케이션을 개발한다는 것이 어떤 의미인지 알아보자. 지금까지는 서버와 클라이언트 애플리케이션을 개발할 때 완전히 다른 기술을 사용했다. 예를 들어 장고Django 애플리케이션은 서버에서 뷰를 렌더링하며, 백본Backbone이나 제이쿼리jQuery 같은 몇몇 자바스크

립트 프레임워크는 클라이언트 렌더링을 사용한다. 이러한 애플리케이션은 일반적으로 각기 다른 기술 분야에 속하는 두 개발자 팀에 의해 유지관리됐다. 서버 측 렌더링 페이지와 클라이언트 측 애플리케이션 간에 데이터를 공유해야 할 때는 스크립트 태그 안에 변수를 주입하는 방법을 썼다. 각기 다른 언어와 플랫폼을 사용했기 때문에 애플리케이션의 다른 면에서 모델이나 뷰 같은 공용 정보를 공유할 수 없었다.

2009년 Node.js가 출시된 이후, **익스프레스**Express 같은 웹 애플리케이션 프레임워크 덕분에 자바스크립트는 서버 측에서도 많은 관심과 인기를 모았다.

서버와 클라이언트 양쪽에서 동일한 언어를 사용하면, 개발자가 지식을 재사용하는 것은 물론 서버와 클라이언트 간에 다양한 방법으로 코드를 공유할 수 있다.

특히 리액트의 경우 자바스크립트 커뮤니티에서는 동형 웹 애플리케이션이라는 개념이 많은 관심을 모았다.

동형 애플리케이션isomorphic application이란 서버와 클라이언트에서 동일하게 보이는 애플리케이션을 의미한다.

두 애플리케이션을 작성하는 데 동일한 언어를 사용한다는 건 논리의 많은 부분을 공유할 수 있다는 뜻이며, 많은 가능성을 열어준다. 또한 코드베이스를 이해하기 쉽게 만들어주고 불필요한 중복을 예방해준다.

리액트는 이 개념을 한 단계 더 발전시켜 컴포넌트를 서버에서 렌더링하고 브라우저에서 페이지를 대화식으로 만드는 데 필요한 모든 논리(예: 이벤트 처리기)를 투명하게 적용하는 간단한 API를 제공한다.

리액트의 경우 애플리케이션이 완전히 동일하므로 동형이라는 용어가 맞지 않는다. 이 때문에 리액트 라우터 개발자 중 한 명인 마이클 잭슨Michael Jackson이 이 패턴을 더 잘 나타내는 '유니버설Universal'이라는 용어를 제안했다.

유니버설 애플리케이션은 동일한 코드로 서버와 클라이언트에서 모두 실행할 수 있는 애플리케이션이다.

8장에서는 애플리케이션을 유니버설로 만드는 것을 고려하는 이유와 리액트 컴포넌트를 서버 측에서 손쉽게 렌더링하는 방법을 배운다.

▌ 서버 측 렌더링을 구현하는 이유

서버 측 렌더링은 훌륭한 기능이지만 꼭 필요한 이유가 있을 때만 선택해야 한다. 이 절에서는 서버 측 렌더링이 애플리케이션에 어떤 도움이 되며, 어떤 문제를 해결하는 데 적합한지 알아본다.

검색 엔진 최적화

애플리케이션을 서버 측에서 렌더링하기를 원하는 주요 이유 중 하나로 **검색 엔진 최적화**SEO, Search Engine Optimization가 있다.

실제로 검색 엔진의 크롤러crawler에 비어 있는 HTML 골격을 제공하면, 크롤러가 여기서 유의미한 정보를 추출할 수 없다.

현재 구글은 자바스크립트를 실행할 수 있지만 몇 가지 제약이 있으며, 검색 엔진 최적화는 사업에 중요한 요소로 여겨지는 경우가 많다.

지금까지는 크롤러를 위해 서버 측에서 렌더링되는 애플리케이션과 사용자를 위해 클라이언트 측에서 렌더링되는 애플리케이션을 함께 작성했다.

그 이유는 서버 측 렌더링 애플리케이션에서는 사용자에게 필요한 대화식 기능을 구현할 수 없고, 클라이언트 측 애플리케이션은 검색 엔진이 인덱싱할 수 없었기 때문이다.

이러한 두 애플리케이션을 유지관리하고 지원하는 작업은 어려우며, 코드베이스의 유연성과 변화에 대한 대처 능력을 떨어뜨렸다.

다행히 리액트를 이용하면 컴포넌트를 서버 측에서 렌더링하고 크롤러가 이해하고 인덱싱하기 쉽게 애플리케이션의 콘텐츠를 제공할 수 있다.

이 기능은 검색 엔진 최적화는 물론 소셜 미디어 서비스에도 큰 도움이 된다. 실제로 페이스북이나 트위터 같은 플랫폼은 웹 페이지에 표시되는 내용 중 일부를 공유할 수 있게 정의하는 방법을 제공한다.

예를 들어, 오픈 그래프^{Open Graph}를 사용하면 페이스북에 특정 페이지에서 표시할 이미지와 게시물의 제목으로 표시될 내용을 지정할 수 있다.

이런 기능은 클라이언트 전용 애플리케이션에서는 엔진이 서버에서 반환한 마크업을 사용해 페이지에서 정보를 추출하므로 거의 불가능한 일이다.

서버가 모든 URL에 대해 비어 있는 HTML 구조를 반환하면, 페이지를 소셜 네트워크에 공유하더라도 해당 페이지의 발췌 내용이 제대로 표시되지 않으므로 관심도가 떨어진다.

공용 코드베이스

클라이언트에서는 옵션이 많지 않으며, 결국 자바스크립트로 애플리케이션을 작성해야 한다. 빌드 타임에 자바스크립트로 변환할 수 있는 몇 가지 언어가 있지만 기본 개념은 동일하다.

서버에서 같은 언어를 사용할 수 있다는 것은 유지관리성이나 회사 내의 지식 공유 차원에서 상당히 큰 장점이 된다.

클라이언트와 서버 간에 논리를 공유할 수 있다는 것은 두 번 작업할 필요 없이 양쪽을 수정할 수 있다는 뜻이며, 오류와 문제 발생이 함께 줄어듦을 의미한다.

두 가지 다른 애플리케이션을 최신으로 유지하는 것보다는 단일 코드베이스를 유지 관리하는 편이 훨씬 쉽다.

팀에서 서버 측 개발에 자바스크립트 도입을 고려할 수 있는 또 다른 이유는 프론트엔드와 백엔드 개발자 간에 지식을 공유할 수 있다는 것이다.

서버와 클라이언트에서 코드를 재사용할 수 있으므로 협력이 수월해지며, 팀이 공통적인 언어를 말하므로 결정과 변화를 더 신속하게 수행할 수 있다.

성능 개선

클라이언트 측 애플리케이션을 선호하는 이유는 빠르고 반응성이 우수하기 때문이지만, 여기에도 사용자가 애플리케이션에서 동작을 수행하기 전에 번들을 로드하고 실행해야 한다는 문제가 있다.

고속 인터넷에 연결된 최신 노트북이나 데스크톱 컴퓨터를 사용할 때는 문제가 아닐 수 있다. 그러나 3G 연결을 사용하는 모바일 장치에서 큰 자바스크립트 번들을 로드하는 경우, 애플리케이션이 완전히 준비될 때까지 사용자 입장에서는 꽤 많은 시간이 걸릴 수 있다. 이것은 사용자 경험 전반은 물론 고객 유치에도 좋지 않다. 페이지 로드 시간을 단 몇 밀리초만 늘려도 수익이 큰 폭으로 감소한다는 것은 주요 전자상거래 웹사이트에 의해 확인된 사실이다.

예를 들어, 서버에서 비어 있는 HTML 페이지와 script 태그 하나로 애플리케이션을 제공하고 애플리케이션이 제공될 때까지 모래시계를 보여준다면 웹사이트의 체감 속도가 크게 느려진다.

반면에 서버 측에서 웹사이트를 렌더링하면 페이지를 선택한 후 거의 즉시 일부 콘텐츠를 볼 수 있으므로, 실제 유의미한 상호작용을 하려면 여전히 시간이 약간 필요하지만(서버 측 렌더링을 사용하더라도 클라이언트 측 번들은 여전히 로드해야 한다) 사용자가 웹사이트에 머물 가능성이 높아진다.

서버 측 렌더링을 사용하면 서버에서 컴포넌트를 출력하고 일부 정보를 즉시 사용자에게 반환할 수 있으므로 체감 성능을 크게 개선할 수 있다.

복잡성을 무시하지 말 것

리액트가 서버에서 컴포넌트를 렌더링하는 사용하기 편한 API를 제공하는 것은 사실이지만, 유니버설 애플리케이션을 만드는 데는 여전히 대가가 따른다. 따라서 앞에서 소개한 이유 때문에 서버 측 렌더링을 활성화하기 전에 먼저 팀이 유니버설 애플리케이션을 지원하고 유지관리할 준비가 됐는지 확인해야 한다.

이제부터 더 알아보겠지만, 컴포넌트를 렌더링하는 것으로 서버 측 렌더링 애플리케이션을 만드는 데 필요한 모든 작업이 완료되는 건 아니다.

경로와 논리를 포함하는 서버를 유지관리하고 서버 데이터 흐름을 관리해야 한다. 또한 콘텐츠를 캐싱해 페이지 제공 속도를 개선하거나, 유니버설 애플리케이션이 제대로 작동하는 데 도움이 되는 여러 다른 작업을 진행할 수 있다.

따라서 먼저 클라이언트 측 버전을 개발하고, 서버에서 웹 애플리케이션이 완전히 작동하는 모습을 확인한 후에 서버 측 렌더링을 적용해 사용자 경험을 개선하는 것을 고려하기를 권장한다.

서버 측 렌더링은 꼭 필요한 경우에만 활성화해야 한다. 예를 들어, 검색 엔진 최적화가 필요하거나 소셜 네트워킹 정보를 최적화해야 할 때 고려를 시작해봐야 한다.

모든 최적화 방법을 동원해도(자세한 내용은 9장에서 다룬다) 애플리케이션이 완전히 로드하는 데 시간이 너무 많이 걸리는 경우, 서버 측 렌더링을 활용해 사용자 경험과 체감 성능을 개선하는 것을 고려할 수 있다.

페이스북 엔지니어인 크리스토퍼 포저Christopher Pojer는 트위터에서 인스타그램의 경우 검색 엔진 최적화를 위해서만 서버 측 렌더링을 사용했으며, 인스타그램처럼 동적인 콘텐츠를 제공하는 사이트에서는 서버 측 렌더링 사용자의 체감 성능 향상 효과가 크지 않았다고 밝혔다.

https://twitter.com/cpojer/status/711729444323332096

간단한 예제

다음은 아주 간단한 서버 측 애플리케이션을 작성하고 기본적인 유니버설 설정에 필요한 단계를 알아보자.

여기서는 완벽한 솔루션이나 보일러플레이트를 제공하기보다는 서버 측 렌더링이 작동하는 방법을 보여주는 것이 목적이므로, 최소한의 간단한 설정만 다룬다. 물론 예제를 실제 애플리케이션의 시작점으로 사용하는 것은 가능하다.

 이 절을 진행하려면 웹팩이나 웹팩 로더 같은 자바스크립트 빌드 툴에 대한 모든 개념을 명확히 이해해야 하며, Node.js에 대한 약간의 지식도 필요하다. 자바스크립트 개발자라면 아직 Node.js 애플리케이션을 다뤄보지 않았더라도 이 절을 공부하는 데 어려움은 없을 것이다.

이 애플리케이션은 두 부분으로 구성돼 있다.

- 서버 측에서는 **익스프레스**^{Express}를 사용해 기본적인 웹 서버를 만들고, 서버 측에서 렌더링된 리액트 애플리케이션을 포함하는 HTML 페이지를 서비스한다.
- 클라이언트 측에서는 일반적인 방법대로 리액트 DOM을 사용해 애플리케이션을 렌더링한다.

애플리케이션의 양쪽 부분은 모두 바벨을 사용해 트랜스파일되고 웹팩을 사용해 번들링되므로 Node.js와 브라우저 양쪽에서 번들을 사용할 수 있으며 ES2015의 모든 기능도 사용할 수 있다.

비어 있는 폴더로 이동하고 다음 명령을 실행해 새로운 패키지를 생성하는 것부터 시작한다.

```
npm init
```

package.json이 생성된 후에는 의존성을 설치하고 웹팩을 시작할 수 있다.

```
npm install --save-dev webpack
```

그다음에는 바벨 로더를 비롯해 리액트와 JSX를 사용해 ES2015 애플리케이션을 작성하는 데 필요한 프리셋을 설치할 차례다.

```
npm install --save-dev babel-loader babel-core babel-preset-es2015
babel-preset-react
```

서버 번들을 만드는 데 필요한 의존성도 설치해야 한다. 웹팩은 번들에 추가하지 않을 외부 의존성의 집합을 정의할 수 있게 해준다. 실제로 서버에 대한 빌드를 만들 때는 사용하는 노드 패키지를 모두 번들링하는 것이 아니라 서버 노드만 번들링하는 것이 맞다. 이 과정을 도와주는 패키지가 있으며, 이를 웹팩 구성에서 external 항목에 적용해 간단하게 모든 모듈을 제외할 수 있다.

```
npm install --save-dev webpack-node-externals
```

다음은 터미널에서 손쉽게 빌드 명령을 실행할 수 있도록 package.json의 npm 스크립트 부분에 항목 하나를 추가할 차례다.

```
"scripts": {
    "build": "webpack"
},
```

다음은 파일을 번들링하는 방법을 웹팩에 알려주는 webpack.config.js 구성 파일을 만들어야 한다.

먼저 노드를 외부 항목으로 설정하는 데 사용할 라이브러리를 가져온다. 또한 클라이언트와 서버 양쪽에서 사용할 바벨 로더의 구성을 정의한다.

```
const nodeExternals = require('webpack-node-externals')

const loaders = [{
    test: /\.js$/,
    exclude: /(node_modules|bower_components)/,
    loader: 'babel',
    query: {
        presets: ['es2015', 'react'],
    },
}]
```

7장 '컴포넌트 꾸미기'에서는 구성 파일에서 구성 객체를 내보내는 이유를 알아봤다. 웹팩에는 구성의 배열을 내보내는 방법으로 한 위치에서 클라이언트와 서버 구성을 정의하고 사용할 수 있는 훌륭한 기능이 있다.

클라이언트 구성은 익숙하게 보일 것이다.

```
const client = {
    entry: './src/client.js',

    output: {
        path: './dist/public',
        filename: 'bundle.js',
    },

    module: { loaders },
}
```

여기서는 웹팩에 클라이언트 애플리케이션의 소스 코드가 src 폴더에 있으며 번들을 dist 폴더에 생성하라고 알려준다.

또한 앞에서 바벨 로더로 생성한 객체를 사용해 모듈 로더를 설정한다. 클라이언트 구성은 이와 같이 아주 간단하다.

서버 구성은 약간 다르지만 이해하기는 어렵지 않을 것이다.

```
const server = {
  entry: './src/server.js',

  output: {
    path: './dist',
    filename: 'server.js',
  },

  module: { loaders },

  target: 'node',

  externals: [nodeExternals()],
}
```

여기서 볼 수 있듯이, 항목, 출력, 모듈은 파일 이름을 제외하면 기본적으로 동일하다.

새로운 매개변수인 target은 node를 지정해 웹팩이 Node.js의 모든 기본 제공 시스템 패키지(예: fs 및 externals)를 무시하게 한다.

마지막으로, 구성을 배열을 통해 내보내야 한다.

```
module.exports = [client, server]
```

이제 구성이 완료됐고 코드를 작성할 준비가 됐다. 먼저 더 익숙한 리액트 애플리케이션부터 시작해보자.

src 폴더를 만들고 폴더 안에 app.js 파일을 만든다.

app.js 파일에 다음과 같은 코드를 추가한다.

```
import React from 'react'

const App = () => <div>Hello React</div>

export default App
```

여기에 복잡한 내용은 없다. 먼저 리액트를 가져오며, Hello React 메시지를 렌더링하는 App 컴포넌트를 생성한 후 이를 내보낸다.

다음은 DOM 안에서 App을 렌더링하는 client.js를 생성한다.

```
import React from 'react'
import ReactDOM from 'react-dom'
import App from './app'

ReactDOM.render(<App />, document.getElementById('app'))
```

여기서는 리액트와 리액트 DOM, 그리고 앞서 만든 App을 가져온 후, 이를 리액트 DOM을 사용해 DOM 요소 안에 렌더링한다.

다음은 서버로 진행해보자.

가장 먼저 template.js 파일을 만들어야 한다. 이 파일은 서버가 브라우저로 전달하는 페이지의 마크업을 반환하는 함수를 내보낸다.

```
export default body => '
   <!DOCTYPE html>
   <html>
      <head>
      <meta charset="UTF-8">
   </head>
   <body>
```

```
      <div id="app">${body}</div>
      <script src="/bundle.js"></script>
   </body>
</html> '
```

함수는 앞으로 확인하겠지만 리액트 앱을 포함하는 body를 받으며 페이지의 골격을 반환한다.

앱이 서버 측에서 렌더링되더라도 번들은 클라이언트 측에서 로드한다는 점을 알아두자. 실제로 서버 측 렌더링은 리액트가 애플리케이션을 렌더링하기 위해 수행하는 작업의 절반에 지나지 않는다. 애플리케이션 자체는 브라우저에서 작동하는 모든 기능(예: 이벤트 처리기)을 포함하는 클라이언트 측 애플리케이션이어야 한다.

다음은 추가 의존성을 포함하는 server.js를 만들 차례다. 이에 대해서는 좀 더 살펴볼 필요가 있다.

```
import express from 'express'
import React from 'react'
import ReactDOM from 'react-dom/server'
import App from './app'
import template from './template'
```

가장 먼저 가져올 항목은 몇 가지 경로로 간단하게 웹 서버를 만들 수 있으며 동적 파일도 서비스할 수 있는 express 라이브러리다.

다음은 App을 랜더링할 리액트와 리액트 DOM을 가져오고, 이어서 App을 가져온다. 리액트 DOM을 가져오는 import 문의 /server 경로에 주의하자. 마지막으로 가져오는 항목은 앞서 정의한 템플릿이다.

이제 익스프레스 애플리케이션을 만들 수 있다.

```
const app = express()
```

그런 다음 정적 에셋이 저장된 위치를 애플리케이션에 알려준다.

```
app.use(express.static('dist/public'))
```

이 경로는 웹팩의 클라이언트 구성에서 클라이언트 번들의 출력 대상으로 지정한 것과 동일하다.

그다음에는 리액트를 사용해 서버 측 렌더링을 처리하는 논리가 나온다.

```
app.get('/', (req, res) => {
    const body = ReactDOM.renderToString(<App />)
    const html = template(body)
    res.send(html)
})
```

여기서는 / 경로를 수신한다고 익스프레스에 알려주며, 클라이언트가 이 경로를 요청하면 리액트 DOM 라이브러리를 이용해 App을 문자열로 렌더링한다. 바로 이것이 리액트를 이용해 서버 측 렌더링을 수행하는 기본적인 방법이다.

renderToString은 App 컴포넌트가 생성한 DOM 요소의 문자열 표현을 반환한다. 이 문자열은 리액트 DOM의 render 메소드가 DOM에 렌더링하는 트리와 동일하다.

body 변수의 값은 다음과 비슷하다.

```
<div data-reactroot="" data-reactid="1" data-react-checksum="982061917">
Hello React</div>
```

여기에서 볼 수 있듯이, 이 내용은 리액트가 클라이언트에서 클라이언트 측 애플리케이션을 서버 측 렌더링 문자열과 연결하기 위해 사용하는 두 데이터 속성을 제외하면 App의 render에 정의된 내용과 일치한다.

이제 애플리케이션의 서버 측 렌더링 부분이 완료됐으므로, 템플릿 함수를 이용해 이를 HTML 템플릿에 적용하고 익스프레스 응답을 통해 브라우저로 보내면 된다.

마지막으로, 익스프레스 애플리케이션을 시작해야 한다.

```
app.listen(3000, () => {
    console.log('Listening on port 3000')
})
```

이제 거의 준비가 완료됐고, 몇 가지 작업이 남아 있다.

첫 번째는 npm의 시작 스크립트를 정의하고 노드 서버를 시작하도록 설정하는 것이다.

```
"scripts": {
    "build": "webpack",
    "start": "node ./dist/server"
},
```

스크립트가 준비되면 다음과 같이 애플리케이션을 처음으로 빌드할 수 있다.

```
npm run build
```

번들이 생성되면 다음 명령으로 실행할 수 있다.

```
npm start
```

브라우저에서 http://localhost:3000으로 이동하면 결과를 볼 수 있다.

여기서 두 가지 중요한 사항을 알 수 있다. 브라우저에서 **페이지 소스 보기** 기능을 사용하면 서버에서 렌더링되고 반환된 애플리케이션의 소스 코드를 볼 수 있는데, 이것만 보면 서버 측 렌더링이 활성화됐는지 알 수 없다.

두 번째로 리액트 확장이 설치된 경우 데브툴을 열어보면 App 컴포넌트가 클라이언트에서도 부팅된 것을 확인할 수 있다.

다음 스크린샷에는 페이지의 소스가 나온다.

▌데이터 읽기 예제

앞 절에서 살펴본 예제를 통해 리액트에서 유니버설 애플리케이션을 설정하는 방법을 확실히 알 수 있을 것이다.

이 예제는 아주 간단했으며, 구성 단계를 제대로 이해하는 것이 주목표였다.

그런데 실제 애플리케이션에는 예제의 App 같은 정적인 리액트 컴포넌트가 아니라 데이터를 로드하는 작업이 필요하다. 방금 만든 익스프레스 앱을 수정해 서버에서 댄 아브라모브의 지스트를 로드하고 항목의 리스트를 반환하려고 한다고 가정해보자.

5장 '올바른 데이터 읽기'에서 componentDidMount를 이용해 데이터 로딩을 시작하는 방법을 알아봤다. 그런데 서버에서는 컴포넌트가 DOM에 마운팅되지 않고 수명 주기 후크가 호출되지 않기 때문에 이 방식을 사용할 수 없다.

데이터 읽기 작업은 비동기인 반면 renderToString은 동기이므로, componentWillMount 와 같이 먼저 실행된 후크를 사용하는 방법도 안 된다. 따라서 데이터를 사전에 읽고 프로퍼티를 통해 컴포넌트로 전달하는 방법이 필요하다.

앞서 살펴본 예제를 약간 수정해, 서버 측 렌더링 단계 중에 지스트를 로드하도록 만들어보자.

제일 먼저 할 일은 app.js를 수정해 프로퍼티를 통해 지스트의 리스트를 받고, render 메소드에서 이 리스트를 순환하며 설명을 표시하는 것이다.

```
const App = ({ gists }) => (
   <ul>
      {gists.map(gist => (
         <li key={gist.id}>{gist.description}</li>
      ))}
   </ul>
)

App.propTypes = {
   gists: React.PropTypes.array,
}
```

이 책의 앞부분에서 배운 개념을 적용해 프로퍼티를 통해 gists를 받고 요소를 순회하며 항목의 리스트를 렌더링하는 상태 비저장 함수형 컴포넌트를 정의한다.

다음은 gists를 가져오고 이를 컴포넌트로 전달하도록 서버를 변경할 차례다.

서버 측에서 데이터 페치fetch API를 사용하려면 데이터 읽기 표준을 구현하는 isomorphic-fetch 라이브러리를 설치해야 한다. 이 라이브러리는 Node.js와 브라우저에서 사용할 수 있다.

```
npm install --save isomorphic-fetch
```

라이브러리를 server.js로 가져와야 한다.

```
import fetch from 'isomorphic-fetch'
```

필요한 API 호출은 다음과 같다.

```
fetch('https://api.github.com/users/gaearon/gists')
   .then(response => response.json())
   .then(gists => {

   })
```

여기서는 마지막 then 함수 안에서 gists를 사용할 수 있으며, 이를 App으로 전달했다.

/ 경로를 다음과 같이 변경한다.

```
app.get('/', (req, res) => {
   fetch('https://api.github.com/users/gaearon/gists')
      .then(response => response.json())
      .then(gists => {
         const body = ReactDOM.renderToString(<App gists={gists} />)
         const html = template(body)

         res.send(html)
      })
})
```

여기서는 먼저 gists를 읽은 다음 프로퍼티를 전달하고 App을 문자열로 렌더링한다.

App이 렌더링되고 해당 마크업이 준비되면, 앞 절에 나온 템플릿을 사용해 브라우저로 반환한다.

콘솔에서 다음 명령을 실행하고 브라우저에서 http://localhost:3000으로 이동한다. 서버 측에서 gists를 렌더링한 결과를 볼 수 있을 것이다.

```
npm run build && npm start
```

익스프레스 앱에서 리스트를 렌더링했는지 확인하려면 다음 주소로 이동한다.

```
view-source:http://localhost:3000/
```

그러면 gists의 마크업과 설명을 볼 수 있다.

그런데 데브툴 콘솔을 보면 다음과 같은 오류가 발생했음을 알 수 있다.

```
Cannot read property 'map' of undefined
```

이 오류가 발생한 이유는 클라이언트에서 App을 다시 렌더링하려고 하지만, 클라이언트에 gists가 전달되지 않았기 때문이다.

리액트가 서버 측 문자열 안에 렌더링한 gists를 영리하게 클라이언트에서도 다시 사용하면 좋겠지만, 현실은 그렇지 않으므로 클라이언트에서도 gists를 사용할 수 있는 방법을 찾아야 한다.

우선 클라이언트에서 데이터를 다시 가져오는 방법이 있다. 이 방법은 물론 가능하지만, 익스프레스 서버와 브라우저에서 한 번씩 두 번의 HTTP 호출이 필요하므로 최적의 방법은 아니다.

생각해보면, 서버에서 이미 HTTP 호출을 수행했으므로 필요한 데이터를 갖고 있다. 일반적인 해결책은 서버와 클라이언트 간에 데이터를 공유해서 HTML 마크업에 데이터를 건조시켰다가 브라우저에서 수화시키는 것이다.

복잡한 개념처럼 보이지만 그렇지 않다. 얼마나 쉽게 구현할 수 있는지 직접 알아보자.

가장 먼저 할 일은 클라이언트에서 읽은 후 gists를 템플릿에 주입하는 것이다. 이를 위해서는 템플릿을 약간 수정해야 한다.

```
export default (body, gists) => `
    <!DOCTYPE html>
    <html>
        <head>
            <meta charset="UTF-8">
        </head>
        <body>
            <div id="app">${body}</div>
            <script>window.gists = ${JSON.stringify(gists)}</script>
            <script src="/bundle.js"></script>
        </body>
    </html>
`
```

이제 이 템플릿 함수는 앱의 body와 gists의 컬렉션을 각각 매개변수로 받는다.

첫 번째 매개변수는 앱 요소 안에 삽입되며, 두 번째 매개변수는 클라이언트에서 사용할 수 있게 창과 연결된 전역 gists를 정의하는 데 사용된다.

Express 경로 안에서는 다음과 같이 body를 전달하고 템플릿을 생성하는 행을 수정한다.

```
const html = template(body, gists)
```

마지막으로, client.js에서는 다음과 같이 창에 연결된 gists를 사용한다.

```
ReactDOM.render(
    <App gists={window.gists} />,
    document.getElementById('app')
)
```

266

gists를 직접 읽고 클라이언트에서 렌더링되는 App 컴포넌트로 이를 전달한다.

다음과 같이 예제를 다시 실행해본다.

```
npm run build && npm start
```

이제 브라우저 창에서 http://localhost:3000을 열어보면 오류가 사라진 것을 알 수 있으며, 리액트 데브툴을 사용해 App 컴포넌트를 살펴보면, 클라이언트 측 App 컴포넌트가 gists의 컬렉션을 받은 것을 알 수 있다.

▌ Next.js

지금까지 리액트를 사용한 서버 측 렌더링에 대한 기본 사항을 살펴봤으며, 여기서 만든 예제를 실제 앱의 시작점으로 사용할 수 있다.

그런데 리액트로 간단한 유니버설 애플리케이션을 실행하기 위해 배워야 하는 툴과 사용할 보일러플레이트가 너무 많다고 느낄 수 있다.

이 책의 도입 부분에서 소개한 **자바스크립트 피로감**이라는 이런 느낌을 호소하는 사람들이 많다.

다행히 페이스북 개발자와 리액트 커뮤니티의 다른 여러 회사에서 개발자 경험을 개선하고 개발자의 작업을 돕기 위한 노력을 계속하고 있다. 지금까지 이 책을 진행하는 동안 예제를 작성하기 위해 create-react-app을 사용해봤는데, 이를 잘 활용하면 많은 기술과 툴을 배우지 않고도 아주 손쉽게 리액트 애플리케이션을 제작하고 실행할 수 있다.

create-react-app은 아직 서버 측 렌더링을 지원하지 않지만, 제이트^{Zeit}라는 회사에서 구성 파일에 신경 쓰지 않고도 아주 손쉽게 유니버설 애플리케이션을 만들 수 있게 해주는 Next.js라는 툴을 출시했다. 이 툴을 사용하면 보일러플레이트도 크게 줄일 수 있다.

추상화는 애플리케이션을 빠르게 개발하는 데 큰 도움이 된다. 그러나 레이어를 너무 많이 추가하기 전에 내부 작동 방식을 제대로 이해하는 것이 중요하다. Next.js를 곧 바로 배우지 않고 원래의 수동 절차를 먼저 알아본 이유가 이 때문이다.

지금까지 서버 측 렌더링의 작동 방법을 알아봤고 상태를 서버에서 클라이언트로 전달하는 방법을 배웠다. 기본 개념을 확실하게 익혔으므로, 이제 복잡성을 다소 완화하고 적은 양의 코드로 동일한 결과를 얻도록 도와주는 툴을 살펴보자.

이번에는 Next.js를 이용해 댄 아브라모브의 지스트를 읽는 동일한 예제 애플리케이션의 코드를 얼마나 깔끔하고 단순하게 만들 수 있는지 알아본다.

먼저 빈 폴더로 이동하고 새 프로젝트를 만든다.

```
npm init
```

그런 다음, Next.js 라이브러리를 설치한다.

```
npm install --save next
```

프로젝트를 생성한 후에는 바이너리를 실행할 npm 스크립트를 추가한다.

```
"scripts": {
    "dev": "next"
},
```

이제 App 컴포넌트를 만들 차례다.

Next.js는 여러 관례에 기반을 두고 있는데, 가장 중요한 관례는 브라우저 URL과 일치하는 페이지를 생성하는 것이다. 기본 페이지는 index이므로 pages라는 폴더를 만들고 그 안에 index.js 파일을 넣을 수 있다.

의존성을 가져오는 것부터 시작한다.

```
import React from 'react'
import fetch from 'isomorphic-fetch'
```

이번에는 서버 측에서 fetch 함수를 사용하기를 원하므로 isomorphic-fetch를 가져온다.

그런 다음, React.Component를 상속하는 App 클래스를 정의한다.

```
class App extends React.Component
```

클래스 안에서는 getInitialProps라는 **정적 비동기**static async 함수를 정의한다. 이 함수가 Next.js에 서버와 클라이언트 양쪽에서 로드하려는 데이터를 알려주는 위치다. 라이브러리는 함수에서 반환된 객체를 프로퍼티를 통해 컴포넌트에서 사용할 수 있게 해준다.

클래스 메소드에 적용된 static과 async 키워드는 해당 함수를 클래스 인스턴스 바깥에서도 접근할 수 있으며, 함수가 본체 안의 대기 명령 실행을 양보한다는 뜻이다.

이러한 개념은 상당히 수준이 높고 여기서 다룰 내용과는 큰 관계가 없지만, 관심이 있다면 ECMAScript 제안을 읽어보길 바란다.

방금 언급한 메소드의 구현은 다음과 같다.

```
static async getInitialProps() {
    const url = 'https://api.github.com/users/gaearon/gists'
```

```
    const response = await fetch(url)
    const gists = await response.json()

    return { gists }
}
```

여기서는 데이터 가져오기를 시작하고 응답을 대기한 후, 응답을 JSON으로 변환하고, Promise를 반환하게 한다. Promise가 확인되면 프로퍼티 객체를 지스트와 함께 반환할 수 있다.

컴포넌트의 render 메소드는 위의 메소드와 아주 비슷하다.

```
render() {
    return (
        <ul>
            {this.props.gists.map(gist => (
                <li key={gist.id}>{gist.description}</li>
            ))}
        </ul>
    )
}
```

다만 여기는 클래스 인스턴스 내부이므로 this.props.gists를 이용했다.

마지막으로, 컴포넌트를 만들 때 반드시 필요한 PropTypes를 정의한다.

```
App.propTypes = {
    gists: React.PropTypes.array,
}
```

그런 다음 컴포넌트를 내보낸다.

```
export default App
```

다음은 콘솔을 열고 아래 명령을 실행한다.

```
npm run dev
```

그러면 다음과 같은 출력이 나온다.

```
> Ready on http://localhost:3000
```

여기에 나온 URL을 브라우저에서 열면 유니버설 애플리케이션이 작동하는 모습을 확인할 수 있다.

Next.js를 사용하면 이와 같이 구성 파일 없이 적은 양의 코드로 유니버설 애플리케이션을 설정할 수 있다.

또한 편집기 안에서 애플리케이션을 편집하면, 페이지를 새로 고치지 않아도 브라우저에서 즉시 결과를 볼 수 있다. 이것은 모듈을 즉시 대체할 수 있는 Next.js의 기능이며, 개발 모드에서 아주 유용하다.

Next.js가 마음에 든다면 다음 주소의 깃허브에서 별 버튼을 눌러주길 바란다.

https://github.com/zeit/next.js

요약

지금까지 서버 측 렌더링에 대한 내용을 모두 살펴봤다. 이제 리액트를 사용해 서버 측 렌더링 애플리케이션을 작성할 수 있게 됐으며, 이 기법이 유용한 이유도 확실하게 이해할 수 있게 됐다. 검색 엔진 최적화가 주요 이유 중 하나지만, 소셜 네트워크 공유와 성능 향상도 중요한 이유다.

서버에서 데이터를 로드하고 이 데이터를 건조시켜 HTML 템플릿에 포함한 다음 클라이언트 측 애플리케이션과 공유하는 방법을 알아봤다.

마지막으로, 리액트로 서버 측 렌더링 애플리케이션 개발할 때 필요한 보일러플레이트를 줄이고 구성 과정과 코드베이스의 복잡성을 낮출 수 있는 Next.js 라이브러리를 소개했다.

9장에서는 성능에 대해 집중적으로 논의한다.

09

애플리케이션의 성능 개선

웹 애플리케이션의 성능 향상은 사용자 경험을 개선하고 대화를 늘리는 데 매우 중요하다. 리액트 라이브러리는 컴포넌트를 더 빠르게 렌더링하고 DOM 조작을 최소화하기 위해 여러 가지 기법을 구현한다. 변경사항을 DOM에 적용하는 작업에는 일반적으로 많은 비용이 필요하므로, 이 작업의 횟수를 줄이는 것이 아주 중요하다.

그러나 일부 시나리오에서는 리액트가 자체적으로 프로세스를 최적화할 수 없으며, 개발자가 특정한 솔루션을 구현해야 애플리케이션을 매끄럽게 실행할 수 있다.

9장에서는 리액트의 성능에 대한 기본 개념을 차례로 살펴보고, 사용자 경험을 저하시키지 않고 라이브러리가 DOM을 업데이트할 수 있는 최적의 경로를 찾도록 도와주는 몇 가지 API의 사용 방법을 설명한다. 또한 애플리케이션에 나쁜 영향을 주고 성능을 저하시키는 일반적인 실수에 대해 알아본다.

9장의 간단한 예제를 진행하면서 코드베이스로 가져와서 성능을 모니터링하고 병목 현상을 발견할 수 있는 툴을 소개한다. 또한 빠른 애플리케이션을 개발하기 위한 최상의 기법으로 불변성과 PureComponent를 소개한다.

컴포넌트를 무의미하게 최적화하는 일이 없도록 해야 하며, 9장에서 소개하는 기법은 반드시 필요한 경우에만 적용해야 한다.

9장에서 다루는 내용은 다음과 같다.

- 조정의 작동 방법과 키를 이용해 리액트의 작업을 지원하는 방법
- 리액트의 실무 버전을 이용해 라이브러리 성능을 개선하는 방법
- shouldComponentUpdate와 PureComponent의 장점과 사용 방법
- 일반적인 최적화 기법 및 성능과 관련된 실수
- 불변 데이터의 의미와 사용 방법
- 애플리케이션의 성능을 향상해주는 유용한 툴과 라이브러리

▌ 조정과 키

리액트는 대부분의 경우 기본 상태로도 충분히 빠르기 때문에 애플리케이션의 성능을 개선하기 위해 별도의 작업을 할 필요가 없다. 리액트는 컴포넌트 렌더링을 최적화하기 위해 다양한 기법을 활용한다.

리액트가 컴포넌트를 표시할 준비가 되면, 컴포넌트의 render 메소드와 컴포넌트 자식의 render 메소드를 재귀적으로 호출한다. 컴포넌트의 render 메소드는 리액트 요소의 트리를 반환하며, 리액트는 이 트리를 확인해 UI를 업데이트하기 위해 어떤 DOM 작업을 수행해야 하는지 결정한다.

리액트는 컴포넌트의 상태가 바뀔 때마다 노드의 render 메소드를 호출하고 그 결과를 리액트 요소의 이전 트리와 비교한다. 라이브러리는 화면을 업데이트하는 데 필요

한 최소한의 작업을 지능적으로 수행한다. 이 프로세스를 **조정**^{reconciliation}이라고 하며, 리액트에 의해 투명하게 관리된다. 컴포넌트가 어떻게 보일지 선언식으로 기술하면 실제 필요한 작업을 라이브러리가 알아서 해줄 수 있는 것이 바로 이 조정 기능 때문이다.

DOM^{Document Object Model}을 수정하는 작업에는 비용이 많이 소비되므로, 리액트는 DOM 작업을 최소화하기 위해 노력한다.

그런데 요소의 트리 2개를 비교하는 작업에도 비용이 소비되므로, 리액트는 복잡성을 낮추기 위해 두 가지 가정을 한다.

- 두 요소의 형식이 다를 경우 요소가 다른 트리를 렌더링한다.
- 개발자는 키를 사용해 여러 render 호출 사이에서 자식을 정적 항목으로 표시할 수 있다.

두 번째 가정은 리액트가 뷰를 더 빠르게 렌더링할 수 있게 개발자가 돕는 방법으로 활용 가능하므로 자세히 알아볼 필요가 있다.

실제로 여러 간단한 예제를 진행하면서 키를 활용해 렌더링 성능을 개선하는 방법을 살펴보자.

리스트에 새로운 리스트 항목을 추가해서 컴포넌트를 다시 렌더링하게 만드는 버튼과 항목의 리스트를 표시하는 간단한 컴포넌트를 만들어보자.

현재 리스트를 상태에 저장해야 하며 버튼 클릭을 처리할 이벤트 처리기가 필요하므로 클래스를 사용해야 한다.

```
class List extends React.Component
```

List 컴포넌트의 생성자는 리스트를 초기화하고 이벤트 처리기를 바인딩한다.

```
constructor(props) {
    super(props)

    this.state = {
        items: ['foo', 'bar'],
    }

    this.handleClick = this.handleClick.bind(this)
}
```

이벤트 처리기는 새로운 항목을 리스트에 추가하고 그 결과 배열을 상태에 저장한다.

```
handleClick() {
    this.setState({
        items: this.state.items.concat('baz'),
    })
}
```

render 메소드는 항목을 순회하며 리스트의 각 요소를 표시하며, onClick 이벤트 처리기를 지정하고 버튼 하나를 선언한다.

```
render() {
    return (
        <div>
            <ul>
                {this.state.items.map(item => <li>{item}</li>)}
            </ul>
            <button onClick={this.handleClick}>+</button>
        </div>
    )
}
```

이제 컴포넌트가 준비됐고 이를 애플리케이션에 추가하면(또는 create-react-app을 사용해 새로운 애플리케이션을 만들면) 화면에 foo와 bar 항목이 표시되며, + 버튼을 클릭하면 리스트 끝에 baz 항목이 추가된다.

예제는 예상대로 작동하지만, 리액트가 어떻게 작동하고 있는지 자세히 보려면 성능 관련 정보를 저장하고 표시하는 새로운 툴이 필요하다. 다음과 같이 리액트 애드온을 설치한다.

```
npm install --save-dev react-addons-perf
```

설치한 후 다음과 같이 방금 만든 List 컴포넌트로 가져온다.

```
import Perf from 'react-addons-perf'
```

Perf 객체에는 리액트 컴포넌트의 성능을 모니터링하는 데 사용할 수 있는 몇 가지 유용한 메소드가 있다. 이 객체의 start()는 정보를 저장하기 시작하며, stop()은 정보 수집을 중단한다.

수집한 정보를 브라우저 콘솔에 표시하는 데는 여러 메소드를 사용할 수 있다. 가장 유용한 printWasted 메소드는 컴포넌트가 render 메소드를 실행하면서 소비한 시간과 이전 실행의 동일 요소를 반환하는 시간을 출력한다. Perf 애드온은 이 밖에도 리액트의 DOM 작업에 대한 여러 흥미로운 정보를 제공하는데, 애플리케이션의 성능 개선에 키가 얼마나 도움이 될지 알아내는 데 이러한 함수를 사용한다. 이를 위해 브라우저에 적용된 DOM 작업을 표시하기 위해 컴포넌트가 업데이트되는 즉시 printOperations 메소드를 호출한다. 결과 추적을 시작 및 중단하고 결과를 표시하는 데는 리액트가 제공하는 두 가지 수명 주기 후크를 사용한다.

가장 먼저 구현할 메소드는 컴포넌트가 업데이트되고 다시 렌더링되기 직전에 호출되는 componentWillUpdate이다.

```
componentWillUpdate() {
    Perf.start()
}
```

이 수명 주기 후크 안에서 Perf 애드온의 start() 함수를 사용해 성능 모니터링을 시작한다. 업데이트가 완료되면 다음과 같이 componentDidUpdate 후크에서 추적을 중지한다.

```
componentDidUpdate() {
    Perf.stop()
    Perf.printOperations()
}
```

여기서 볼 수 있듯이, 리액트가 baz 요소를 추가하기 위해 수행한 DOM 작업을 확인하기 위해 Perf 애드온의 printOperations 메소드를 호출한다.

컴포넌트를 실행하고 + 버튼을 클릭하면 데브툴 콘솔에 작업 리스트를 포함하는 표가 표시된다. 중요한 열은 "insert child"라고 나오는 작업^{Operation} 열과 "{"toIndex":2, "content":"LI"}"라고 나오는 페이로드^{Payload} 열이다.

리액트는 현재 리스트의 끝에 자식을 추가하기 위해 새로운 LI 요소를 기존 리스트의 2번 인덱스(세 번째 요소) 위치에 추가해야 한다는 것을 알아낸다.

리액트는 화면의 모든 것을 다시 그리지 않고 DOM를 업데이트하는 데 필요한 최소한의 작업을 계산한다. 이 기능은 아주 훌륭하며, 대부분의 경우 이 기능만으로도 충분하다.

그런데 경우에 따라서는 개발자가 키를 활용해 리액트에 최적의 경로를 안내할 수 있다. 예를 들어, 위 예제의 이벤트 처리기 코드를 약간 수정해서 baz 항목을 리스트 끝이 아닌 첫 번째 항목으로 추가하면 리액트가 최적화되지 않은 방식으로 작업하는 것을 확인할 수 있다.

요소를 배열의 첫 번째 항목으로 추가하려면 자바스크립트의 unshift를 사용하고 현재 상태에 저장된 배열의 복사본에 적용하면 된다. 배열의 복사본을 대상으로 작업하는 이유는 unshift 메소드가 새로운 배열을 반환하지 않고 원래 배열을 수정하기 때문인데, 상태를 사용하는 작업에서는 이러한 작업 방법을 피해야 한다. 새로운 onClick 처리기는 다음과 같다.

```
handleClick() {
    const items = this.state.items.slice()
    items.unshift('baz')

    this.setState({
        items,
    })
}
```

간단하게 배열을 복제하고 baz 항목을 맨 앞에 삽입한 후 다시 상태에 저장하면 다시 렌더링된다.

List 컴포넌트를 실행하면 화면에 초기 리스트 항목 foo와 bar가 표시되며, + 버튼을 클릭하면 첫 번째 항목으로 baz 항목이 추가된다.

실행 결과는 예상대로 나오지만, 브라우저 데브툴을 보면 리액트가 여러 작업을 수행했음을 알 수 있다. 이번에도 작업과 페이로드 열이 가장 중요하며, 다음과 같이 세 가지 작업을 수행한 것을 알 수 있다.

- 첫 번째 항목의 텍스트를 새로운 값 baz로 바꿨다.
- 두 번째 항목의 텍스트를 첫 번째 항목이었던 foo로 바꿨다.
- 리스트의 끝인 2번 인덱스에 새로운 자식을 삽입했다.

리액트는 리스트의 처음에 새로운 항목을 추가하고 나머지 항목을 아래로 시프트하는 간단한 방법 대신, 이전 항목의 값을 모두 수정하고 리스트 끝에 새로운 항목을 추가했다.

리액트는 자식이 동등한지 확인하며, 첫 번째 항목이 서로 다른 경우 리스트의 나머지 모든 항목을 변경한다.

이 간단한 예제에서는 성능 저하가 체감되지 않지만, 실무 애플리케이션에서 수백 개의 요소를 포함하는 리스트를 처리할 때는 큰 문제가 될 것임을 짐작할 수 있다.

다행히 리액트에는 변경된 요소는 물론, 추가 또는 제거된 요소를 라이브러리에 알려줄 수 있는 키^{key}라는 도구를 제공한다.

키를 사용하려면 리스트의 각 항목에 고유한 key 속성을 추가하면 된다. 중요한 것은 각 렌더링마다 key 속성의 값이 변하지 않게 하는 것이다. 리액트는 이 값을 이전 값과 비교해 해당 요소가 새로운 요소인지 여부를 알아낸다.

예를 들어, List 컴포넌트의 render 메소드를 다음과 같이 변경할 수 있다.

```
render() {
    return (
        <div>
            <ul>
                {this.state.items.map(item => <li key={item}>{item}</li>)}
            </ul>
            <button onClick={this.handleClick}>+</button>
        </div>
    )
}
```

각 리스트 항목의 키를 항목 자체의 값으로 설정한 후, 컴포넌트를 브라우저에서 다시 실행하면 이전과 동일한 결과가 나온다. 즉, 처음에는 두 리스트 항목이 표시되며, 버튼을 클릭하면 새로운 항목 하나가 리스트 맨 위에 추가된다.

그런데 데브툴 브라우저를 열어보면 Perf 애드온이 이전 실행과는 약간 다른 사항을 로깅한 것을 알 수 있다.

작업 열을 보면 요소 1개가 삽입됐으며, 특히 페이로드 열을 보면 요소가 첫 번째 위치로 삽입됐음을 알 수 있다.

이와 같이 키를 사용해 리액트가 최소한의 작업을 찾도록 도와주는 방법으로 컴포넌트의 렌더링 성능을 개선할 수 있다. 이 간단한 규칙을 기억하면, 키를 사용하지 않을 때 성능이 저하되는 여러 가지 사례를 짐작할 수 있다.

실수로 이 규칙을 잊어버리더라도, 브라우저 콘솔에 키가 없다는 경고 메시지가 표시되므로 쉽게 추가할 수 있다.

```
Each child in an array or iterator should have a unique "key" prop.
Check the render method of `List`.
```

이 경고 메시지는 어떤 컴포넌트를 수정해야 하는지도 알려주므로 특히 유용하다.

또한 2장 '깔끔한 코드 관리'에서 소개한 ES린트를 사용하는 경우, eslint-plugin-react의 jsx-key 규칙을 활성화하면 린터가 키 누락에 대해 알려준다.

▌ 최적화 기법

한 가지 주의할 점은 지금까지 이 책에서 살펴본 모든 예제는 create-react-app을 사용해 만든 것이든, 아니면 처음부터 만든 것이든 모두 리액트의 개발용 버전으로 만들었다는 점이다.

리액트의 개발용 버전은 다양한 문제 해결에 도움이 되는 정보를 제공하므로 코딩과 디버깅에 아주 유용하다. 그런데 개발용 버전의 모든 검사와 경고 기능은 실무용으로는 불필요하다.

즉, 애플리케이션의 실무용 빌드를 만들 때 가장 먼저 해야 할 최적화는 NODE_ENV 환경 변수를 production으로 바꾸는 것이다. 웹팩을 사용하는 경우 다음과 같이 간단하게 DefinePlugin을 사용하면 된다.

```
new webpack.DefinePlugin({
    'process.env': {
        NODE_ENV: JSON.stringify('production')
    }
}),
```

성능을 최대한으로 끌어올리려면 번들을 만들 때 production 플래그를 설정하는 것은 물론, 결과 코드를 최소화해 애플리케이션이 더 빠르게 로드되도록 해야 한다. 이를 위해 다음과 같이 웹팩 구성의 플러그인 리스트에 플러그인을 추가할 수 있다.

```
new webpack.optimize.UglifyJsPlugin()
```

리액트의 실무용 버전을 실행하고 있는데도 애플리케이션이 다소 느리다면, 컴포넌트의 렌더링 속도를 개선할 수 있는 몇 가지 다른 기법이 있다.

그런데 애플리케이션의 실제 성능을 측정하고 병목 현상이 발생하는 위치를 찾기 전에는 애플리케이션을 최적화하지 않아야 한다는 점을 기억해두자. 성급한 최적화는 원치 않는 복잡도 상승의 원인이 될 수 있다.

리액트는 이미 애플리케이션을 빠르고 매끄럽게 실행하기 위한 여러 기법을 구현하고 있으므로 대부분의 경우 개발자가 직접 최적화를 구현할 필요가 없다.

그러나 최적화 기능이 충분하지 않은 특수한 상황에서는 라이브러리에 일종의 힌트를 제공해 성능을 최대한 개선할 수 있다. 특히 트리의 특정 부분을 조정하지 않도록 리액트에 알려줄 수 있다.

컴포넌트 업데이트 여부

조정 알고리즘의 작동 방법을 오해하는 개발자가 많다. 예를 들어 리액트는 DOM에 변경사항을 적용하는 최적의 방법을 알아낼 만큼 지능적이므로, 변경되지 않은 컴포넌트의 render 메소드는 호출하지 않는다고 생각하는 경우가 많다. 그런데 사실은 그렇지가 않다.

리액트는 DOM 작업을 줄이는 방법을 알아내기 위해 모든 컴포넌트의 render 메소드를 호출한 후 그 결과를 이전 결과와 비교한다.

결과에 변경사항이 없으면 DOM도 변경하지 않는다. 그런데 render 메소드가 복잡한 작업을 수행하는 경우, 단순히 DOM을 변경할 필요가 없다는 사실을 알기 위해 시간을 소비하는 셈이므로 최선이 아니다.

컴포넌트를 최대한 간단하게 유지하고 렌더러 안에서 너무 복잡한 작업을 수행하지 않도록 노력해야 하지만, 복잡한 작업이 꼭 필요하다면 DOM을 수정하지 않았더라도 어쩔 수 없이 애플리케이션이 느려질 수 있다.

리액트는 업데이트할 필요가 없는 컴포넌트를 구분할 능력이 없지만 컴포넌트를 업데이트할지 여부를 라이브러리에 알려줄 수 있는 함수가 있다.

shouldComponentUpdate 메소드가 false를 반환하면 부모를 업데이트하는 동안 해당 컴포넌트와 모든 자식의 render 메소드가 호출되지 않는다.

예를 들어, 앞서 만든 예제에 다음 코드를 추가하고 실험해보자.

```
shouldComponentUpdate( ) {
    return false
}
```

그러면 브라우저에서 애플리케이션의 + 버튼을 클릭해도 아무 변화도 일어나지 않는다. 그 이유는 이 메소드가 컴포넌트를 업데이트할 필요가 없다고 리액트에 알려주기 때문이다.

물론 무조건 false를 반환하는 것은 올바른 방법이 아니며, 보통은 메소드 안에서 프로퍼티나 상태가 변경됐는지 확인하는 방법을 사용한다.

예를 들어, 이전 예제의 List 컴포넌트에서는 items 배열의 변경 여부를 확인하고 적절하게 true나 false를 반환하면 된다.

shouldComponentUpdate 메소드에서는 이러한 검사를 위해 두 매개변수를 사용할 수 있다. 첫 번째 매개변수는 프로퍼티 확인을 위한 nextProps이고, 두 번째 매개변수는 상태 확인을 위한 nextState이다.

List 컴포넌트의 경우 다음과 같이 할 수 있다.

```
shouldComponentUpdate(nextProps, nextState) {
    return this.state.items !== nextState.items
}
```

이 경우 items가 변경됐을 때만 true를 반환하며, 그렇지 않으면 false를 반환해 이후 렌더링을 취소한다. 예를 들어 List가 자주 업데이트되는 컴포넌트의 자식이며, 이 컴포넌트의 상태가 List에 전혀 영향을 미치지 않는 경우, shouldComponentUpdate를 사용해 해당 컴포넌트와 그 자식의 render 메소드를 실행하지 않도록 리액트에 지시할 수 있다.

모든 프로퍼티와 상태 속성이 변경됐는지 검사하는 것은 지루한 일이며, 특히 요구사항이 자주 바뀌는 경우에는 복잡한 shouldComponentUpdate 구현을 유지관리하기가 어려울 수 있다.

이 때문에 리액트는 모든 프로퍼티와 상태 속성에 대한 얕은 비교^{shallow comparison}를 구현하는 특수한 컴포넌트를 제공한다.

이 컴포넌트를 사용하려면 컴포넌트 클래스를 만들 때 React.Component 대신 React. PureComponent를 확장하면 된다.

그런데 얕은 비교는 용어가 의미하는 것처럼 객체의 깊은 중첩 프로퍼티를 검사하지 않으며, 예기치 않은 결과가 나올 수 있다.

이러한 얕은 비교는 뒷부분에서 살펴볼 불변 데이터 구조와 아주 잘 어울린다. 한 가지 알아둘 사실은 복잡한 객체에 대한 깊은 비교는 종종 render 메소드 자체보다 비용이 높다는 점이다.

따라서 PureComponent는 애플리케이션의 성능을 측정하고 실행 시간이 너무 오래 걸리는 컴포넌트를 확인한 후, 꼭 필요하다고 판단될 때만 사용해야 한다.

상태 비저장 함수형 컴포넌트

초보자가 종종 혼동하는 또 다른 개념은 상태 비저장 컴포넌트가 성능에 대해서는 전혀 이익이 없다는 점이다.

3장 '진정한 재사용 가능 컴포넌트'에서 살펴본 것처럼 상태 비저장 컴포넌트는 여러 가지 장점이 있으며, 애플리케이션을 간단하고 이해하기 쉽게 만들어주지만 (적어도 아직은) 내부 구현을 더 빠르게 해주지는 못한다.

상태 비저장 컴포넌트는 인스턴스가 없고 상태나 이벤트 처리기를 갖지 않으므로 더 빠르게 렌더링된다고 생각하기 쉽지만, 현재로서는 그렇지 않다.

(리액트 팀에 따르면) 향후 최적화될 수 있지만, 현재는 앞서 살펴본 shouldComponent Update 메소드로 트리를 더 빠르게 렌더링하는 것이 불가능하므로 오히려 더 느리게 작동한다.

▌ 일반적 해결책

지금까지 PureComponent를 사용해 하위 트리를 렌더링할지 여부를 리액트에 알리는 방법을 배웠다. 제대로 활용하면 이 방법으로 애플리케이션의 성능을 크게 개선할 수 있다. 다만 이 방법은 애플리케이션을 모니터링하면서 병목 현상을 발견했을 때만 사용해야 한다는 데 주의한다.

PureComponent를 확장했을 때 예기치 않은 결과가 나오는 경우가 가끔 있는데, 그 이유는 프로퍼티나 상태 속성이 예상과 달리 변경될 수 있기 때문이다. 어떤 프로퍼티가 컴포넌트를 다시 렌더링하게 만드는지 알아내기 쉽지 않은 경우가 있으며, 어떤 컴포넌트를 PureComponent로 최적화할 수 있는지 알 수 없는 경우도 있다.

일반적으로는 컴포넌트를 리팩토링하고 상태를 올바른 위치에 배치하는 것으로 애플리케이션의 최적화에 큰 도움을 줄 수 있다.

이 절에서는 렌더링 문제를 해결하기 위한 일반적인 도구와 해결책을 살펴보고, 어떤 컴포넌트를 최적화할 수 있는지 알아본다. 또한 복잡한 컴포넌트를 작은 컴포넌트로 리팩토링함으로써 성능을 개선하는 방법을 알아본다.

업데이트하는 이유

업데이트할 필요가 없는 컴포넌트를 알아내는 데는 몇 가지 방법이 있다. 가장 쉬운 방법은 필요한 정보를 자동으로 제공하는 타사 라이브러리를 설치하는 것이다.

터미널에서 다음 명령을 실행한다.

```
npm install --save-dev why-did-you-update
```

그리고 리액트를 가져오는 import 문 뒤에 다음 코드를 추가한다.

```
if (process.env.NODE_ENV !== 'production') {
    const { whyDidYouUpdate } = require('why-did-you-update')
    whyDidYouUpdate(React)
}
```

이 코드는 개발 모드가 활성화된 경우 라이브러리를 로드하고 whyDidYouUpdate 메소드를 사용해 리액트를 패치한다. 이 라이브러리는 실무 모드에서는 활성화하지 않아야 한다.

앞서 살펴본 List 예제를 약간 수정해서 이 라이브러리가 어떻게 작동하는지 확인해 볼 수 있다.

가장 먼저 할 일은 render 메소드를 다음과 같이 수정하는 것이다.

```
render() {
    return (
        <div>
            <ul>
                {this.state.items.map(item =>
                    <Item key={item} item={item} />
                ))}
            </ul>
            <button onClick={this.handleClick}>+</button>
        </div>
    )
}
```

map 함수에서는 단일 리스트 항목을 렌더링하는 대신 현재 항목을 받는 커스텀 Item 컴포넌트를 반환하며, 키를 사용해 업데이트 전에 어떤 컴포넌트가 있었는지 리액트에게 알려준다.

이제 React.Component를 확장하는 Item 컴포넌트를 구현할 수 있다.

```
class Item extends React.Component
```

현재 이 컴포넌트는 List의 render 메소드에서 수행하던 것과 동일한 작업을 하는 render 메소드만 구현한다.

```
render() {
    return (
        <li>{this.props.item}</li>
    )
}
```

이 컴포넌트를 브라우저에서 실행하기 전에 Perf 애드온의 메소드를 다음과 같이 변경한다. 여기서는 변경되지 않은 컴포넌트를 렌더링하는 데 낭비한 시간보다 실행된 DOM 작업에 대한 정보가 더 중요하다.

```
componentDidUpdate() {
    Perf.stop()
    Perf.printWasted()
}
```

이제 브라우저에서 컴포넌트를 렌더링하면 foo와 bar 항목을 볼 수 있으며 + 버튼을 클릭하면 데브툴의 콘솔에서 두 가지 사항을 볼 수 있다.

첫 번째 사항은 whyDidYouUpdate 함수의 출력이며, 이를 보면 일부 컴포넌트를 다시 렌더링하지 않을 수 있음을 알 수 있다.

```
Item.props
    Value did not change. Avoidable re-render!
    before Object {item: "foo"}
    after  Object {item: "foo"}
Item.props
    Value did not change. Avoidable re-render!
    before Object {item: "bar"}
    after  Object {item: "bar"}
```

리액트는 foo와 bar 항목에 대한 DOM을 수정하지 않지만, 해당 render 메소드는 여전히 동일한 프로퍼티를 전달하고 호출되므로 리액트가 추가 작업을 수행해야 한다. 이 정보는 아주 유용하며 발견하기 어려울 수도 있다.

그다음은 Perf 애드온의 출력을 볼 수 있으며, 프로퍼티가 변경되지 않았을 때 Item 컴포넌트의 render 메소드를 호출하는 데 낭비된 시간이 표시된다.

이 문제는 Item 컴포넌트의 extends React.Component 문을 다음과 같이 수정해서 간단하게 해결할 수 있다.

```
class Item extends React.PureComponent
```

브라우저를 열고 애플리케이션을 다시 실행한 다음 + 버튼을 클릭하면 콘솔에 아무 항목도 로깅되지 않는다. 이것은 프로퍼티가 변경되지 않은 Item은 렌더링되지 않는다는 뜻이다.

이 예제는 아주 간단하므로 체감 성능 면에서 큰 차이가 나지 않지만, 수백 개의 리스트 항목을 표시하는 큰 애플리케이션에서는 엄청난 성능 개선 효과를 거둘 수도 있다.

render 메소드 안에 함수 만들기

다음은 실제 애플리케이션에서 하는 것과 비슷하게 List에 기능을 추가하면서 PureComponent에서 제공하는 장점이 상쇄되는 것이 가능한지 알아보자.

예를 들어, 각 항목에 클릭 이벤트 처리기를 추가하고 항목을 클릭하면 해당 값을 콘솔에 로깅할 수 있다.

물론 실제 애플리케이션에서는 이러한 기능이 별로 의미가 없지만, 항목의 데이터로 새로운 창을 표시하는 등의 복잡한 작업을 최소한의 노력으로 만들 수 있다.

로깅 기능을 추가하려면 List와 Item의 render 메소드를 각각 수정해야 한다.

첫 번째 메소드부터 시작해보자.

```
render() {
    return (
        <div>
            <ul>
                {this.state.items.map(item => (
                    <Item
                        key={item}
                        item={item}
                        onClick={() => console.log(item)}
                    />
                ))}
            </ul>
            <button onClick={this.handleClick}>+</button>
        </div>
    )
}
```

onClick 프로퍼티를 Item 컴포넌트에 추가하고 이 프로퍼티를 현재 항목을 콘솔에 로깅하는 함수로 설정한다.

이 기능이 제대로 작동하게 하려면 Item 컴포넌트에도 논리를 추가해야 하며, onClick 프로퍼티를 <li> 요소의 onClick 처리기로 사용할 수 있다.

```
render() {
    return (
        <li onClick={this.props.onClick}>
            {this.props.item}
        </li>
    )
}
```

컴포넌트는 여전히 순수 컴포넌트이며, baz 항목이 리스트에 추가될 때 값이 변경되지 않으면 다시 렌더링되지 않을 것으로 예상한다.

그런데 아쉽게도 브라우저에서 컴포넌트를 실행하면 데브툴에서 몇 가지 새로운 로깅 항목을 볼 수 있다. 첫 번째 항목은 whyDidYouUpdate 라이브러리가 알려주는 내용이며, onClick 함수가 항상 동일하므로 다시 렌더링할 필요가 없을 수 있다는 것이다.

```
Item.props.onClick
    Value is a function. Possibly avoidable re-render?
    before onClick() {
        return console.log(item);
    }
    after onClick() {
        return console.log(item);
    }
Item.props.onClick
    Value is a function. Possibly avoidable re-render?
    before onClick() {
        return console.log(item);
    }
    after onClick() {
        return console.log(item);
    }
```

두 번째 항목은 Perf 애드온이 알려주는 내용이며, List > Item 컴포넌트를 렌더링하는 데 시간이 낭비된다는 것이다.

리액트가 각 렌더링에 대해 새로운 함수가 전달된다고 판단하는 이유는 화살표 함수가 호출될 때마다 구현이 동일하더라도 새로 생성된 함수를 반환하기 때문이다. 이것은 리액트에서 흔한 실수 중 하나지만, 컴포넌트를 약간 리팩토링하면 손쉽게 해결할 수 있다.

아쉽게도 함수를 호출하는 자식을 알아야 하므로 로깅 함수를 부모에서 한 번만 정의할 수는 없으며, 루프 안에서 만드는 것을 가장 좋은 방법으로 볼 수 있다.

즉, 클릭한 항목이 무엇인지 알 수 있도록 항목 안으로 논리를 이동하는 것이 한 방법이다.

PureComponent를 확장하는 Item의 전체 구현을 확인해보자.

```
class Item extends React.PureComponent
```

생성자에서는 이제 구현의 일부인 클릭 이벤트 처리기를 바인딩한다.

```
constructor(props) {
    super(props)

    this.handleClick = this.handleClick.bind(this)
}
```

handleClick 함수에서는 <li> 요소 안의 클릭된 현재 항목을 전달하는 props를 통해 받은 onClick 처리기를 호출한다.

```
handleClick() {
    this.props.onClick(this.props.item)
}
```

마지막으로, render 메소드에서 새로운 로컬 이벤트 처리기를 사용한다.

```
render() {
    return (
        <li onClick={this.handleClick}>
            {this.props.item}
        </li>
    )
}
```

List 컴포넌트에서는 다음과 같이 렌더링할 때마다 새로운 함수를 반환하지 않도록 render 메소드를 수정한다.

```
render() {
  return (
    <div>
      <ul>
        {this.state.items.map(item => (
          <Item key={item} item={item} onClick={console.log} />
        ))}
      </ul>
      <button onClick={this.handleClick}>+</button>
    </div>
  )
}
```

여기서 볼 수 있듯이, 자식 안에서 호출려는 함수(이 경우 console.log)를 전달한다. 이 렇게 하면 List에서 함수의 인스턴스가 항상 동일하므로 다시 렌더링할 필요가 없다.

브라우저에서 이 컴포넌트를 다시 실행하고 + 버튼을 클릭해 새로운 항목을 추가하면, List 컴포넌트가 다시 렌더링되며, 별도의 시간 낭비가 발생하지 않는 것을 볼 수 있다.

또한 리스트의 항목을 클릭하면 콘솔에 해당하는 값이 표시된다.

댄 아브라모브는 render 함수 안에서 화살표 함수를 사용하는 것이나 생성자에서 바 인딩하지 않도록 바인드를 사용하는 것 자체는 문제가 아니며, PureComponent가 작 동하면서 불필요하게 다시 렌더링되지 않게 주의하면 된다고 설명했다.

상수 프로퍼티

리스트 예제를 개선하면서 기능을 더 추가해보자.

이번에는 PureComponent를 사용할 때 효율을 떨어뜨리는 흔한 실수를 방지하는 방법을 알아보자.

Item 컴포넌트에 각 항목이 가질 수 있는 상황의 리스트에 해당하는 프로퍼티를 추가한다고 가정해보자. 이를 구현하는 방법은 여러 가지가 있지만, 여기서의 목표는 기본값을 아래로 전달하는 방법이다.

List 컴포넌트의 render 메소드를 다음과 같이 수정했다고 가정해보자.

```
render() {
  return (
    <div>
      <ul>
        {this.state.items.map(item => (
          <Item
            key={item}
            item={item}
            onClick={console.log}
            statuses={['open', 'close']}
          />
        ))}
      </ul>
      <button onClick={this.handleClick}>+</button>
    </div>
  )
}
```

이 코드에서는 각 Item에 대해 key와 item 프로퍼티를 item의 현재 값으로 설정했다. Item 안에서 onClick 이벤트가 발생하면 console.log를 호출하며 이제 item의 가능한 상황을 나타내는 새로운 프로퍼티가 있다.

이 List 컴포넌트를 브라우저에서 렌더링하면 foo와 bar가 표시되며, + 버튼을 클릭해 baz를 추가하면 콘솔에 새로운 메시지가 나오는 것을 알 수 있다.

```
Item.props.statuses
    Value did not change. Avoidable re-render!
    before ["open", "close"]
    after  ["open", "close"]
Item.props.statuses
    Value did not change. Avoidable re-render!
    before ["open", "close"]
    after  ["open", "close"]
```

이 메시지를 통해 알 수 있는 사실은 배열에 들어 있는 값이 동일하더라도 렌더링할 때마다 배열의 새로운 인스턴스를 Item에 전달한다는 점이다.

이렇게 작동하는 이유는 모든 객체는 생성될 때 새로운 인스턴스를 반환하며, 새로운 배열은 들어 있는 값이 동일하더라도 서로 동일하지 않기 때문이다.

```
[] === []
false
```

또한 콘솔에 나오는 표를 보면 리액트가 DOM을 조작할 필요가 없음에도 프로퍼티가 변경되지 않은 항목을 렌더링하는 데 낭비한 시간이 나온다.

해결 방법은 배열을 한 번만 만들고, 렌더링할 때 동일한 인스턴스를 전달하는 것이다.

코드는 다음과 같다.

```
const statuses = ['open', 'close']
...
render() {
    return (
        <div>
            <ul>
                {this.state.items.map(item => (
                    <Item
                        key={item}
                        item={item}
```

```
                    onClick={console.log}
                    statuses={statuses}
                />
            ))}
        </ul>
        <button onClick={this.handleClick}>+</button>
    </div>
    )
}
```

브라우저에서 컴포넌트를 실행하면 콘솔에 새로운 메시지가 없음을 알 수 있다. 이것은 새로운 요소를 추가했을 때 항목을 불필요하게 다시 렌더링하지 않는다는 뜻이다.

리팩토링과 좋은 설계

이 절의 마지막 부분에서는 기존 컴포넌트를 리팩토링(또는 새로운 컴포넌트를 더 나은 방법으로 설계)해 애플리케이션의 성능을 개선하는 방법을 알아본다.

잘못된 설계는 여러 문제를 유발한다. 리액트에서는 상태를 올바른 위치에 넣지 않으면 컴포넌트가 필요 이상으로 렌더링되는 문제가 생긴다.

앞에서도 언급했듯이, 컴포넌트 자체가 필요 이상으로 자주 렌더링하는 것만으로는 심각한 문제가 아니다. 이보다는 긴 항목의 리스트를 여러 번 렌더링할 때 애플리케이션의 응답성이 떨어지는 현상이 관찰되는 경우가 문제일 수 있다.

이번에 만들 컴포넌트는 이전 예제와 비슷하게 작업계획 형식의 컴포넌트이며, 사용자가 새 항목을 입력할 수 있는 폼이 포함돼 있다.

지금까지와 마찬가지로 기본 버전으로 시작해서 단계별로 최적화한다.

다음과 같이 React.Component를 확장하는 Todos 클래스를 만든다.

```
class Todos extends React.Component
```

생성자 안에서는 상태를 초기화하고 이벤트 처리기를 바인딩한다.

```
constructor(props) {
    super(props)

    this.state = {
        items: ['foo', 'bar'],
        value: '',
    }

    this.handleChange = this.handleChange.bind(this)
    this.handleClick = this.handleClick.bind(this)
}
```

상태에는 다음과 같은 두 속성이 있다.

- **items**: 기본값 2개를 포함하는 항목의 리스트이며, 새 항목이 추가될 배열
- **value**: 사용자가 새 항목을 추가하기 위해 채우는 입력의 현재 값

이벤트 처리기의 기능은 이름을 보면 짐작할 수 있다. handleChange는 사용자가 폼에 문자를 입력할 때마다 호출된다.

```
handleChange({ target }) {
    this.setState({
        value: target.value,
    })
}
```

6장 '브라우저에 맞는 코드 작성'에서 살펴본 것처럼 onChange 처리기는 이벤트를 받으며, 이 이벤트의 target 프로퍼티는 컴포넌트를 제어하기 위해 값을 상태에 저장할 입력 요소를 나타낸다.

handleClick은 사용자가 새 항목을 추가하기 위해 폼을 제출할 때 호출된다.

```
handleClick() {
    const items = this.state.items.slice()
    items.unshift(this.state.value)

    this.setState({
        items,
    })
}
```

클릭 처리기는 상수 문자열이 아니라 상태에서 얻은 값을 사용하며 현재 배열의 복사본에 첫 번째 요소로 추가한다는 점을 제외하면 이전의 처리기와 아주 비슷하다.

마지막으로, render 메소드에서 뷰를 기술한다.

```
render() {
    return (
        <div>
            <ul>
                {this.state.items.map(item => <li key={item}>{item}</li>)}
            </ul>
            <div>
                <input
                    type="text"
                    value={this.state.value}
                    onChange={this.handleChange}
                />
                <button onClick={this.handleClick}>+</button>
            </div>
        </div>
    )
}
```

여기서는 정렬되지 않은 리스트의 항목 컬렉션을 순회하면서 각 항목을 `<li>` 요소로 출력한다. 제어 입력 필드에서는 현재 값을 설정하고 변경 이벤트를 수신한다. 마지막으로, + 버튼은 값을 제출하고 항목 배열에 추가한다.

다음 스크린샷은 이 컴포넌트를 실행한 결과를 보여준다.

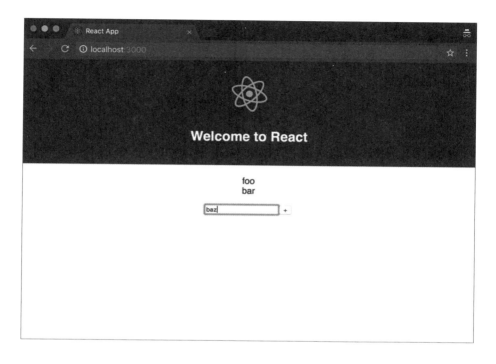

이제 컴포넌트를 브라우저에서 실행하면 기본값 2개를 포함하는 항목 리스트와 사용자가 리스트에 새 항목을 추가할 수 있는 폼이 표시된다. 폼에 내용을 입력하고 + 버튼을 클릭하면 항목이 리스트 맨 위에 추가된다.

지금은 이 컴포넌트에 별다른 문제가 없지만, 항목을 수백 개 추가하면 상황이 약간 달라진다. 즉, 항목이 너무 많으면 필드에 값을 입력하는 동안 반응 속도가 느려진다. 항목이 많을 때 성능이 떨어지는 이유는 사용자가 필드에 입력할 때마다 리스트가 다시 렌더링되기 때문이다. 제어 컴포넌트의 상태를 업데이트하면 리액트는 요소가 달라졌는지 확인하기 위해 render를 다시 호출한다.

달라진 것은 input 요소의 값뿐이므로 DOM에만 변경을 적용하면 되지만, 리액트는 어떤 작업이 필요한지 알기 위해 전체 컴포넌트와 그 자식을 렌더링하므로 항목이 많은 큰 리스트를 렌더링하는 작업에 많은 비용이 소비된다.

컴포넌트의 상태 객체를 보면 좋은 구조가 아니라는 점이 확연히 드러나는데, 사실상 완전히 다른 것이라고 할 수 있는 폼 필드의 값과 항목을 함께 저장하는 것이 문제의 주요 원인이다.

좋은 설계의 목표는 여러 용도를 가진 컴포넌트를 만드는 것이 아니라 한 가지를 아주 잘하는 컴포넌트를 만드는 것이다.

해결 방법은 컴포넌트를 더 명확한 역할과 상태를 갖는 작은 컴포넌트로 나누는 것이다.

이러한 컴포넌트는 서로 연관되므로 공통된 부모가 필요하다. 그런데 사용자가 필드에 입력할 때마다 리스트가 다시 렌더링되지 않게 하려면, 일단은 폼이 제출되고 새 항목이 추가될 때도 리스트를 렌더링하지 않게 해야 한다.

이를 위해서는 리스트와 폼 간에 공유되는 저장소의 일부인 항목의 리스트만 저장하도록 Todos 컴포넌트를 수정해야 한다.

그런 다음 항목만 받는 리스트를 별도로 만들고 입력 필드를 제어하는 상태를 갖는 폼을 만들어야 한다. 필드는 폼이 제출되면 공통 부모의 콜백을 호출해 리스트를 업데이트한다.

Todos 컴포넌트를 먼저 변경해보자.

```
class Todos extends React.Component
```

생성자에서는 기본 항목만 상태 안에 정의하고 Form 컴포넌트의 콜백인 제출 처리기 하나를 바인딩한다.

```
constructor(props) {
    super(props)
```

```
    this.state = {
        items: ['foo', 'bar'],
    }

    this.handleSubmit = this.handleSubmit.bind(this)
}
```

제출 처리기의 구현은 앞서 살펴본 클릭 처리기와 거의 동일하다.

```
handleSubmit(value) {
    const items = this.state.items.slice()
    items.unshift(value)

    this.setState({
        items,
    })
}
```

유일한 차이는 새 항목의 값을 콜백의 매개변수를 통해 받는다는 점이다. 그런 다음 배열의 복사본을 만들고 값을 첫 번째 요소로 추가한다. 배열을 업데이트한 후 이를 상태로 추가한다.

render 메소드는 두 커스텀 컴포넌트를 각각의 프로퍼티를 사용해 렌더링하는 일만 하므로 훨씬 깔끔해졌다.

```
render() {
    return (
        <div>
            <List items={this.state.items} />
            <Form onSubmit={this.handleSubmit} />
        </div>
    )
}
```

List 컴포넌트는 상태로부터 항목을 받으며, Form은 콜백을 통해 handleSubmit 함수를 받고 사용자가 + 버튼을 클릭하면 onSubmit을 호출한다.

이제 하위 컴포넌트를 만들 차례인데, 이전의 render 메소드 코드 중 일부를 추출해서 List부터 만들어보자.

List는 항목이 변경될 때만 다시 렌더링되도록 PureComponent를 상속하는 클래스로 구현할 수 있다.

```
class List extends React.PureComponent
```

render 메소드는 아주 간단하며 배열의 항목을 순회하면서 리스트를 생성한다.

```
render() {
    return (
        <ul>
            {this.props.items.map(item => <li key={item}>{item}</li>)}
        </ul>
    )
}
```

Form 컴포넌트는 제어 입력 요소의 상태를 처리해야 하므로 List보다는 약간 더 복잡하다. 이 컴포넌트도 PureComponent를 확장하며 콜백이 바뀌지 않으므로 부모 때문에 다시 렌더링되지 않게 했다.

```
class Form extends React.PureComponent
```

Form 컴포넌트의 생성자에서는 초기 상태를 설정하고 제어 입력의 변경 처리기를 바인딩한다.

```
constructor(props) {
    super(props)

    this.state = {
        value: '',
    }

    this.handleChange = this.handleChange.bind(this)
}
```

변경 처리기의 구현은 지금까지 살펴본 여타 제어 입력과 아주 비슷하다.

```
handleChange({ target }) {
    this.setState({
        value: target.value,
    })
}
```

입력 내용인 target 요소를 받고 그 값을 상태에 저장한다.

마지막으로, render 메소드에서는 폼을 구성하는 요소를 선언한다.

```
render() {
    return (
        <div>
            <input
                type="text
                value={this.state.value}
                onChange={this.handleChange}
            />
            <button
                onClick={() => this.props.onSubmit(this.state.value)}
            >+</button>
        </div>
    )
}
```

폼을 구성하는 요소에는 값을 설정한 제어 입력 필드, 변경 처리기, 현재 값을 전달하고 콜백을 호출하는 + 버튼이 포함된다. 이 경우에는 순수 자식이 없으므로 render 안에서 함수를 생성할 수 있다.

이것으로 끝났다. 새로 만든 Todos 컴포넌트를 실행해보면 동작은 이전과 동일하지만, 이제는 리스트와 폼이 별도의 분리된 상태를 가지며 해당 프로퍼티가 변경될 때만 다시 렌더링된다.

예를 들어 리스트에 수백 개의 항목을 추가해도 성능이 영향을 받지 않으며, 입력 필드의 반응 속도도 느려지지 않는다. 컴포넌트를 리팩토링하고 설계를 약간 조정해 역할을 적절하게 분리함으로써 성능 문제를 해결했다.

▌ 툴과 라이브러리

다음 절에서는 성능을 모니터링하고 개선하기 위해 코드베이스에 적용할 수 있는 몇 가지 기법과 툴, 그리고 라이브러리를 소개한다.

불변성

앞서 간단히 다룬 적이 있지만, 리액트 애플리케이션의 성능을 개선하는 데 사용할 수 있는 가장 강력한 툴은 PureComponent를 사용하는 shouldComponentUpdate이다.

유일한 문제는 PureComponent가 프로퍼티와 상태를 비교하는 데 얕은 비교 방법을 사용한다는 것이다. 즉, 객체를 프로퍼티를 통해 전달하면서 여기에 포함된 값을 변경하면 예상치 않은 결과가 나올 수 있다.

얕은 비교로는 프로퍼티의 변경 여부를 확인할 수 없으며, 객체 자체가 바뀌지 않으면 컴포넌트가 다시 렌더링되지 않는다.

이 문제를 해결하는 한 가지 방법은 일단 생성한 후에는 변경할 수 없는 데이터인 **불변 데이터**immutable data를 사용하는 것이다.

다음과 같이 상태를 설정했다고 가정해보자.

```
const obj = this.state.obj
obj.foo = 'bar'
this.setState({ obj })
```

이 경우 객체의 foo 속성이 변경돼도 객체에 대한 참조는 동일하므로 얕은 비교로는 변경 사실을 인식할 수 없다.

한 가지 해결 방법은 객체를 변경할 때마다 다음과 같이 인스턴스를 새로 만드는 것이다.

```
const obj = Object.assign({}, this.state.obj, { foo: 'bar' })
this.setState({ obj })
```

이 경우 foo 프로퍼티를 bar로 설정한 새 객체를 얻으므로 얕은 비교로도 변경을 인식할 수 있다.

ES2015와 바벨에서는 객체 전개 연산자를 사용해 같은 개념을 좀 더 세련된 방법으로 나타낼 수 있다.

```
const obj = { ...this.state.obj, foo: 'bar' }
this.setState({ obj })
```

이 코드는 앞서 살펴본 버전보다 간결하고 결과는 동일하지만, 이 책을 집필하는 시점에는 트랜스파일을 거쳐야 브라우저에서 실행할 수 있었다.

리액트는 불변 객체를 사용하는 작업을 도와주는 몇 가지 불변성 도우미를 제공한다. 더 강력한 기능을 제공하는 immutable.js라는 유명한 라이브러리도 있지만, 이 라이브러리를 사용하려면 새로운 API를 배워야 한다.

모니터링 툴

앞에서 리액트가 제공하는 `Perf` 애드온을 사용해 컴포넌트의 성능을 추적하는 방법을 배웠다.

예제에서는 다음과 같이 컴포넌트의 수명 주기 후크를 사용해 모니터링을 시작하고 중지했다.

```
componentWillUpdate() {
    Perf.start()
}

componentDidUpdate() {
    Perf.stop()
    Perf.printOperations()
}
```

`stop` 메소드를 호출해 모니터링을 중지한 다음 `printOperations` 함수를 호출해 리액트가 필요한 변경을 적용하기 위해 수행한 DOM 작업 내역을 브라우저 콘솔에 표시했다.

상당히 유용한 툴이지만, 단순히 컴포넌트의 성능을 추적하기 위해 후크를 사용하고 코드베이스를 오염시키는 것은 과도한 조치일 수 있다.

최상의 해결책은 코드 수정 없이 컴포넌트의 성능을 모니터링하는 것이다. 이를 위해 크롬용 `chrome-react-perf` 확장을 사용할 수 있다.

다음 URL에서 이 확장을 브라우저에 설치할 수 있다.

https://chrome.google.com/webstore/detail/reactperf/hacmcodfllhbnekm
ghgdlplbdnahmhmm

이 확장을 설치하면 코드를 작성할 필요 없이 손쉽게 Perf 애드온을 시작/중지할 수 있는 패널이 데브툴에 추가된다.

컴포넌트의 성능에 대한 정보를 손쉽게 수집할 수 있게 도와주는 또 다른 툴로 react-perf-tool이 있다. 이 툴은 애플리케이션 내에 설치하고 가져올 수 있는 컴포넌트이며, 브라우저 창에서 Perf 애드온을 관리하는 편리한 인터페이스를 제공한다.

이 툴은 모니터링을 시작/중지할 수 있는 콘솔을 페이지 맨 밑에 표시하며, 데이터 표가 아니라 알아보기 쉬운 그래프를 제공하므로 어떤 컴포넌트가 더 많은 시간을 소비하는지 쉽게 알 수 있다.

바벨 플러그인

리액트 애플리케이션의 성능 개선에 도움이 되는 몇 가지 흥미로운 **바벨**Babel 플러그인이 있다. 이러한 툴을 사용하면 빌드 타임에 코드 일부를 최적화해 애플리케이션의 성능을 개선할 수 있다.

첫 번째로 **리액트 상수 요소 변환기**는 render 메소드(또는 함수형 상태 비저장 컴포넌트)에서 프로퍼티의 영향으로 변경되지 않는 모든 정적 요소를 찾아 추출하는 방법으로 createElement가 불필요하게 호출되는 것을 방지한다.

이 바벨 플러그인을 사용하려면 먼저 npm을 이용해 해당 플러그인을 설치한다.

```
npm install --save-dev babel-plugin-transform-react-constant-elements
```

그런 다음 .babelrc 파일을 편집해 plugins 키를 추가하고 활성화하려는 플러그인의 리스트를 값으로 포함하는 배열을 지정한다.

이 예에서는 다음 항목이 필요하다.

```
{
    "plugins": ["transform-react-constant-elements"]
}
```

유용한 두 번째 바벨 플러그인으로 모든 JSX 선언(또는 createElement 호출)을 더 효율적인 버전으로 교체해 실행 속도를 개선하는 리액트 인라인 요소 변환기가 있다.

이 플러그인은 다음과 같이 설치한다.

```
npm install --save-dev babel-plugin-transform-react-inline-elements
```

그런 다음 .babelrc 파일의 플러그인 배열에 다음 항목을 추가한다.

```
{
    "plugins": ["transform-react-inline-elements"]
}
```

그런데 두 플러그인은 개발 모드에서 디버깅에 방해가 되므로 실무 모드에서만 사용해야 한다.

▌ 요약

이것으로 성능 향상을 위한 여정이 끝났고, 이제 애플리케이션을 최적화해 더 나은 사용자 경험을 제공할 수 있게 됐다.

9장에서는 조정 알고리즘이 작동하는 방법을 배우고, 리액트가 DOM에 변경을 적용하기 위해 항상 최단 경로를 선택한다는 사실을 확인했다. 키를 사용해 라이브러리의 최적화를 돕는 방법도 알아봤다.

Perf 애드온을 사용해 애플리케이션에서 최적화가 필요한 부분을 찾을 때는 항상 리액트의 실무용 버전을 사용해야 한다.

병목 현상을 발견한 후에는 9장에서 다른 기법 중 하나를 적용해 문제를 해결할 수 있다. 첫 번째 기법은 PureComponent를 확장하고 불변 데이터를 사용해 꼭 필요할 때만 컴포넌트를 다시 렌더링하게 하는 것이다.

또한 render 메소드 안에서 새 함수를 생성하거나 상수를 프로퍼티로 사용하는 등의 PureComponent 효율을 떨어뜨리는 흔한 실수를 하지 않도록 주의하는 것도 중요하다.

컴포넌트 구조를 리팩토링하거나 올바르게 설계해 성능을 향상하는 방법도 알아봤다. 컴포넌트를 만들 때 가장 중요한 목표는 한 가지 역할을 확실하게 수행하는 작은 컴포넌트를 만드는 것이다.

9장의 마지막 부분에서는 불변성에 대해 논의하고 shouldComponentUpdate와 shallowCompare가 제 역할을 하려면 불변성을 활용해야 한다는 점을 확인했다. 마지막으로, 애플리케이션의 성능을 개선할 수 있는 여러 툴과 라이브러리를 소개했다.

10장에서는 테스트와 디버깅에 대해 다룬다.

10

테스트와 디버깅

리액트 애플리케이션은 컴포넌트 덕분에 테스트하기가 수월하다. 리액트로 테스트를 만드는 데 사용할 수 있는 다양한 툴이 있는데, 가장 많이 사용되는 툴을 소개하고 장점을 알아보자.

제스트[Jest]는 페이스북의 크리스토퍼 포저[Christopher Pojer]와 커뮤니티의 기여자들이 관리하는 올인원 테스트 솔루션이며, 개발자에게 최상의 테스트 환경을 제공하기 위해 개발됐다. **모카**[Mocha]는 테스트를 위한 커스텀 설정을 만들 수 있다. 10장에서는 최상의 테스트 환경을 만드는 두 가지 방법을 모두 소개한다.

테스트유틸즈[TestUtils]와 **엔자임**[Enzyme]을 이용해 얕은 렌더링과 전체 DOM 렌더링의 차이점을 살펴보고, **스냅샷**[Snapshot] 테스트의 작동 방법과 여러 유용한 코드 커버리지 정보를 수집하는 방법을 알아본다.

툴의 특성과 기능을 알아본 다음에는 리덕스 리포지터리의 컴포넌트에 대해 다루고, 복잡한 시나리오에 적용할 수 있는 일반적인 테스트 솔루션을 살펴본다.

10장의 마지막 부분에서는 테스트 환경을 처음부터 만들어보고, 애플리케이션의 컴포넌트에 맞는 테스트를 직접 작성한다.

10장에서 다루는 내용은 다음과 같다.

- 애플리케이션 테스트가 중요한 이유와 테스트의 장점
- 제스트 환경을 설정해 테스트유틸즈로 컴포넌트를 테스트하는 방법
- 모카로 동일한 환경을 설정하는 방법
- 리액트 애플리케이션의 테스트를 위한 엔자임의 특성과 장점
- 실제 컴포넌트를 테스트하는 방법
- 제스트 스냅샷과 이스탄불 코드 커버리지 툴
- 여러 중첩된 자식이 포함된 복잡한 페이지와 상위 컴포넌트를 테스트하는 일반적인 해결책
- 리액트 개발자 툴과 몇 가지 오류 처리 기법

▌ 테스트의 혜택

웹 UI를 테스트하는 것은 아주 힘든 일이다. 인터페이스는 단위 테스트부터 종단 간 end-to-end 테스트까지 브라우저와 사용자 상호작용에 의존하며, 다른 여러 변수 때문에 효과적인 테스트 전략을 구현하기 어렵다.

웹의 종단 간 테스트를 작성해본 경험이 있다면 일관된 테스트 결과를 얻기가 매우 어렵다는 것과 네트워크 같은 여러 위음성 false negative 의 영향을 많이 받는다는 사실을 알고 있을 것이다. 게다가 사용자 인터페이스는 사용자 경험과 고객 변환율 개선, 신기능 추가 등을 위해 가장 자주 업데이트된다.

테스트는 개발자가 자신의 코드에 자신감을 갖게 하는 데 아주 중요하며, 코드의 속도와 품질에 많은 영향을 준다. 코드를 제대로 테스트했다면(즉, 테스트를 잘 작성했다면) 개발자는 자신의 작업에 대해 자신감을 가질 수 있다. 비슷한 이유로 코드를 수정하는 동안 기능을 보장할 수 있으므로 코드를 리팩토링하기도 쉽다.

개발자는 현재 구현하고 있는 기능에만 집중하는 경향이 많으며 특정 부분에 대한 변화가 애플리케이션의 다른 부분에 영향을 미친다는 사실을 깨닫지 못하는 경우가 종종 있다. 테스트는 이전의 테스트가 새로운 코드 때문에 망가졌는지 여부를 알 수 있게 해주므로 회귀를 방지하도록 도와준다. 새로운 기능을 안심하고 추가할 수 있으면 출시를 앞당기는 데도 도움이 된다.

애플리케이션의 주요 기능을 테스트하면 코드베이스를 더 안정적으로 만들 수 있으며, 새로운 버그가 발견될 때마다 테스트를 활용해 재현, 수정, 관리하고 향후에 재발하지 않게 조치를 취할 수 있다.

다행히 리액트는 사용자 인터페이스를 쉽고 효과적으로 테스트할 수 있는 여러 기능을 제공한다. 애플리케이션의 모든 부분이 각자의 역할과 경계를 가지므로 컴포넌트나 컴포넌트 트리를 테스트하는 작업은 그리 지루하고 힘든 과정은 아니다.

컴포넌트를 제대로 설계한 경우, 즉 조합성과 재사용성을 고려해 순수하게 설계한 경우 간단한 함수처럼 테스트할 수 있다.

최신 툴의 큰 장점 중 하나는 노드와 콘솔을 이용해 테스트를 실행할 수 있다는 점이다. 테스트를 수행할 때마다 매번 브라우저를 새로 실행하는 방식은 시간이 많이 걸리고 결과를 예측하기 어렵다. 이보다는 콘솔을 이용한 테스트가 훨씬 빠르다.

컴포넌트를 콘솔에서만 테스트하면 종종 실제 브라우저에서 렌더링할 때 예기치 않은 결과가 발생할 수 있지만 드문 현상이다.

리액트 컴포넌트를 테스트할 때는 컴포넌트가 올바르게 작동하는지 확인하고 다른 프로퍼티 집합을 전달했을 때 결과가 올바른지 확인해야 한다.

컴포넌트가 가질 수 있는 다양한 상태도 테스트하기를 원할 수 있다. 상태는 버튼을 클릭하면 변경될 수 있으므로 모든 이벤트 처리기가 예상대로 작동하는지 확인하는 테스트를 작성할 수 있다.

컴포넌트의 모든 기능을 테스트했지만, 더 철저하게 테스트하기를 원한다면 **한계 사례** edge case 에서 컴포넌트 동작을 확인하는 테스트를 작성할 수 있다. 한계 사례는 모든 프로퍼티가 null이거나 오류가 발생하는 등의 컴포넌트에서 가정할 수 있는 상황을 의미한다. 이러한 테스트를 작성한 후에는 컴포넌트가 예상대로 작동한다고 확신할 수 있다.

그런데 단일 컴포넌트를 개별적으로 테스트했을 때 잘 작동한다고 해서 이러한 컴포넌트를 함께 작동시킬 때도 잘 작동한다는 보장은 없다. 뒤에 살펴보겠지만, 리액트는 컴포넌트의 트리를 마운팅하고 이들 간의 통합을 테스트하는 기능을 제공한다.

테스트를 작성하는 데는 여러 가지 기법을 사용할 수 있으며, 그중 많이 사용되는 기법 중 하나로 **테스트 주도 개발**TDD, Test Driven Development이 있다. 테스트 주도 개발을 적용한다는 것은 먼저 테스트를 작성한 후 이 테스트를 통과하는 코드를 작성한다는 뜻이다.

이 패턴을 따르면 기능을 구현하기 전에 설계를 먼저 고려하게 되므로 결과적으로 더 나은 코드를 작성하게 되고 코드 품질이 개선된다.

▌ 제스트를 사용한 편리한 자바스크립트 테스트

리액트 컴포넌트를 올바르게 테스트하는 방법을 배울 때 가장 중요한 것은 직접 코드를 작성해보는 것이다. 이 절에서도 이 원칙을 따를 것이다.

리액트 설명서를 보면 페이스북에서는 제스트를 사용해 컴포넌트를 테스트한다는 내용이 나오지만 리액트에서 특정한 테스트 프레임워크를 강요하는 것은 아니므로 다른 솔루션을 사용해도 아무 문제가 없다.

다음 절에서는 모카를 이용해 컴포넌트를 테스트하는 방법을 배운다.

제스트를 이용하는 방법을 살펴보기 위해 프로젝트를 처음부터 만들어 모든 의존성을 설치하고 컴포넌트와 테스트를 작성하는 과정을 직접 진행해보자. 흥미로운 과정일 것이다.

먼저 새 폴더로 이동하고 다음 명령을 실행한다.

```
npm init
```

package.json을 생성한 후에는 의존성의 설치를 시작할 수 있다. 우선 jest 패키지를 설치한다.

```
npm install --save-dev jest
```

npm에 jest 명령을 사용해 테스트를 실행한다는 것을 알려주려면 package.json에 다음 항목을 추가한다.

```
"scripts": {
    "test": "jest"
},
```

ES2015와 JSX를 사용해 컴포넌트와 테스트를 작성하려면 제스트가 코드를 트랜스파일하고 이해할 수 있도록 바벨 관련 패키지를 설치해야 한다.

두 번째 의존성 집합은 다음과 같이 설치한다.

```
npm install --save-dev babel-jest babel-preset-es2015 babel-preset-react
```

다음은 프로젝트 안에서 사용할 프리셋과 플러그인을 바벨에 알려주기 위한 .babelrc 파일을 만들어야 한다.

.babelrc 파일은 다음과 같다.

```
{
    "presets": ["es2015", "react"]
}
```

다음은 컴포넌트를 만들고 렌더링하는 데 필요한 리액트와 리액트 DOM을 설치할 차례다.

```
npm install --save react react-dom
```

이것으로 설정이 완료됐다. 이제 ES2015 코드를 대상으로 제스트를 실행해 컴포넌트를 DOM에 렌더링할 수 있지만, 한 가지 작업이 남아 있다.

앞에서 언급했듯이, 노드와 콘솔을 사용해 테스트를 실행하기를 원한다. 이를 위해서는 브라우저의 DOM을 필요로 하는 리액트 DOM을 이용해 컴포넌트를 렌더링할 수 없다.

페이스북 팀에서 만든 테스트유틸즈^{TestUtils}라는 툴을 사용하면 테스트 프레임워크에 관계없이 편리하게 리액트 컴포넌트를 테스트할 수 있다.

먼저 이 툴을 설치하고 어떤 기능이 있는지 알아보자.

```
npm i --save-dev react-addons-test-utils
```

이제 컴포넌트를 테스트하는 데 필요한 모든 항목이 준비됐다. 테스트유틸즈 라이브러리에는 컴포넌트를 얕게 렌더링하거나 브라우저 바깥의 분리된 DOM으로 렌더링하는 함수가 있다. 또한 분리된 DOM에 렌더링된 노드를 참조하는 몇 가지 유틸리티 함수를 제공해 노드 값을 가정하거나 예측할 수 있게 해준다.

테스트유틸즈를 사용하면, 브라우저 이벤트를 시뮬레이트하고 이벤트 처리기가 올바르게 설정됐는지 확인할 수 있다.

테스트할 컴포넌트를 만드는 것부터 시작해보자.

여기서 만들 컴포넌트는 텍스트 프로퍼티와 클릭 이벤트에 대한 이벤트 처리기를 이용해 버튼 요소 하나를 렌더링하는 Button이다. 먼저 기본 골격을 만들고 구현을 작성한 후 테스트 주도 개발 방식에 맞게 테스트를 작성해보자.

테스트유틸즈의 상태 비저장 함수형 컴포넌트에 대한 지원은 약간 제한되므로 이 컴포넌트의 클래스를 구현해야 한다.

button.js 파일을 만들고, 여기에서 리액트를 가져온다.

```
import React from 'react'
```

이제 다음과 같이 Button 클래스를 정의할 수 있다.

```
class Button extends React.Component
```

빈 render 함수는 div 하나를 반환하게 한다.

```
render() {
    return <div />
}
```

마지막으로, 다음과 같이 버튼을 내보낸다.

```
export default Button
```

이제 컴포넌트 테스트를 시작할 준비가 됐다. button.spec.js라는 파일에 첫 번째 테스트를 만들어보자.

제스트는 소스 폴더에서 .spec 또는 .test로 끝나는 파일이나 __tests__ 폴더에 있는 파일을 찾지만, 이 구성은 각자의 프로젝트에 맞게 변경할 수 있다.

button.spec.js에서는 먼저 의존성을 가져온다.

```
import React from 'react'
import TestUtils from 'react-addons-test-utils'
import Button from './button'
```

첫 번째인 리액트는 JSX를 기록하는 데 필요하며, 두 번째인 테스트유틸즈의 사용법은 조금 뒤에 살펴본다. 마지막은 앞에서 만든 Button 컴포넌트다.

처음으로 작성할 테스트는 다음과 같이 모든 사항이 작동하는지 확인한다. 나는 보통 이런 식으로 시작한다.

```
test('works', () => {
    expect(true).toBe(true)
})
```

test 함수는 매개변수 2개를 받는데, 첫 번째 매개변수는 테스트에 대한 설명이며, 두 번째 매개변수는 테스트의 구현을 포함하는 함수다. expect 함수는 객체에 대한 예상을 지정하며, toBe라는 다른 함수와 연결해 전달된 객체가 toBe에 전달된 객체와 동일한지 검사할 수 있다.

터미널을 열고 다음 명령을 실행한다.

```
npm test
```

그러면 다음과 비슷한 결과가 나온다.

```
PASS   ./button.spec.js
  ✓ works (3ms)
Test Suites: 1 passed, 1 total
Tests:       1 passed, 1 total
Snapshots:   0 total
Time:        1.48s
Ran all test suites.
```

이와 같이 콘솔에 PASS라는 메시지가 나오면 실제 테스트를 작성할 준비가 된 것이다.

앞에서 이야기했듯이, 프로퍼티를 지정하면 컴포넌트가 이를 올바르게 렌더링하고 이벤트 처리기가 제대로 작동하는지 확인하는 테스트를 작성하려고 한다.

리액트 컴포넌트를 테스트하는 데는 기본적으로 두 가지 방법이 있다.

- 얕은 렌더링
- 컴포넌트를 분리된 DOM에 마운팅

우선 가장 간단하고 이해하기 쉬운 첫 번째 방법부터 알아보자. 얕은 렌더링은 컴포넌트를 한 단계 깊이로 렌더링하고 그 결과를 반환해 결과에 대한 예상을 실행할 수 있게 해준다.

한 단계 깊이로 렌더링한다는 건, 컴포넌트가 복잡한 자식 계층을 갖고 있더라도 이를 무시하고 해당 컴포넌트를 격리해 테스트할 수 있다는 뜻이다.

첫 번째 기본 테스트는 지정한 텍스트가 버튼 요소의 자식으로 렌더링되는지 확인한다.

이 테스트는 다음과 같이 시작한다.

```
test('renders with text', () => {
```

우선 프로퍼티를 통해 전달한 후 올바르게 렌더링됐는지 여부를 확인할 text 변수를
정의한다.

```
const text = 'text'
```

이어서 다음과 같은 세 행의 코드로 얕은 렌더링을 구현한다.

```
const renderer = TestUtils.createRenderer()
renderer.render(<Button text={text} />)
const button = renderer.getRenderOutput()
```

이 코드의 첫 번째 행은 renderer를 생성하며, 두 번째 행은 text 변수를 전달하고 버
튼을 렌더링한다. 마지막 세 번째 행은 컴포넌트를 렌더링한 결과를 받는다.

렌더링 결과는 다음과 비슷하다.

```
{ '$$typeof': Symbol(react.element),
    type: 'button',
    key: null,
    ref: null,
    props: { onClick: undefined, children: 'text' },
    _owner: null,
    _store: {} }
```

이 렌더링 결과를 보면 리액트 요소 하나를 나타낸다는 사실을 알 수 있다. 두 번째
프로퍼티는 children 요소이며, 여기에 올바른 값이 들어 있는지 확인해야 한다.

이제 어떤 결과가 나올지 알고 있으므로 다음과 같이 예상을 작성할 수 있다.

```
expect(button.type).toBe('button')
expect(button.props.children).toBe(text)
```

여기서는 button 컴포넌트가 button 형식의 요소 하나를 반환하며, 지정한 텍스트가 자식에 포함된다고 선언한다.

마지막으로, 테스트 블록을 닫는다.

```
})
```

이제 콘솔로 돌아가서 다음과 같이 실행한다.

```
npm test
```

그러면 다음과 비슷한 결과가 나온다.

```
FAIL  ./button.spec.js
 ● renders with text
   expect(received).toBe(expected)
   Expected value to be (using ===):
     "button"
   Received:
     "div"
```

아직 컴포넌트 자체를 구현하지 않았기 때문에 테스트는 당연히 실패한다. 현재 이 컴포넌트는 div 요소 하나를 반환하는데, 테스트가 정상적으로 통과하게 하려면 button 컴포넌트로 돌아가서 코드를 수정해야 한다. 이를 위해 render 메소드를 다음과 같이 수정한다.

```
render() {
    return (
        <button>
            {this.props.text}
        </button>
    )
}
```

npm test를 다시 실행하면 콘솔에 녹색 체크 표식이 나타나고, 다음과 비슷한 결과가
표시된다.

```
PASS   ./button.spec.js
  ✓ renders with text (9ms)
Test Suites: 1 passed, 1 total
Tests:       1 passed, 1 total
Snapshots:   0 total
Time:        1.629s
Ran all test suites.
```

축하한다. TDD 방식으로 작성한 첫 번째 컴포넌트 테스트가 성공했다.

다음은 컴포넌트에 전달한 onClick 처리기가 버튼을 클릭할 때마다 호출되는지 확인
하는 테스트를 작성해보자.

코드 작성을 시작하기 전에 모형 함수와 분리된 DOM이라는 두 개념을 알아야 한다.

모형^{mock}은 함수의 동작을 테스트 안에서 쉽게 확인하기 위한 개념이다. 예를 들어,
이 예제에서는 함수 하나를 onClick 프로퍼티를 이용해 버튼으로 전달한 후 사용자
가 버튼을 클릭할 때 이 함수가 호출되는지 확인하는 것이 테스트의 목적이다.

이를 위해 실제 함수와 비슷하지만 몇 가지 특수한 프로퍼티를 갖는 모형(또는 프레임
워크에 따라 스파이^{spy})이라는 특수한 함수를 만들어야 한다. 예를 들어 함수가 호출됐
는지 여부, 호출됐다면 어떤 매개변수가 전달됐고 몇 번 호출됐는지 확인할 수 있다.

제스트는 올인원 테스트 프레임워크이며, 올바른 테스트를 작성하는 데 필요한 모든
툴을 제공한다. 제스트로 모형 함수를 만드는 데는 jest.fn( )을 사용한다.

다음 테스트를 작성하기 전에 알아야 할 두 번째 개념은 테스트유틸즈로는 얕은 렌더
링을 사용해 DOM 이벤트를 시뮬레이트할 수 없다는 것이다.

테스트유틸즈 이벤트를 시뮬레이트하려면 간단한 리액트 요소가 아니라 실제 컴포넌

트를 대상으로 작업해야 한다.

즉, 브라우저 이벤트를 테스트하려면 컴포넌트를 분리된 DOM으로 렌더링해야 한다. 컴포넌트를 실제 DOM으로 렌더링하려면 브라우저가 필요하지만, 제스트는 콘솔을 사용해 컴포넌트를 렌더링할 수 있는 특수한 DOM을 제공한다.

컴포넌트를 DOM으로 렌더링하는 구문은 얕은 렌더링과는 약간 다르다. 테스트를 직접 작성해보자.

먼저 새로운 테스트 블록을 만든다.

```
test('fires the onClick callback', () => {
```

제목은 onClick 콜백이 올바르게 작동하는지 확인한다는 뜻이다.

다음은 제스트 jest.fn 함수를 사용해 onClick 모형을 만든다.

```
const onClick = jest.fn()
```

컴포넌트를 DOM으로 렌더링하는 코드는 다음과 같다.

```
const tree = TestUtils.renderIntoDocument(
   <Button onClick={onClick} />
)
```

tree를 로깅해보면 단순한 리액트 요소가 아닌 실제 컴포넌트 인스턴스를 얻는다는 사실을 알 수 있다.

따라서 간단하게 renderIntoDocument 함수가 반환한 객체를 조사할 수는 없으며, 테스트유틸즈 라이브러리의 함수를 사용해 우리가 필요로 하는 버튼 요소를 얻어야 한다.

```
const button = TestUtils.findRenderedDOMComponentWithTag(
    tree,
    'button'
)
```

이 함수는 함수 이름이 의미하듯이, 트리 안에서 지정한 태그 이름을 가진 컴포넌트를 검색한다.

다음은 테스트유틸즈의 다른 함수를 사용해 이벤트를 시뮬레이트한다.

```
TestUtils.Simulate.click(button)
```

Simulate 객체는 이벤트 이름의 함수를 받고 매개변수로 대상 컴포넌트를 지정한다.

마지막으로, 예상을 작성한다.

```
expect(onClick).toBeCalled()
```

여기서는 간단하게 모형 함수가 호출된다고 예상했다.

지금 npm test로 테스트를 실행하면 아직 onClick 기능을 구현하지 않았으므로 테스트가 실패한다.

```
FAIL  ./button.spec.js
● fires the onClick callback

    expect(jest.fn()).toBeCalled()
    Expected mock function to have been called.
```

이것이 TDD 프로세스를 진행하는 방법이다. button.js로 돌아가서 이벤트 처리기를 구현하고 render 메소드를 다음과 같이 수정한다.

```
render() {
    return (
        <button onClick={this.props.onClick}>
            {this.props.text}
        </button>
    )
}
```

이제 npm test를 다시 실행하면 테스트가 통과된다.

```
PASS   ./button.spec.js
  ✓ renders with text (10ms)
  ✓ fires the onClick callback (17ms)
Test Suites: 1 passed, 1 total
Tests:       2 passed, 2 total
Snapshots:   0 total
Time:        1.401s, estimated 2s
Ran all test suites.
```

이것으로 컴포넌트가 제대로 구현됐는지 완전하게 테스트했다.

▌ 유연한 모카 테스트 프레임워크

이 절에서는 리액트에서 어떤 테스트 프레임워크라도 사용할 수 있다는 사실을 확실히 하기 위해 모카Mocha를 사용해 동일한 결과를 얻는 방법을 살펴본다. 또한 통합 테스트 프레임워크이며 매끄러운 개발자 경험을 제공하기 위해 모든 작업을 자동화하는 제스트와, 자유롭게 다른 툴을 사용할 수 있는 모카 간의 주요 차이점을 확인할 수 있다. 모카를 사용하면 리액트 컴포넌트를 테스트하는 데 사용할 패키지를 직접 선택해 설치할 수 있다.

다음과 같이 새로운 폴더를 만들고 npm 패키지를 초기화한다.

```
npm init
```

가장 먼저 mocha 패키지를 설치한다.

```
npm install --save-dev mocha
```

제스트와 마찬가지로 ES2015와 JSX를 작성할 수 있으려면 바벨의 도움을 받아야 한다. 모카를 사용하려면 다음과 같은 패키지를 설치해야 한다.

```
npm install --save-dev babel-register babel-preset-es2015 babel-preset-react
```

모카와 바벨을 설치한 후, 다음과 같이 테스트 스크립트를 설정할 수 있다.

```
"scripts": {
    "test": "mocha --compilers js:babel-register"
},
```

여기서는 자바스크립트 파일을 바벨 레지스터를 사용해 처리하도록 컴파일러 플래그를 설정하고 mocha를 테스트 작업으로 실행하도록 npm에 지시한다.

다음 단계에서는 리액트와 리액트 DOM을 설치한다.

```
npm install --save react react-dom
```

다음은 테스트 환경에서 컴포넌트를 렌더링하는 데 필요한 테스트유틸즈를 설치한다.

```
npm install --save-dev react-addons-test-utils
```

326

이제 모카로 테스트하는 데 필요한 기본 기능이 준비됐지만, 제스트와 동등한 수준이 되려면 세 가지 패키지를 더 설치해야 한다.

첫 번째 chai는 제스트에서와 비슷한 방법으로 예상을 작성할 수 있게 해준다. 두 번째 chai-spies는 onClick 콜백을 조사하고 호출됐는지 여부를 확인하는 데 사용할 수 있는 spies 기능을 제공한다.

마지막으로, 분리된 DOM을 생성하고 테스트유틸즈가 실제 브라우저 없이 콘솔에서 필요한 작업을 할 수 있게 해주는 jsdom 패키지를 설치해야 한다.

```
npm install --save-dev chai chai-spies jsdom
```

이제 테스트를 작성하고 앞서 만든 동일한 button.js 사용을 시작할 준비가 됐다. 컴포넌트는 이미 구현이 끝났으므로 이번에는 TDD 프로세스를 따르지 않고, 두 프레임워크 간의 주 차이점을 알아보는 데 집중해보자.

모카는 test 폴더에 테스트가 있다고 가정하므로 이 폴더를 만들고 button.spec.js 파일을 추가한다.

우선 필요한 의존성을 모두 가져온다.

```
import chai from 'chai'
import spies from 'chai-spies'
import { jsdom } from 'jsdom'
import React from 'react'
import TestUtils from 'react-addons-test-utils'
import Button from '../button'
```

여기서 알 수 있듯이, 모카에서는 사용할 툴을 자유롭게 선택할 수 있으므로 제스트보다 가져올 의존성의 수가 많다.

다음은 chai에 spies 패키지를 사용하도록 지시한다.

```
chai.use(spies)
```

다음은 chai 패키지에서 필요한 기능을 추출한다. 이 기능은 나중에 테스트 구현에서 사용한다.

```
const { expect, spy } = chai
```

다음의 두 행은 jsdom을 설정하고 리액트 컴포넌트를 렌더링하는 데 필요한 DOM 객체를 제공한다.

```
global.document = jsdom('')
global.window = document.defaultView
```

이제 첫 번째 테스트를 작성할 수 있다. 일반적으로 모카를 사용할 때는 두 가지 함수로 테스트를 정의한다. 첫 번째 함수 describe는 동일한 모듈에 대한 테스트의 집합을 래핑하며, 두 번째 함수 it은 테스트가 구현되는 위치다.

이 예에서는 버튼의 동작을 기술한다.

```
describe('Button', () => {
```

그리고 첫 번째 테스트에서는 형식과 텍스트가 올바른지 확인하기를 원한다.

```
it('renders with text', () => {
```

예상이 올바른지 확인하는 데 사용할 text 변수를 정의한다.

328

```
const text = 'text'
```

그런 다음 이전과 마찬가지로 컴포넌트를 얕게 렌더링한다.

```
const renderer = TestUtils.createRenderer()
renderer.render(<Button text={text} />)
const button = renderer.getRenderOutput()
```

마지막으로, 예상을 작성한다.

```
expect(button.type).to.equal('button')
expect(button.props.children).to.equal(text)
```

여기서 볼 수 있듯이, 제스트와는 구문이 약간 다르다. toBe 함수를 사용하는 대신 chai가 제공하는 to.equal 체인을 사용하지만 두 값을 비교한다는 점은 동일하다.

이제 첫 번째 테스트 블록을 닫을 수 있다.

```
})
```

두 번째 테스트 블록은 onClick 콜백이 호출되는지 확인하며 다음과 같이 시작한다.

```
it('fires the onClick callback', () => {
```

이전과 비슷하게 스파이를 생성한다.

```
const onClick = spy()
```

테스트유틸즈를 이용해 버튼을 분리된 DOM으로 렌더링한다.

```
const tree = TestUtils.renderIntoDocument(
    <Button onClick={onClick} />
)
```

tree를 이용해 태그를 기준으로 컴포넌트를 찾는다.

```
const button = TestUtils.findRenderedDOMComponentWithTag(
    tree,
    'button'
)
```

다음은 버튼 클릭을 시뮬레이션한다.

```
TestUtils.Simulate.click(button)
```

마지막으로, 예상을 작성한다.

```
expect(onClick).to.be.called()
```

이번에도 구문은 약간 다르지만 스파이가 호출되는지 확인하는 개념은 동일하다.

이제 모카를 사용해 root 폴더에서 npm test를 실행하면 다음과 비슷한 결과가 표시된다.

```
Button
  ✓ renders with text
  ✓ fires the onClick callback

2 passing (847ms)
```

이것은 테스트가 통과했으며, 이제 모카를 사용해 실제 컴포넌트를 테스트할 준비가 됐음을 의미한다.

▌ 리액트용 자바스크립트 테스트 유틸리티

지금까지 제스트와 모카를 사용해 기본적인 컴포넌트를 테스트하는 과정을 살펴보고 두 툴의 장단점을 알아봤다.

또한 테스트유틸즈를 소개하고 얕은 렌더링과 DOM 렌더링 간의 차이를 확인했다.

테스트유틸즈는 컴포넌트를 테스트하는 데 유용한 기능을 많이 제공하지만, 다소 복잡한 측면이 있고, 종종 요소나 속성에 대한 참조를 얻는 올바른 방법을 알기가 어려운 경우가 있다.

이것이 에어비앤비의 개발자들이 엔자임Enzyme을 개발한 이유다. 엔자임은 테스트유틸즈에 기반을 두는 툴이며, 렌더링되는 컴포넌트를 손쉽게 유지관리할 수 있게 해준다.

API는 제이쿼리와 비슷하며 컴포넌트, 상태 및 프로퍼티와 상호작용하는 여러 유용한 유틸리티를 포함한다.

제스트 테스트를 엔자임을 사용해 변환하는 과정을 알아보자.

앞서 만든 Jest 프로젝트로 돌아가서 enzyme을 설치한다.

```
npm install --save-dev enzyme
```

다음은 button.spec.js를 열고 import 문을 다음과 같이 수정한다.

```
import React from 'react'
import { shallow } from 'enzyme'
import Button from './button'
```

여기서 볼 수 있듯이 TestUtils를 가져오는 대신 엔자임에서 shallow 함수를 가져온다. shallow 함수는 이름이 의미하는 것처럼 얕은 렌더링 기능을 제공하며 몇 가지 특수한 기능을 갖고 있다.

우선 엔자임에서는 테스트유틸즈와는 달리 얕은 렌더링 요소에서도 이벤트를 시뮬레이션할 수 있다. 또한 함수가 반환하는 객체는 간단한 리액트 요소가 아니라 여러 유용한 프로퍼티와 함수를 가진 ShallowWrapper라는 특수한 객체다. 이에 대해서는 조금 뒤에 자세히 알아본다.

텍스트 렌더링 예제부터 테스트 수정을 시작해보자. 이번에도 text 변수가 필요하므로 첫 번째 행은 동일하다.

```
const text = 'text'
```

얕은 렌더링을 수행하는 코드는 더 간단하고 알아보기 쉽게 변했다. 테스트유틸즈의 세 코드 행을 다음과 같은 한 행으로 대체할 수 있다.

```
const button = shallow(<Button text={text} />)
```

button 객체는 ShallowWrapper이며, 여기에는 새로운 예상 문에서 사용할 여러 유용한 메소드가 있다.

```
expect(button.type()).toBe('button')
expect(button.text()).toBe(text)
```

여기서 볼 수 있듯이 객체 프로퍼티를 확인하는 대신, 기능을 추상화하는 유틸리티 함수를 사용한다.

함수 type은 렌더링된 요소의 형식을 반환하며, 함수 text는 컴포넌트 안에 렌더링되는 텍스트를 반환한다. 이 예에서는 프로퍼티로 전달한 것과 동일한 텍스트다.

이제 테스트는 다음과 같다.

```
test('renders with text', () => {
    const text = 'text'
    const button = shallow(<Button text={text} />)

    expect(button.type()).toBe('button')
    expect(button.text()).toBe(text)
})
```

확실히 전보다 간결하고 깔끔해졌다.

다음은 onClick 이벤트 처리기와 관련된 테스트를 업데이트할 차례다. 이번에도 첫 번째 행은 동일하다.

```
const onClick = jest.fn()
```

제스트를 이용해 대상으로 예상을 수행하기 위한 모형을 만든다.

renderIntoDocument 메소드가 사용된 코드 행을 다음과 같이 수정하면 컴포넌트를 분리된 DOM으로 렌더링할 수 있다.

```
const button = shallow(<Button onClick={onClick} />)
```

얕은 렌더링이 이미 참조하므로 버튼을 찾기 위해 findRenderedDOMComponentWithTag 를 사용할 필요가 없다.

이벤트를 시뮬레이션하는 구문은 테스트유틸즈와는 약간 다르지만 알아보기 쉽다.

```
button.simulate('click')
```

모든 ShallowWrapper에는 이벤트의 이름과 여러 매개변수를 인수로 전달하고 호출할 수 있는 simulate 함수가 있다. 이 예제에서는 인수가 필요 없지만, 다음 절에서 폼을 테스트할 때는 인수가 유용하게 쓰인다.

예상을 수행하는 구문은 동일하다.

```
expect(onClick).toBeCalled()
```

최종 코드는 다음과 비슷하다.

```
test('fires the onClick callback', () => {
    const onClick = jest.fn()
    const button = shallow(<Button onClick={onClick} />)

    button.simulate('click')
    expect(onClick).toBeCalled()
})
```

지금까지 알아본 것처럼 비교적 쉽게 엔자임으로 바꿀 수 있으며, 엔자임으로 바꾸면 코드가 훨씬 알아보기 쉬워진다.

이 라이브러리에는 중첩된 요소를 찾거나 선택자를 사용해 클래스 이름이나 형식을 지정하고 요소를 검색하는 아주 유용한 API가 포함돼 있다.

프로퍼티에 대한 가정이나 예상을 수행하는 메소드와 임의의 상태와 컨텍스트를 컴포넌트로 주입하는 함수가 있다.

대부분의 시나리오를 처리할 수 있는 얕은 렌더링 외에도, 라이브러리에서 mount 메소드를 가져오면 트리를 DOM으로 렌더링할 수 있다.

▌ 실제 테스트 예제

지금까지 테스트 설정을 만들어보고 여러 다양한 툴과 라이브러리의 기능을 살펴봤다. 다음 단계는 실제 컴포넌트를 테스트해볼 차례다.

지금까지 예제로 사용한 Button은 간단하고 이해하기 쉽기 때문에 예제 용도로 적합했다. 컴포넌트는 이와 같이 항상 최대한 단순하게 만들어야 하지만, 종종 테스트하기 까다로운 다른 유형의 논리와 상태를 구현해야 하는 경우가 있다.

이번에 테스트할 컴포넌트는 리덕스 TodoMVC 예제에 포함된 TodoTextInput이다.

> https://github.com/reactjs/redux/blob/master/examples/todomvc/src/components/TodoTextInput.js

준비 단계에서는 간단하게 Jest 프로젝트 폴더로 파일을 복사하면 된다.

이 예제는 여러 프로퍼티를 포함하며, 받는 프로퍼티에 따라 클래스 이름이 달라지고, 약간의 논리를 구현하는 3개의 이벤트 처리기를 포함하고 있어 테스트 예제로 아주 훌륭하다.

TodoMVC 예제는 개발자가 다양한 프레임워크를 사용해 실제 애플리케이션을 개발할 때 기능을 비교하고 손쉽게 선택할 수 있는 표준적인 방법을 보여준다.

이 예제는 사용자가 작업계획 항목을 추가하고 완료한 항목을 표시할 수 있는 간단한 앱이며, 테스트할 컴포넌트는 항목을 추가 및 편집하는 텍스트 입력 컴포넌트다.

테스트를 시작하기 전에 컴포넌트가 어떤 일을 하는지 이해할 수 있도록 구현을 간단하게 살펴보자.

우선 다음과 같이 클래스를 선언한다.

```
class TodoTextInput extends Component
```

propTypes는 클래스의 정적 프로퍼티로 정의된다.

```
static propTypes = {
    onSave: PropTypes.func.isRequired,
    text: PropTypes.string,
    placeholder: PropTypes.string,
    editing: PropTypes.bool,
    newTodo: PropTypes.bool
}
```

클래스 프로퍼티를 바벨에서 사용할 수 있게 하려면 transform-class-properties라는 플러그인을 다음과 같이 설치해야 한다.

```
npm install --save-dev babel-plugin-transform-class-properties
```

그런 다음 .babelrc에 있는 바벨 플러그인의 리스트에 이 플러그인을 추가한다.

```
"plugins": ["transform-class-properties"]
```

상태는 다음과 같이 class 프로퍼티로 정의된다.

```
state = {
    text: this.props.text || ''
}
```

기본값은 프로퍼티에서 가져온 텍스트이거나 빈 문자열일 수 있다.

그다음에 나오는 세 가지 이벤트 처리기는 생성자에서 수동으로 바인딩할 필요가 없도록 class 프로퍼티와 화살표 함수를 사용해 정의했다.

첫 번째 이벤트 처리기는 제출 처리기다.

```
handleSubmit = e => {
    const text = e.target.value.trim()
    if (e.which === 13) {
        this.props.onSave(text)
        if (this.props.newTodo) {
            this.setState({ text: '' })
        }
    }
}
```

이 함수는 이벤트를 받고 target 요소의 값을 앞뒤로 잘라내며, 이벤트를 실행한 키가 Enter 키(13)인지 확인한 후, 맞으면 잘라낸 값을 onSave 프로퍼티 함수로 전달한다. newTodo 프로퍼티가 true인 경우 상태를 다시 빈 문자열로 설정한다.

두 번째 이벤트 처리기는 변경 처리기다.

```
handleChange = e => {
    this.setState({ text: e.target.value })
}
```

클래스 프로퍼티로 정의됐다는 점이 다르지만, 제어 입력 요소의 상태를 계속 업데이트하는 메소드라는 사실을 알 수 있다.

마지막은 블러 처리기다.

```
handleBlur = e => {
    if (!this.props.newTodo) {
        this.props.onSave(e.target.value)
    }
}
```

이 처리기는 newTodo 프로퍼티가 false일 경우 입력 필드의 값을 전달하고 onSave 프로퍼티 함수를 호출한다.

마지막으로, render 메소드는 입력 요소와 이에 속한 모든 프로퍼티를 정의한다.

```
render() {
  return (
    <input className={
      classnames({
        edit: this.props.editing,
        'new-todo': this.props.newTodo
      })}
      type="text"
      placeholder={this.props.placeholder}
      autoFocus="true"
      value={this.state.text}
      onBlur={this.handleBlur}
      onChange={this.handleChange}
      onKeyDown={this.handleSubmit} />
  )
}
```

클래스 이름을 적용하기 위해 classnames 함수를 사용했다. 이 함수는 제드 왓슨^{Jed} ^{Watson}이 개발한 유용한 패키지에서 가져온 것이며, 조건 논리를 사용해 간단하게 클래스를 적용할 수 있게 해준다.

그런 다음 type이나 autofocus 같은 몇 가지 정적 속성을 설정하고 변경 시 업데이트되는 text 프로퍼티를 이용해 입력을 제어할 값을 설정한다. 마지막으로, 이벤트 처리기를 요소의 event 프로퍼티로 설정한다.

시작하기 전에 테스트하는 대상과 이유를 정확하게 이해하는 것이 중요하다. 컴포넌트를 보면 어떤 부분이 중요한 부분인지 쉽게 파악할 수 있다. 이 경우에는 다른 팀에서 넘겨받은 레거시 코드나 회사에 취업하고 인계받은 코드를 테스트한다고 가정한다.

다음 리스트는 테스트할 가치가 있는 컴포넌트의 변형과 기능을 모두 나열한 것이다.

- 프로퍼티를 통해 전달된 값으로 상태가 초기화되는지 여부
- 자리표시자 프로퍼티가 요소에서 올바르게 사용되는지 여부
- 조건 논리에 따라 올바른 클래스 이름이 적용되는지 여부
- 필드의 값이 변경될 때마다 상태가 업데이트되는지 여부
- 여러 상태와 조건에 따라 onSave 콜백이 호출되는지 여부

이제 TodoTextInput.spec.js 파일을 만들고 다음과 같은 import 문으로 시작해 본격적으로 코드 작성을 진행할 차례다.

```
import React from 'react'
import { shallow } from 'enzyme'
import TodoTextInput from './TodoTextInput'
```

리액트를 가져오고, 엔자임에서 얕은 렌더링 함수를 가져오며, 테스트할 컴포넌트를 가져온다. 또한 일부 테스트에서 필수 onSave 프로퍼티로 전달할 유틸리티 함수도 작성한다.

```
const noop = () => {}
```

이제 첫 번째 테스트를 작성할 수 있다. 이 테스트에서는 컴포넌트로 텍스트 프로퍼티를 통해 전달된 값이 요소의 기본값으로 사용되는지 확인한다.

```
test('sets the text prop as value', () => {
   const text = 'text'
   const wrapper = shallow(
      <TodoTextInput text={text} onSave={noop} />
   )
   expect(wrapper.prop('value')).toBe(text)
})
```

코드는 아주 간단하다. 먼저 컴포넌트를 얕게 렌더링할 때 컴포넌트로 전달할 text 변수를 만든다. 여기서 볼 수 있듯이, onSave 프로퍼티를 통해 noop 유틸리티 함수를 전달한다. 이 프로퍼티는 필수이며, null을 전달하면 리액트에서 오류를 표시한다.

마지막으로, 컴포넌트를 렌더링하고 출력 요소의 value 프로퍼티가 지정한 텍스트와 동일한지 검사한다. 지금 콘솔에서 npm test를 실행하면 다음과 비슷한 결과로 테스트가 통과했음을 보여준다.

```
PASS    ./TodoTextInput.spec.js
  ✓ sets the text prop as value (10ms)
Test Suites: 1 passed, 1 total
Tests:       1 passed, 1 total
Snapshots:   0 total
Time:        1.384s
Ran all test suites.
```

이어서 다음 테스트를 작성해보자. 두 번째 테스트는 첫 번째 테스트와 아주 비슷하지만, 이번에는 placeholder 프로퍼티를 테스트한다.

```
test('uses the placeholder prop', () => {
    const placeholder = 'placeholder'
    const wrapper = shallow(
        <TodoTextInput placeholder={placeholder} onSave={noop} />
    )

    expect(wrapper.prop('placeholder')).toBe(placeholder)
})
```

npm test를 실행하면 두 테스트가 정상적으로 통과하는 것을 확인할 수 있다.

다음은 해당 프로퍼티를 지정했을 때 클래스 이름이 올바르게 요소에 적용되는지 여부를 확인하는 흥미로운 테스트를 진행해보자.

340

```
test('applies the right class names', () => {
    const wrapper = shallow(
        <TodoTextInput editing newTodo onSave={noop} />
    )

    expect(wrapper.hasClass('edit new-todo')).toBe(true)
})
```

이 테스트에서는 editing과 newTodo 프로퍼티를 추가하고 expect 함수에서 클래스가 출력에 적용됐는지 여부를 확인한다.

클래스가 서로 영향을 주지 않도록 따로 확인할 수도 있지만, 그리 중요한 사항은 아니다.

이제부터는 키 누름 이벤트가 발생했을 때 컴포넌트의 동작을 확인하기 위해 다소 복잡한 테스트가 필요하다.

특히, Enter 키를 눌렀을 때 요소의 값과 함께 onSave 콜백이 호출되는지 확인해보자.

```
test('fires onSave on enter', () => {
    const onSave = jest.fn()
    const value = 'value'
    const wrapper = shallow(<TodoTextInput onSave={onSave} />)

    wrapper.simulate('keydown', { target: { value }, which: 13 })

    expect(onSave).toHaveBeenCalledWith(value)
})
```

jest.fn() 함수를 사용해 모형을 생성하고, 이벤트의 값을 저장할 value 변수를 만든다. 이 변수는 함수가 동일한 값으로 호출됐는지 확인하는 데 다시 사용된다. 이제 컴포넌트를 렌더링하고, 최종적으로 이벤트 객체를 전달하고 키 누름 이벤트를 시뮬레이션한다.

이벤트 객체 target과 value의 두 프로퍼티가 있다. target은 이벤트를 생성한 요소를 나타내며, value는 사용자가 누른 키의 키 코드를 나타낸다.

여기서 예상은 모형 onSave 콜백이 이벤트의 value와 함께 호출된다는 것이다.

이제 네 가지 npm test가 모두 통과한다.

이 테스트와 비슷한 테스트로서, 누른 키가 Enter 키가 아닐 경우 아무것도 하지 않는지 검사할 수 있다.

```
test('does not fire onSave on key down', () => {
const onSave = jest.fn()
const wrapper = shallow(<TodoTextInput onSave={onSave} />)

wrapper.simulate('keydown', { target: { value: '' } })

expect(onSave).not.toBeCalled()
})
```

이 테스트는 방금 전의 테스트와 비슷하지만 expect 문의 차이점이 중요하다. 여기서는 새로운 프로퍼티 .not을 사용해 이어지는 함수의 반대 결과를 가정한다. 이 경우 toBeCalled가 false라고 예상한다.

보다시피, 예상을 작성하는 방법은 영어 구문과 아주 비슷하다.

지금까지 다섯 가지 테스트를 통과했다. 다음 테스트로 진행해보자.

```
test('clears the value after save if new', () => {
   const value = 'value'
   const wrapper = shallow(<TodoTextInput newTodo onSave={noop} />)

   wrapper.simulate('keydown', { target: { value }, which: 13 })

   expect(wrapper.prop('value')).toBe('')
})
```

이 테스트가 이전 테스트와 다른 점은 요소에 newTodo 프로퍼티가 있어 값을 재설정한다는 점이다.

이제 콘솔에서 npm test를 실행하면 여섯 번째 테스트 통과가 표시된다.

다음 테스트는 아주 흔한 테스트다.

```
test('updates the text on change', () => {
    const value = 'value'
    const wrapper = shallow(<TodoTextInput onSave={noop} />)

    wrapper.simulate('change', { target: { value } })

    expect(wrapper.prop('value')).toBe(value)
})
```

이 테스트는 제어 입력이 정상적으로 작동하는지 확인한다. 6장 '브라우저에 맞는 코드 작성'에서 폼에 대해 배운 내용을 고려하면, 이 테스트는 애플리케이션의 모든 폼을 확인할 수 있는 필수 테스트라고 할 수 있다.

설정된 값을 전달하는 변경 이벤트를 시뮬레이션하고 출력 요소의 value 프로퍼티가 전달한 값과 동일한지 확인한다.

이것으로 모두 일곱 가지 테스트가 통과했고 마지막 하나가 남았다.

마지막 테스트는 블러 이벤트가 작업계획 항목이 새 항목이 아닐 때만 콜백을 호출하는지 확인한다.

```
test('fires onSave on blur if not new', () => {
    const onSave = jest.fn()
    const value = 'value'
    const wrapper = shallow(<TodoTextInput onSave={onSave} />)

    wrapper.simulate('blur', { target: { value } })
```

```
  expect(onSave).toHaveBeenCalledWith(value)
})
```

모형을 만들고, 예상되는 값을 만들고, target을 사용해 블러 이벤트를 시뮬레이션한 후, 지정한 값으로 onSave 콜백이 호출됐는지 확인한다.

이제 npm test를 실행하면 모든 항목이 녹색으로 표시되고 상당히 긴 테스트 리스트가 나온다.

```
PASS   ./TodoTextInput.spec.js
  ✓ sets the text prop as value (10ms)
  ✓ uses the placeholder prop (1ms)
  ✓ applies the right class names (1ms)
  ✓ fires onSave on enter (3ms)
  ✓ does not fire onSave on key down (1ms)
  ✓ clears the value after save if new (5ms)
  ✓ updates the text on change (1ms)
  ✓ fires onSave on blur if not new (2ms)
Test Suites: 1 passed, 1 total
Tests:       8 passed, 8 total
Snapshots:   0 total
Time:        2.271s
Ran all test suites.
```

이것으로 컴포넌트를 여러 테스트를 통해 완전하게 검증했다. 이제 컴포넌트를 리팩토링하고 동작을 변경하거나 기능을 추가하는 경우 새로운 코드가 기존의 기능을 망가뜨리는지 여부를 테스트를 통해 간단하게 가려낼 수 있다.

결과적으로 자신의 코드에 더 자신감을 가지고 회귀에 대한 걱정 없이 마음대로 코드를 수정할 수 있게 된다.

█ 리액트 트리 스냅샷 테스트

지금까지 현실적인 테스트 예제를 살펴봤다. 그런데 한 컴포넌트에 대해 이렇게 많은 테스트를 작성하는 것이 시간 낭비라는 생각이 들 수 있다.

텍스트, 값, 클래스 이름에 대한 가능한 모든 변형을 확인하려면 많은 양의 코드를 작성해야 한다. 그런데 컴포넌트를 테스트할 때 대부분의 경우 가장 중요한 것은 출력이 올바르고 예기치 않게 변경되지 않는지 확인하는 것이다. 제스트에 이러한 문제를 해결하도록 도와주는 새로운 기능이 있는데, 이 기능을 **스냅샷 테스트**^{Snapshot Testing}라고 한다.

스냅샷이란 특정 시점에 여러 프로퍼티를 포함하는 컴포넌트에 대한 그림이다. 테스트를 실행할 때마다 제스트는 새로운 그림을 만들고 이를 이전의 그림과 비교해 바뀐 부분이 있는지 확인한다.

스냅샷의 내용은 react-test-renderer 패키지의 render 메소드가 출력한 결과다. 이 패키지는 다음과 같이 설치한다.

```
npm install --save-dev react-test-renderer
```

테스트 렌더러가 준비되면 TodoTextInput.snapshot.spec.js라는 새 파일을 만들고 다음과 같은 import 문을 추가한다.

```
import React from 'react'
import renderer from 'react-test-renderer'
import TodoTextInput from './TodoTextInput'
```

리액트는 JSX를 사용하는 데 필요하며, 테스트 렌더러는 스냅샷을 생성하는 데 사용한다. 세 번째 항목은 테스트하려는 대상 컴포넌트다.

의존성을 모두 가져온 후에는 간단한 테스트를 작성할 수 있다.

```
test('snapshots are awesome', () => {
```

첫 번째 행에서는 테스트할 컴포넌트를 두 번째 import 명령으로 가져온 테스트 렌더러를 사용해 렌더링한다.

```
const component = renderer.create(
    <TodoTextInput onSave={() => {}} />
)
```

렌더링 결과로 컴포넌트의 인스턴스를 받으며, 이 인스턴스에서 다음과 같이 toJSON 이라는 특수한 함수를 호출할 수 있다.

```
const tree = component.toJSON()
```

결과 트리는 원래 컴포넌트가 반환하는 리액트 요소이며, 제스트는 이를 사용해 다음 스냅샷과 비교할 스냅샷을 생성한다.

트리를 콘솔에 출력하면 다음과 같은 결과를 볼 수 있다.

```
{ type: 'input',
  props:
     { className: '',
       type: 'text',
       placeholder: undefined,
       autoFocus: 'true',
       value: '',
       onBlur: [Function],
       onChange: [Function],
       onKeyDown: [Function] },
   children: null }
```

마지막으로, 트리가 이전에 저장한 트리와 일치하는지 확인하는 expect 문을 작성한다.

```
expect(tree).toMatchSnapshot()
```

npm test로 처음 테스트를 실행하면 새로 생성된 스냅샷이 __snapshots__ 폴더에 저장된다.

이 폴더에 들어 있는 각 파일은 스냅샷 하나를 나타낸다. 파일을 살펴보면 리액트 요소 객체가 아니라 사람이 알아볼 수 있는 렌더링된 출력의 버전이 들어 있다.

```
exports[`test snapshots are awesome 1`] = `
<input
   autoFocus="true"
   className=""
   onBlur={[Function]}
   onChange={[Function]}
   onKeyDown={[Function]}
   placeholder={undefined}
   type="text"
   value="" />
`;
```

테스트로 돌아가서 컴포넌트에 editing 프로퍼티를 추가하고 다시 npm test를 실행하면 다음과 같은 결과가 콘솔에 표시된다.

```
FAIL ./TodoTextInput-snapshot.spec.js
● snapshots are awesome
  expect(value).toMatchSnapshot()
  Received value does not match stored snapshot 1.
  - Snapshot
  + Received
  @@ -1,8 +1,8 @@
    <input
```

```
    autoFocus="true"
  - className=""
  + className="edit"
    onBlur={[Function]}
    onChange={[Function]}
    onKeyDown={[Function]}
    placeholder={undefined}
    type="text"
```

여기서는 현재 스냅샷에서 변경된 항목을 보여준다. 이 경우 className 프로퍼티가 변경됐는데, 원래는 비어 있었지만 이제 edit 문자열을 포함하고 있다.

약간 아래를 보면 다음과 같은 메시지가 나온다.

Inspect your code changes or run with npm test -- -u to update them.

스냅샷은 개발자의 작업 환경을 놀랄 만큼 원활하게 만들어준다. 간단한 플래그로 새로운 스냅샷이 컴포넌트의 올바른 버전을 반영하게 할 수 있다. npm test -- -u를 실행하면 스냅샷이 자동으로 업데이트된다.

컴포넌트가 실수로 변경된 경우 코드로 돌아가 수정할 수 있다.

지금까지 알아본 것처럼, 스냅샷 테스트는 개발자가 컴포넌트를 수월하게 테스트할 수 있게 해주고, 모든 변형에 대한 테스트를 따로 작성할 필요가 없게 만들어주는 강력한 기능이다.

▎코드 커버리지 툴

테스트를 작성하는 이유는 여러 가지가 있는데, 앞에서 몇 가지 이유를 설명했다. 가장 중요한 이유는 코드베이스의 가치를 높이고 코드를 더 견고하게 만드는 것이다.

이런 이유 때문에 테스트의 숫자나 코드 행의 수, 테스트 커버리지 등을 말할 때는 항상 회의적인 시각을 가졌다. 나는 항상 테스트에서 나온 수치에 집중하기보다 테스트의 가치에 집중하라고 이야기한다.

그런데 경우에 따라서는 커버리지를 측정하고 수치를 추적하는 것이 도움이 될 수 있다. 다양한 모듈로 구성된 대규모 프로젝트의 경우, 특정 파일이 적절하게 테스트됐는지 확인하거나 테스트가 부족한 파일을 찾아낼 수 있다.

제스트는 테스트를 실행하는 데 필요한 모든 기능과 함께 코드 커버리지 정보를 측정하고 저장하기 위한 기능도 제공한다.

제스트는 가장 널리 사용되는 코드 커버리지 라이브러리 중 하나인 이스탄불^{Istanbul}을 사용한다. 모카에서 이스탄불을 사용하려면 직접 설치해야 한다.

제스트에서 커버리지를 실행하려면 npm 스크립트에서 Jest 명령에 -- coverage 플래그를 추가하면 된다. 또는 package.json에 제스트 구성 섹션을 추가하고 collectCoverage 옵션을 true로 설정해도 된다.

```
"jest": {
   "collectCoverage": true
}
```

npm test를 다시 실행하면 다음 그림처럼 이전과는 다른 결과가 콘솔에 표시되는데, 표를 보면 커버리지에 대한 몇 가지 정보가 들어 있다.

File	% Stmts	% Branch	% Funcs	% Lines	Uncovered Lines
All files	100	87.5	100	100	
TodoTextInput.js	100	87.5	100	100	

결과를 보면 알겠지만 이 파일은 거의 완벽하게 테스트됐다. 첫 번째 열은 테스트된 명령의 비율을 보여주며, 두 번째 열은 테스트된 조건문 분기의 비율을 보여준다. 세 번째 열은 테스트된 함수의 비율을 보여주며, 네 번째 열은 테스트된 코드 행의 비율을 보여준다. 마지막 열은 현재는 비어 있는데, 테스트되지 않은 행을 알려주며, 코드에서 주의해서 살펴봐야 할 코드를 빠르게 확인하는 데 아주 유용하다.

현재 유일하게 100%가 아닌 항목은 조건문 분기인데, 설명 목적을 위해 의도적으로 마지막 테스트의 분기 하나를 누락했다.

TodoTextInput.js 파일을 열고 onBlur 처리기를 확인하면 분기가 2개인 것을 볼 수 있다.

```
handleBlur = e => {
    if (!this.props.newTodo) {
        this.props.onSave(e.target.value)
    }
}
```

작업계획이 새 항목이 아닌 경우 필드의 현재 값을 사용해 onSave 프로퍼티 함수를 호출하며, 새 항목인 경우 아무 일도 하지 않는다.

앞에서는 가능성이 가장 높은 첫 번째 분기만 테스트했지만, 모든 부분이 올바르게 작동하는지 확인하기 위해 다른 분기도 모두 테스트할 가치가 있다.

TodoTextInput.spec.js로 돌아가서 새 테스트를 추가한다.

```
test('does not fire onSave on blur if new', () => {
    const onSave = jest.fn()
    const wrapper = shallow(
        <TodoTextInput newTodo onSave={onSave} />
    )

    wrapper.simulate('blur')
```

```
    expect(onSave).not.toBeCalled()
})
```

이 테스트는 파일에 있는 마지막 테스트와 비슷하지만, 이번에는 newTodo 프로퍼티를 컴포넌트로 전달하고 onSave 콜백이 호출되지 않는지 확인한다.

이제 다시 npm test를 실행하면 모든 커버리지 열에 100%가 표시된다.

▌ 일반적인 테스트 솔루션

마지막 절에서는 복잡한 컴포넌트를 테스트할 때 유용하게 활용할 수 있는 몇 가지 공통적인 패턴을 알아보자.

이제는 컴포넌트를 테스트하는 과정이 익숙하게 느껴지고 애플리케이션의 테스트를 작성하는 데 필요한 모든 정보를 숙지했을 것이다. 그런데 최상의 테스트 전략을 결정하기가 쉽지 않은 경우가 종종 있으며, 특히 **상위 컴포넌트**를 테스트할 때 그런 경우가 많다.

상위 컴포넌트의 테스트

상위 컴포넌트를 사용하면 애플리케이션 전체의 여러 컴포넌트 간에 기능을 공유할 수 있다. 상위 컴포넌트는 컴포넌트를 받고 보강된 컴포넌트를 반환하는 함수다.

이러한 컴포넌트를 테스트하는 것은 단순한 컴포넌트를 테스트하는 것과는 달리 간단하지 않기 때문에 공통적으로 적용할 수 있는 일반적인 솔루션을 알아볼 필요가 있다.

이번에 테스트할 컴포넌트는 5장 '올바른 데이터 읽기'에서 만든 withData 상위 컴포넌트이며, 데이터 읽기를 수행하는 방법을 약간 수정할 것이다.

withData 함수의 시그니처는 다음과 같다.

```
const withData = URL => Component => (...)
```

데이터를 로드할 엔드포인트의 URL을 받으며, 이 데이터를 대상 컴포넌트로 제공한다. URL은 현재 프로퍼티를 받는 함수이거나 정적 문자열일 수 있다.

withData 함수는 다음과 같이 정의된 클래스를 반환한다.

```
class extends React.Component
```

데이터는 다음과 같이 생성자에서 초기화된다.

```
constructor(props) {
    super(props)

    this.state = { data: [] }
}
```

데이터를 로드하는 작업은 componentDidMount() 수명 주기 후크에서 처리된다.

```
componentDidMount() {
    const endpoint = typeof url === 'function'
        ? url(this.props)
        : url

    getJSON(endpoint).then(data => this.setState({ data }))
}
```

여기서 볼 수 있듯이, 5장 '올바른 데이터 읽기'에서 예제로 사용한 컴포넌트와는 약간 다르다. 여기서는 fetch 함수를 직접 사용하지 않고 getJSON을 사용해 외부 모듈의 모형을 만드는 방법을 배울 수 있게 했다.

타사 라이브러리와 추상 API 호출을 별도의 모듈로 래핑하는 것도 추천하는 모범사례다. 이렇게 하면 컴포넌트를 테스트할 때 컴포넌트를 의존성으로부터 격리할 수 있다.

파일 맨 위에서 getJSON 함수를 가져온다.

```
import getJSON from './get-json'
```

이 함수는 엔드포인트에서 가져온 JSON 데이터와 함께 Promise 하나를 반환한다.

마지막으로, 프로퍼티와 상태를 전개하고 대상 컴포넌트를 렌더링한다.

```
render() {
    return <Component {...this.props} {...this.state} />
}
```

이 함수에서 테스트하려는 사항은 몇 가지가 있지만, 우선 가장 간단한 사항부터 살펴봐야 한다. 예를 들어, 보강된 컴포넌트로부터 받은 프로퍼티가 올바르게 대상으로 전달되는지 확인할 수 있다.

그다음에는 함수 또는 정적 문자열로 지정한 URL을 이용해 엔드포인트를 생성하는 두 가지 논리가 모두 올바르게 작동하는지 확인할 수 있다.

궁극적으로는 getJSON 함수가 데이터를 반환하는 즉시 대상 컴포넌트가 이를 수신하는지 확인할 수 있다.

테스트 파일에서는 먼저 모든 의존성을 로드한다.

```
import React from 'react'
import { shallow, mount } from 'enzyme'
import withData from './with-data'
import getJSON from './get-json'
```

엔자임^{Enzyme}에서 shallow와 mount 함수를 둘 다 가져오는 이유는, 간단한 테스트는 DOM을 사용하지 않아도 실행할 수 있지만 수명 주기 후크에서 일어나는 일을 테스트하려면 mount가 필요하기 때문이다.

그다음은 테스트 안에서 사용할 변수 2개를 만든다.

```
const data = 'data'
const List = () => <div />
```

첫 번째는 정보가 fetch에서 컴포넌트로 올바르게 전달되는지 확인하는 데 사용할 모형 데이터이며, 두 번째는 더미 List 컴포넌트다.

상위 컴포넌트를 테스트할 때는 보강할 대상 컴포넌트가 필요하므로 더미 컴포넌트를 사용하는 것이 아주 일반적인 방법이다.

이제부터 가장 까다로운 부분이다.

```
jest.mock('./get-json', () => (
    jest.fn(() => ({ then: callback => callback(data) }))
))
```

앞서 언급한 대로 외부 컴포넌트를 이용해 데이터를 읽지만, 실제 데이터를 읽는 것은 피해야 하며, 무엇보다 어떤 이유에서든 외부 모듈의 실패 때문에 테스트가 실패하는 상황이 발생하지 않아야 한다. 제스트를 사용하면 아주 손쉽게 의존성을 격리하고 모형으로 만들 수 있다.

jest.mock 함수를 사용해 외부 모듈을 두 번째 매개변수로 전달한 함수로 대체하도록 테스트 실행자에 지시한다. jest.fn이 제공하는 모형 함수는 Promise와 비슷하지만 동기식인 객체 하나를 반환한다. 여기에 나오는 then 함수는 수신한 콜백을 미리 정의한 가짜 데이터를 전달하고 호출한다.

이제부터는 getJSON 함수의 버그나 동작에 신경 쓰지 않고 상위 컴포넌트를 단위 테스트할 수 있다.

이제 실제 테스트를 작성할 준비가 됐다. 첫 번째 테스트는 프로퍼티가 대상으로 올바르게 전달되는지 확인한다.

```
test('passes the props to the component', () => {
    const ListWithGists = withData()(List)
    const username = 'gaearon'

    const wrapper = shallow(<ListWithGists username={username} />)

    expect(wrapper.prop('username')).toBe(username)
})
```

알아보기 어렵지 않겠지만 어떤 일이 일어나는지 살펴보자. 먼저 더미 List를 상위 컴포넌트로 전달해 보강하며, 컴포넌트로 전달하는 프로퍼티를 정의하고 얕게 렌더링한다.

마지막으로, 출력에 같은 값의 프로퍼티가 있는지 확인한다. 이제 npm test를 실행하면 첫 번째 테스트가 통과한다.

다음은 컴포넌트를 분리된 DOM으로 마운팅해야 하는 테스트를 작성해보자. 먼저 URL 함수와 정적 문자열이 작동하는지 확인해야 한다. 정적 문자열을 테스트하기는 아주 쉽다.

```
test('uses the string url', () => {
    const url = 'https://api.github.com/users/gaearon/gists'
    const withGists = withData(url)
    const ListWithGists = withGists(List)

    mount(<ListWithGists />)
```

```
    expect(getJSON).toHaveBeenCalledWith(url)
})
```

URL 하나를 정의하고 부분 적용을 이용해 새 함수를 생성한 다음, 이 함수를 이용해 더미 List를 보강한다.

이어서 컴포넌트를 마운팅한 후, 전달한 URL을 이용해 getJSON 함수가 호출됐는지 확인한다. 이렇게 간단하게 2개의 테스트가 통과했다.

다음은 URL 함수가 작동하는지 테스트할 차례다.

```
test('uses the function url', () => {
    const url = jest.fn(props => (
        `https://api.github.com/users/${props.username}/gists`
    )
    const withGists = withData(url)
    const ListWithGists = withGists(List)
    const props = { username: 'gaearon' }

    mount(<ListWithGists {...props} />)

    expect(url).toHaveBeenCalledWith(props)
    expect(getJSON).toHaveBeenCalledWith(
        'https://api.github.com/users/gaearon/gists'
    )
})
```

예상을 작성하는 데 포함하기 위해 제스트 모형을 이용해 URL 함수를 생성하며, List를 보강하고, 컴포넌트로 전달될 프로퍼티를 정의한다.

마지막으로, 두 가지 예상을 작성한다.

- 첫 번째 예상은 주어진 프로퍼티로 URL 함수가 호출됐는지 확인한다.
- 두 번째 예상은 올바른 엔드포인트로 getJSON 함수가 호출됐는지 확인한다.

마지막 테스트에서는 getJSON 모듈로 반환된 데이터가 올바르게 대상 컴포넌트로 전달되는지 확인한다.

```
test('passes the data to the component', () => {
  const ListWithGists = withData()(List)

  const wrapper = mount(<ListWithGists />)

  expect(wrapper.prop('data')).toEqual(data)
})
```

먼저 상위 컴포넌트를 이용해 List를 보강한 다음, 컴포넌트를 마운팅하고, 래퍼의 참조를 저장한다. 그런 다음 마운팅된 래퍼 안에서 List 컴포넌트를 찾고, 이 컴포넌트의 data 프로퍼티가 데이터 읽기에서 반환된 것과 동일한지 확인한다.

npm test를 다시 실행하면 테스트가 통과하는 것을 확인할 수 있다.

이 절에서는 더미 자식을 이용해 상위 컴포넌트를 테스트하는 방법과, 외부 의존성을 모형으로 만들어 현재 컴포넌트를 격리하는 방법을 배웠다.

페이지 객체 패턴

여러 중첩된 자식을 포함하는 복잡한 컴포넌트의 트리에서 컴포넌트 테스트를 작성하는 또 다른 일반적인 방법을 알아보자.

여기서는 6장 '브라우저에 맞는 코드 작성'에서 만든 제어 폼 컴포넌트를 예제로 사용한다.

```
class Controlled extends React.Component
```

이 컴포넌트의 함수를 간단하게 다시 둘러보면서 작동 방식을 기억해본 다음, 테스트 작성을 시작해보자.

생성자에서는 상태를 초기화하고 이벤트 처리기를 바인딩한다.

```
constructor(props) {
   super(props)

   this.state = {
      firstName: 'Dan',
      lastName: 'Abramov',
   }

   this.handleChange = this.handleChange.bind(this)
   this.handleSubmit = this.handleSubmit.bind(this)
}
```

handleChange 처리기는 필드의 값을 계속 상태에 업데이트한다.

```
handleChange({ target }) {
   this.setState({
      [target.name]: target.value,
   })
}
```

handleSubmit 처리기에서는 이벤트 객체의 preventDefault 함수를 사용해 폼이 제출됐을 때 브라우저의 기본 동작을 비활성화한다. 또한 부모에서 받은 onSubmit 프로퍼티 함수에 연결한 필드의 값을 전달하고 호출한다.

마지막 함수는 원래의 제어 폼 예제에는 없었지만, 컴포넌트를 올바르게 테스트하는 방법을 보여주는 데 필요하다.

```
handleSubmit(e) {
    e.preventDefault()

    this.props.onSubmit(
        `${this.state.firstName} ${this.state.lastName}`
    )
}
```

render 메소드에서는 필드를 정의하고 처리기 함수를 연결한다.

```
render() {
    return (
        <form onSubmit={this.handleSubmit}>
            <input
                type="text"
                name="firstName"
                value={this.state.firstName}
                onChange={this.handleChange}
            />
            <input
                type="text"
                name="lastName"
                value={this.state.lastName}
                onChange={this.handleChange}
            />
            <button>Submit</button>
        </form>
    )
}
```

여기서 테스트해볼 수 있는 한 가지 기능은, 필드에 내용을 입력하고 폼 결과를 제출했을 때 onSumbit 콜백이 입력한 결과를 받고 호출되는지 여부다.

엔자임을 사용해 간단한 테스트를 작성하는 방법은 이제 확실하게 알 수 있을 것이다.

```
test('submits the form', () => {
```

먼저 제스트를 이용해 onSubmit 모형 함수를 정의하고 컴포넌트를 마운팅하면서 래퍼에 대한 참조를 저장한다.

```
const onSubmit = jest.fn()
const wrapper = shallow(<Controlled onSubmit={onSubmit} />)
```

다음은 첫 번째 필드를 찾고, 여기에 업데이트하려는 값을 전달하고, 변경 이벤트를 생성한다.

```
const firstName = wrapper.find('[name="firstName"]')
firstName.simulate(
    'change',
    { target: { name: 'firstName', value: 'Christopher' } }
)
```

두 번째 필드에도 같은 일을 한다.

```
const lastName = wrapper.find('[name="lastName"]')
lastName.simulate(
    'change',
    { target: { name: 'lastName', value: 'Chedeau' } }
)
```

두 필드가 업데이트되면 폼 제출 이벤트를 시뮬레이션한다.

```
const form = wrapper.find('form')
form.simulate('submit', { preventDefault: () => {} })
```

이제 예상을 작성한다.

```
expect(onSubmit).toHaveBeenCalledWith('Christopher Chedeau')
```

마지막으로, 테스트 블록을 닫는다.

```
})
```

이제 콘솔에서 npm test를 실행하면 통과 메시지가 표시된다. 그런데 테스트의 구현을 살펴보면 약간의 문제점과 잠재적인 최적화 이슈를 쉽게 발견할 수 있다.

가장 두드러지는 점은 일부 변수를 제외하더라도 필드를 채우는 코드가 중복됐다는 점이다. 코드가 장황하며, 무엇보다 마크업의 구조와 결합돼 있다.

이러한 테스트가 여러 개 있을 때 마크업을 수정해야 한다면 파일의 여러 부분에서 코드를 업데이트해야 한다. 이러한 중복을 제거하고 선택자를 한곳으로 옮겨서 폼이 변경되면 쉽게 수정할 수 있게 하면 좋지 않을까?

이러한 문제 해결을 위한 도구로 **페이지 객체 패턴**^{Page Object pattern}이 있다. 페이지 객체를 만들어 페이지의 요소를 나타내고 선택자를 숨기며, 이를 사용해 필드를 채우고 폼을 제출하면 코드의 중복 예방을 비롯한 여러 혜택을 누릴 수 있다.

적어도 테스트에 있어서는 버그와 복잡성 증가의 우려 때문에 **중복 배제**^{DRY, Don't Repeat Yourself} 원칙이 최선의 접근법은 아닐 수 있지만, 이 경우 나름 가치가 있다.

페이지 객체 패턴을 활용해 제어 폼 테스트를 개선하는 방법을 살펴보자.

먼저 클래스를 이용해 Page 클래스를 생성한다.

```
class Page
```

이 클래스의 생성자는 엔자임에서 루트 래퍼를 받고 나중에 사용하기 위해 이를 저장한다.

```
constructor(wrapper) {
   this.wrapper = wrapper
}
```

그런 다음 name과 value를 받아 필드를 채우고 변경 이벤트를 생성하는 제네릭 함수를 정의한다.

```
fill(name, value) {
   const field = this.wrapper.find('[name="${name}"]')
   field.simulate('change', { target: { name, value } })
}
```

그런 다음 버튼을 찾고 브라우저 이벤트를 시뮬레이션하는 작업을 추상화하는 submit 함수를 구현한다.

```
submit() {
   const form = this.wrapper.find('form')
   form.simulate('submit', { preventDefault() {} })
}
```

이제 이전의 테스트를 다음과 같이 작성할 수 있다.

```
test('submits the form with the page object', () => {
   const onSubmit = jest.fn()
   const wrapper = shallow(<Controlled onSubmit={onSubmit} />)

   const page = new Page(wrapper)
   page.fill('firstName', 'Christopher')
   page.fill('lastName', 'Chedeau')
```

```
    page.submit()

    expect(onSubmit).toHaveBeenCalledWith('Christopher Chedeau')
})
```

여기서 볼 수 있듯이, 페이지 객체의 인스턴스를 만들고 그 인스턴스의 함수를 이용해 필드를 채우고 폼을 제출했다.

이와 같이 페이지 객체를 사용하면 불필요하게 중복되는 부분 없이 코드를 훨씬 깔끔하게 작성할 수 있다. 컴포넌트에 변경사항이 있으면 여러 테스트를 일일이 업데이트할 필요 없이, 페이지 객체가 작동하는 방법을 투명하게 수정하면 된다.

▌ 리액트 개발자 툴

콘솔에서 테스트하는 것만으로는 부족하고 브라우저에서 실행 중에 애플리케이션을 조사하고 싶다면 리액트 개발자 툴을 사용할 수 있다.

다음 주소에서 크롬 확장으로서 개발자 툴을 설치할 수 있다.

> https://chrome.google.com/webstore/detail/react-developer-tools/fmka dmapgofadopljbjfkapdkoienihi?hl=en

설치가 완료되면 크롬 개발자 툴에 React 탭이 추가되며, 이 탭에서 컴포넌트의 렌더링 트리와 컴포넌트가 받은 프로퍼티, 특정 시점의 컴포넌트 상태 등을 조사할 수 있다.

프로퍼티와 상태를 확인하고 실시간으로 변경해 UI에서 업데이트를 트리거하고 곧바로 결과를 확인할 수 있다.

이 툴은 리액트 개발자에게 필수이며, 최신 버전에는 Trace React Updates^{리액트 업데이트} 추적 확인란을 선택해 활성화할 수 있는 새로운 기능이 있다.

이 기능을 활성화하면 애플리케이션을 사용하면서 특정 동작을 수행할 때 업데이트 되는 컴포넌트를 시각적으로 볼 수 있다. 업데이트되는 컴포넌트는 색상이 지정된 사각형으로 강조 표시되므로 최적화가 가능한 지점을 손쉽게 찾아낼 수 있다.

▌ 리액트를 사용한 오류 처리

아무리 훌륭한 코드를 작성하고 모든 코드를 테스트하더라도 오류는 여전히 발생한다. 다양한 브라우저와 환경, 실제 사용자 데이터 등 우리가 제어할 수 없는 변수가 엄청나게 많으며, 어쩔 수 없이 코드에서 문제가 발생한다. 이 점은 우리가 받아들일 수밖에 없다.

애플리케이션에서 문제가 발생했을 때 대처하는 가장 좋은 방법은 다음과 같다.

- 사용자에게 무엇이 문제이고 어떻게 해야 하는지 알린다.
- 버그를 재현하고 신속하게 고칠 수 있도록 오류에 대한 모든 유용한 정보와 애플리케이션의 상태를 수집한다.

리액트는 다소 반직관적으로 오류를 처리한다.

다음과 같은 컴포넌트가 있다.

```
const Nice => <div>Nice</div>
```

그리고 다음과 같은 컴포넌트가 있다.

```
const Evil => (
    <div>
        Evil
        {this.does.not.exist}
    </div>
)
```

이 경우 다음 App을 DOM으로 렌더링하면 어떤 일이 발생할까?

```
const App = () => (
    <div>
        <Nice />
        <Evil />
        <Nice />
    </div>
)
```

예를 들어, 첫 번째 Nice 컴포넌트는 렌더링되지만 Evil이 예외를 생성하므로 렌더링이 중지된다고 예상하거나, 아니면 두 Nice 컴포넌트는 렌더링되고 Evil은 표시되지 않는다고 생각할 수 있다. 그런데 실제로는 화면에 아무것도 표시되지 않는다.

리액트에서 한 컴포넌트가 예외를 생성하면 전체 트리의 렌더링이 중단된다. 이것은 안전성을 높이고 일관되지 않은 상태를 방지하기 위한 결정이다.

잘못된 컴포넌트에서 오류가 발생하더라도 이를 격리하고 트리의 나머지 컴포넌트를 계속 렌더링한다면 좋지 않을까? 이렇게 하는 유일한 방법은 몽키패치^{monkey-patch}를 통해 render 메소드의 구현을 런타임에 수정하고 이를 try...catch 블록으로 래핑하는 것이다. 물론 이것은 좋은 관행이 아니며 피해야 하지만 경우에 따라 디버깅에 유용할 수 있다.

react-component-errors라는 라이브러리를 사용하면 모든 컴포넌트의 메소드를 몽키패치하고 try...catch 블록으로 래핑해 전체 트리의 렌더링이 중단되지 않게 할 수 있다.

이 방식은 라이브러리의 호환성과 성능 면에서 단점이 있지만, 위험성을 이해한 후에는 필요할 때 선택의 자유가 있다.

먼저 다음과 같이 라이브러리를 설치한다.

```
npm install --save react-component-errors
```

사용할 컴포넌트 파일로 라이브러리를 가져온다.

```
import wrapReactLifecycleMethods from 'react-component-errors'
```

다음과 같이 클래스를 데코레이션한다.

```
@wrapReactLifecycleMethods
class MyComponents extends React.Component
```

이 라이브러리는 한 컴포넌트에서 오류가 발생했을 때 전체 트리의 렌더링이 중단되지 않도록 하는 것은 물론 커스텀 오류 처리기를 설정해 예외에 대한 유용한 정보를 얻을 수 있게 해준다.

이 기능을 사용하려면 먼저 다음과 같이 패키지에서 config 객체를 가져와야 한다.

```
import { config } from 'react-component-errors'
```

그리고 다음과 같이 커스텀 오류 처리기를 설정한다.

```
config.errorHandler = errorReport => { ... }
```

errorHandler로 정의한 함수는 오류를 해결하는 데 필요한 유용한 정보를 포함하는 오류 보고서를 받는다.

이 보고서에는 원래 오류 객체를 비롯해 문제를 일으킨 컴포넌트 이름과 함수 이름이 포함돼 있다. 또한 컴포넌트가 받은 모든 프로퍼티에 대한 정보도 들어 있다. 이 정보로 테스트를 작성하고, 오류를 재연하며, 문제를 신속하게 해결할 수 있다.

다만 이 라이브러리에서 사용하는 몽키패치 기법은 애플리케이션에서 다른 문제의 원인이 될 수 있으므로 사용하지 않아야 한다. 무엇보다 실무 버전에서는 비활성화해야 한다.

▌요약

10장에서는 테스트의 장점과 리액트 컴포넌트를 테스트하는 데 사용할 수 있는 프레임워크에 대해 배웠다. 제스트는 모든 기능을 제공하는 툴인 반면, 모카는 작업 환경을 맞춤 구성할 수 있게 해준다.

테스트유틸즈는 컴포넌트를 브라우저 외부로 렌더링할 수 있게 해주며, 엔자임은 테스트 내에서 렌더링 출력에 접근할 수 있게 해주는 강력한 툴이다. 모형을 이용하고 예상을 작성해 테스트하는 방법을 설명했다.

스냅샷 테스트로 컴포넌트 출력에 대한 테스트를 더 쉽게 하는 방법을 배웠고, 코드 커버리지 툴로 코드베이스의 테스트 상태를 모니터링하는 방법을 알아봤다.

상위 컴포넌트 같은 복잡한 컴포넌트나 여러 중첩 필드를 포함하는 폼을 테스트할 때는 일반적인 해결책을 염두에 두는 것이 중요하다.

마지막으로, 디버깅을 도와주는 리액트 개발자 툴과 리액트에서의 오류 처리 방법을 배웠다.

11

피해야 할 안티 패턴

이 책에서는 리액트 애플리케이션을 작성할 때 적용해야 하는 모범사례를 중점적으로 알아봤다. 1장에서는 반드시 알아야 할 기본 개념을 확인했고, 이후의 장들에서는 고급 개념과 기법을 설명했다.

이제 재사용 가능한 컴포넌트를 작성하고, 컴포넌트가 서로 통신할 수 있게 하며, 애플리케이션 트리를 최적화해 최상의 성능을 낼 수 있게 됐다. 그러나 개발자도 실수를 한다. 11장은 리액트를 사용할 때 피해야 할 일반적인 안티 패턴에 대해 알아본다.

일반적인 오류를 살펴보면 이를 예방하는 데 도움이 되며, 리액트의 작동 방식과 리액트에 맞는 방식으로 애플리케이션을 개발하는 방법을 배울 수 있다. 각 문제에 대해 문제를 재현하는 예제와 이를 해결하는 방법을 확인할 것이다.

11장에서 다루는 내용은 다음과 같다.

- 프로퍼티를 이용한 상태 초기화 방법이 예기치 않은 결과를 유발하는 시나리오
- 상태 변경이 부적절하며 성능을 저하시키는 이유
- 올바른 키를 선택하고 조정의 효율을 높이는 방법
- DOM 요소에 프로퍼티를 전개하는 것이 좋지 않은 이유와 대안

▌ 프로퍼티를 사용한 상태 초기화

이 절에서는 부모에서 받은 프로퍼티를 이용해 상태를 초기화하는 것이 일반적으로 안티 패턴인 이유를 알아본다. 여기서 일반적이라고 한 이유는 문제가 무엇인지 알고 있더라도 이 방식을 사용하는 경우가 있기 때문이다.

프로그래밍에 대한 주제를 가장 확실하게 배우는 방법은 역시 코드 예제를 살펴보는 것이다. 여기서는 카운터를 증가시키는 + 버튼을 포함하는 간단한 컴포넌트를 예제로 사용한다.

이 컴포넌트는 클래스로 구현한다.

```
class Counter extends React.Component
```

생성자에서는 count 프로퍼티를 사용해 상태를 초기화하고 이벤트 처리기를 바인딩한다.

```
constructor(props) {
  super(props)

  this.state = {
    count: props.count,
```

```
    }

    this.handleClick = this.handleClick.bind(this)
}
```

클릭 처리기의 구현에서는 현재 count 값에 1을 더하고 결과 값을 다시 상태에 저장한다.

```
handleClick() {
    this.setState({
        count: this.state.count + 1,
    })
}
```

마지막으로, render 메소드에서는 count의 현재 값과 이를 증가시키는 버튼을 포함하는 결과를 출력한다.

```
render() {
    return (
        <div>
            {this.state.count}
            <button onClick={this.handleClick}>+</button>
        </div>
    )
}
```

count 프로퍼티에 1을 전달하고 이 컴포넌트를 렌더링해보자.

```
<Counter count={1} />
```

예상대로 + 버튼을 클릭할 때마다 현재 값이 증가한다. 그러면 문제가 뭘까?

두 가지 주요 문제가 있다.

- 정보 출처가 중복된다.
- 컴포넌트로 전달한 count 프로퍼티가 변경돼도 상태가 업데이트되지 않는다.

리액트 개발자 툴을 사용해 Counter 요소를 조사하면 Props와 State가 비슷한 값을 갖고 있음을 알 수 있다.

```
<Counter>
Props
    count: 1
State
    count: 1
```

이 때문에 컴포넌트에서 둘 중 어떤 값이 신뢰할 만하고 사용자에게 보여주는 데 사용할 수 있는지 확신하기 어렵다.

게다가 + 버튼을 클릭하면 두 값이 서로 달라진다.

```
<Counter>
Props
    count: 1
State
    count: 2
```

두 번째 값이 현재 카운트를 나타낸다고 짐작할 수 있지만, 명백하게 드러나지 않기 때문에 예기치 않은 동작이나 트리에 잘못된 값이 포함되는 등의 문제가 발생할 수 있다.

두 번째 문제는 리액트가 클래스를 생성하고 인스턴스화하는 방법과 연관이 있다. 클래스의 생성자 함수는 컴포넌트가 생성될 때 한 번만 호출된다.

Counter 컴포넌트의 경우 count 프로퍼티의 값을 읽고 이를 상태에 저장한다. 애플리케이션의 수명 주기 동안 프로퍼티의 값이 변경되더라도(예를 들어, 10으로 변경) Counter 컴포넌트는 이미 초기화됐으므로 새로운 값을 사용하지 않는다. 이 때문에 컴포넌트가 일관되지 않은 상태가 된다. 이는 바람직하지 않으며 디버깅에도 불리하다.

프로퍼티의 값을 사용해 컴포넌트를 초기화하기를 원하며 나중에 값이 변경되지 않는다고 확신할 때는 어떨까?

이 경우 모범사례는 프로퍼티의 이름이 사용 의도를 명확하게 나타내도록 지정하는 것이다(예: initialCount). 예를 들어 Counter 컴포넌트의 생성자를 다음과 같이 수정할 수 있다.

```
constructor(props) {
    super(props)

    this.state = {
        count: props.initialCount,
    }

    this.handleClick = this.handleClick.bind(this)
}
```

사용할 때는 다음과 같다.

```
<Counter initialCount={1} />
```

이렇게 하면 부모가 카운터를 초기화하는 방법이 있지만 initialCount 프로퍼티를 변경하더라도 무시될 것임을 짐작할 수 있다.

▍ 상태 변경

리액트는 컴포넌트의 내부 상태를 변경하기 위한 아주 명확하고 간단한 API를 제공한다. setState 함수를 사용하면 상태를 어떻게 변경할지 확실하게 라이브러리에 지시할 수 있다. 리액트는 상태가 업데이트되는 즉시 컴포넌트를 렌더링하며 this.state 프로퍼티를 통해 새로운 상태에 접근할 수 있다. 아주 간단한 이야기다.

그런데 상태 객체를 직접 변경해 컴포넌트의 일관성과 성능에 부정적인 영향을 주는 실수를 하는 경우가 있다.

setState를 사용하지 않고 상태를 변경하면 두 가지 부작용이 발생한다.

- 컴포넌트를 다시 렌더링하지 않고 상태가 변경된다.
- 향후 setState가 호출되면 변경된 상태가 적용된다.

카운터 예제로 돌아가서 클릭 처리기를 다음과 같이 변경해보자.

```
handleClick() {
    this.state.count++
}
```

+ 버튼을 클릭하면 브라우저에 렌더링된 값은 변경되지 않지만, 리액트 개발자 툴을 사용해 컴포넌트를 살펴보면 상태의 값이 올바르게 업데이트된 것을 볼 수 있다. 이 것은 일관되지 않은 상태이므로 애플리케이션에서 이러한 상황을 원하지는 않을 것이다.

실수로 상태를 직접 변경했다면 setState API를 사용해 간단하게 문제를 해결할 수 있다. 그러나 예를 들어 컴포넌트를 다시 렌더링하지 않도록 의도적으로 상태를 직접 변경했다면 컴포넌트의 구조를 다시 생각해봐야 한다.

3장 '진정한 재사용 가능 컴포넌트'에서 살펴본 것처럼, 실제로 상태 객체를 사용하는 이유 중 하나는 render 메소드에 필요한 값을 저장하기 위해서다.

상태를 직접 변경할 때 발생하는 두 번째 문제는 컴포넌트의 다른 부분에서 setState 가 호출될 때마다 이전에 변경된 상태가 예기치 않게 적용된다는 점이다.

예를 들어, Counter 컴포넌트를 계속 작업하면서 다음과 같이 상태를 업데이트하며 새 foo 프로퍼티를 추가하는 버튼을 만들었다고 가정해보자.

```
<button onClick={() => this.setState({ foo: 'bar' })}>
    Update
</button>
```

그러면 + 버튼을 클릭해도 아무런 가시적인 변화가 없지만 Update 버튼을 클릭하면 숨겨져 있던 카운트 값을 반영하면서 브라우저의 카운트 값이 갑자기 업데이트되는 것을 확인할 수 있다.

이렇게 제어되지 않은 동작은 당연히 원치 않을 것이다.

마지막으로, 상태를 변경하면 성능이 심각한 영향을 줄 수 있다. 그 원리를 확인하기 위해 9장 '애플리케이션의 성능 개선'에서 키와 PureComponent를 사용하는 방법을 배우면서 작성한 것과 비슷한 리스트 컴포넌트를 사용해보자.

상태의 값을 변경하면 PureComponent를 사용할 때 부정적인 영향을 준다. 직접 알아보기 위해 먼저 다음과 같이 List 클래스를 만든다.

```
class List extends React.PureComponent
```

생성자에서는 항목 2개를 포함하는 리스트를 초기화하고 이벤트 처리기를 바인딩한다.

```
constructor(props) {
    super(props)

    this.state = {
        items: ['foo', 'bar'],
```

```
    }

    this.handleClick = this.handleClick.bind(this)
}
```

클릭 처리기는 아주 간단하며, 다음과 같이 새 요소를 배열로 푸시하고 배열을 상태
로 설정한다(이것이 왜 문제인지는 뒤에 설명한다).

```
handleClick() {
    this.state.items.push('baz')

    this.setState({
        items: this.state.items,
    })
}
```

render 메소드는 리스트의 현재 길이를 표시하고 처리기를 트리거하는 버튼을 추가
한다.

```
render() {
    return (
        <div>
            {this.state.items.length}
            <button onClick={this.handleClick}>+</button>
        </div>
    )
}
```

코드에는 문제가 없는 것처럼 보이지만, 브라우저에서 컴포넌트를 실행해보면 + 버
튼을 클릭해도 값이 업데이트되지 않음을 알 수 있다.

그런데 이 경우에도 리액트 개발자 툴을 사용해 컴포넌트의 상태를 조사해보면, 상태는 내부적으로 업데이트됐지만 컴포넌트가 다시 렌더링되지 않았음을 알 수 있다.

```
<List>
State
   items: Array[3]
      0: "foo"
      1: "bar"
      2: "baz"
```

이렇게 불일치가 발생하는 이유는 새 배열을 제공하지 않고 기존 배열을 변경했기 때문이다.

배열에 새 항목을 푸시해도 배열이 새로 생성되는 것은 아니다. PureComponent는 컴포넌트를 업데이트할지 결정하기 위해 컴포넌트의 프로퍼티와 상태의 값이 변경됐는지 여부를 확인하지만, 이 경우에는 배열이 동일하다고 판단한다. 이러한 작업 방식은 특히 불변 데이터 구조에 익숙하지 않다면 이상하게 느껴질 수 있다.

여기서 요점은 state 프로퍼티를 반드시 새로운 값으로 설정해야 한다는 것이다. List 컴포넌트의 클릭 처리기를 다음과 같이 변경하면 문제를 해결할 수 있다.

```
handleClick() {
   this.setState({
      items: this.state.items.concat('baz'),
   })
}
```

배열의 concat 함수는 원래 배열에 새 항목을 추가하고 새 배열을 반환한다. 이렇게 하면 PureComponent가 상태에서 새 배열을 발견하고 컴포넌트를 정상적으로 다시 렌더링한다.

▌ 인덱스를 키로 사용

9장 '애플리케이션의 성능 개선'에서 성능과 조정 알고리즘에 대해 알아보면서 키 프로퍼티를 이용해 리액트가 DOM을 업데이트하는 최단 경로를 찾는 작업을 도울 수 있다고 설명했다.

키 프로퍼티는 DOM에서 요소를 식별하며, 리액트는 이를 사용해 요소가 새 요소인지 확인하고 컴포넌트 프로퍼티나 상태가 변경됐을 때 컴포넌트를 업데이트해야 하는지 결정한다.

키는 항상 사용하는 것이 바람직하며, 사용하지 않으면 리액트가 콘솔(개발 모드)에 경고 메시지를 표시한다. 그러나 때로는 키를 사용하는 것 자체보다 키에 어떤 값을 사용하는지가 더 중요하며, 키를 잘못 사용하면 예기치 않은 동작이 발생할 수 있다. 이 절에서 이러한 예를 한 가지 확인해보자.

이번에도 List 컴포넌트를 만드는 것으로 시작해보자.

```
class List extends React.PureComponent
```

생성자에서는 항목을 초기화하고 처리기를 컴포넌트에 바인딩한다.

```
constructor(props) {
    super(props)

    this.state = {
        items: ['foo', 'bar'],
    }

    this.handleClick = this.handleClick.bind(this)
}
```

클릭 처리기의 구현에서는 새 항목을 리스트 맨 위에 삽입해야 하므로 이전과는 약간 다르다.

```
handleClick() {
   const items = this.state.items.slice()
   items.unshift('baz')

   this.setState({
      items,
   })
}
```

마지막으로, render 메소드는 현재 리스트 항목과 리스트 맨 위에 항목 하나를 추가하는 + 버튼을 표시한다.

```
render() {
   return (
      <div>
         <ul>
            {this.state.items.map((item, index) => (
               <li key={index}>{item}</li>
            ))}
         </ul>
         <button onClick={this.handleClick}>+</button>
      </div>
   )
}
```

브라우저에서 컴포넌트를 실행해보면 겉보기에는 아무 문제가 없으며, + 버튼을 클릭하면 리스트 맨 위에 새 항목이 삽입된다. 정말 문제가 없는지 실험을 해보자.

render 메소드를 다음과 같이 수정해 각 항목 옆에 입력 필드를 추가해보자. 입력 필드는 항목의 내용을 편집해 문제를 확인할 수 있게 하기 위한 것이다.

```
render() {
    return (
        <div>
            <ul>
                {this.state.items.map((item, index) => (
                    <li key={index}>
                        {item}
                        <input type="text" />
                    </li>
                ))}
            </ul>
            <button onClick={this.handleClick}>+</button>
        </div>
    )
}
```

브라우저에서 다시 컴포넌트를 실행하고 항목의 값을 입력 필드로 복사한 다음 + 버튼을 클릭하면 예기치 않은 동작이 확인된다.

다음 스크린샷에 나오는 것처럼, 리스트 항목은 한 칸씩 아래로 이동하지만 입력 요소는 원래 위치에 그대로 표시되므로 서로 일치하지 않게 된다.

문제의 원인을 조사하려면 Perf 애드온이 필요하다. 애드온을 설치하고 다음과 같이 컴포넌트에서 가져온다.

```
import Perf from 'react-addons-perf'
```

이제 수명 주기 후크 2개를 사용해 리액트가 DOM을 조작하는 작업의 정보를 콘솔에 출력할 수 있다.

```
componentWillUpdate() {
    Perf.start()
}

componentDidUpdate() {
    Perf.stop()
    Perf.printOperations()
}
```

컴포넌트를 실행하고 + 버튼을 클릭하면 모든 해답이 콘솔에 표시된다.

리액트는 새 항목을 맨 위에 삽입하는 것이 아니라 두 기존 항목의 텍스트를 바꾸고 마지막 항목을 리스트 맨 아래쪽에 새 항목인 것처럼 삽입한다. 이렇게 작동하는 이유는 map 함수의 인덱스를 키로 사용했기 때문이다.

리스트 맨 위에 새 항목을 푸시했지만 인덱스는 항상 0부터 시작하므로 리액트는 기존 두 항목의 값을 변경하고 2번 인덱스에 새 항목을 추가했다고 판단한다. 즉, 키 프로퍼티를 아예 사용하지 않았을 때와 같은 방법으로 작동한다.

단순히 키를 제공하는 것만으로 충분하다고 생각하지만 사실은 그렇지 않기 때문에 이 패턴은 아주 흔하다. 키는 고유하고 안정적이어야 하며 단 한 항목만 식별해야 한다.

이 문제를 해결하려면 항목의 값을 키로 사용하거나(리스트에서 항목이 반복되지 않는 경우) 고유 식별자를 만들어야 한다.

DOM 요소에 프로퍼티 전개

댄 아브라모브가 최근에 안티 패턴으로 설명한 흔한 관행 중 하나로서 리액트 애플리케이션에서 발견되면 콘솔에 경고가 표시되는 기법이 있다.

이 기법은 커뮤니티에서 널리 사용되고 있으며, 실제 여러 프로젝트에서 직접 발견하기도 했다. 일반적으로 다음과 같이 프로퍼티를 요소에 전개하면 프로퍼티를 하나씩 직접 작성할 필요가 없다.

```
<Component {...props} />
```

이 기법은 아주 잘 작동하며, 바벨에 의해 다음과 같이 트랜스파일된다.

```
React.createElement(Component, props);
```

그런데 프로퍼티를 DOM 요소에 전개하면 알 수 없는 HTML 속성이 추가될 위험이 있다.

이 문제는 전개 연산자만의 문제는 아니며, 비표준 프로퍼티를 순서대로 전달해도 동일한 문제와 경고가 발생한다. 전개 연산자는 전개하는 프로퍼티를 숨기므로 무엇을 요소에 전달하는지 알아내기 어렵게 만든다.

다음과 같이 컴포넌트를 렌더링하는 간단한 방법으로 콘솔에 경고 메시지를 표시할 수 있다.

```
const Spread = () => <div foo="bar" />
```

경고 메시지는 다음과 같다.

```
Unknown prop `foo` on <div> tag. Remove this prop from the element
```

이 메시지는 foo 프로퍼티가 div 요소의 유효한 프로퍼티가 아니라는 뜻이다.

이 경우 전달되는 속성을 쉽게 확인하고 제거할 수 있지만, 다음과 같이 전개 연산자를 사용하면 상황이 달라진다.

```
const Spread = props => <div {...props} />
```

부모에서 자식으로 전달되는 프로퍼티를 제어할 수 없기 때문이다.

컴포넌트를 다음과 같이 사용하면 괜찮다.

```
<Spread className="foo" />
```

그러나 다음과 같이 사용하면 문제가 된다.

```
<Spread foo="bar" className="baz" />
```

리액트는 비표준 속성을 DOM 요소에 적용하려고 한다는 경고 메시지를 표시한다.

이 문제를 해결하는 방법은 유효한 DOM 프로퍼티가 들어 있음을 명시하는 **domProps**라는 프로퍼티를 만들어 안전하게 컴포넌트로 전개하는 것이다.

예를 들어, Spread 컴포넌트를 다음과 같이 변경할 수 있다.

```
const Spread = props => <div {...props.domProps} />
```

그리고 다음과 같이 사용하면 된다.

```
<Spread foo="bar" domProps={{ className: 'baz' }} />
```

지금까지 여러 차례 확인했지만, 리액트를 사용할 때는 항상 명시적으로 지정하는 것이 좋다.

▌ 요약

항상 모범사례를 잘 인식하는 것도 중요하지만, 안티 패턴도 잘 알고 있으면 잘못된 길을 피하는 데 도움이 된다. 또한 일부 기법이 나쁜 사례로 인식되는 이유를 알면 리액트가 작동하는 방식과 리액트를 효과적으로 사용하는 방법을 이해하는 데도 도움이 된다.

11장에서는 컴포넌트를 사용하는 방법 중에서 웹 애플리케이션의 성능과 동작에 나쁜 영향을 주는 네 가지 사항에 대해 알아봤다.

각 문제를 재현하는 예제를 소개하고 문제의 원인과 적절한 해결 방법을 설명했다.

프로퍼티를 사용해 상태를 초기화하는 방법이 상태와 프로퍼티 간 불일치의 원인이 되는 이유를 설명하고, 상태를 변경하는 것이 성능이 좋지 않은 이유를 알아봤다. 잘못된 키 속성을 사용했을 때 조정 알고리즘에 부정적인 영향을 준다는 사실을 확인했고, 마지막으로 비표준 프로퍼티를 DOM 요소에 전개하는 것을 안티 패턴으로 간주하는 이유도 알아봤다.

12

다음 단계

리액트는 최근에 출시된 가장 놀라운 라이브러리이며, 자체의 기능도 훌륭하지만 무엇보다 지원 생태계가 잘 활성화돼 있다.

리액트 커뮤니티에서는 항상 흥미롭고 놀라운 일들이 일어난다. 새로운 프로젝트와 툴이 거의 매일 새로 나온다. 그뿐만이 아니라 업계의 개발자들을 실제로 만나 이야기를 나눌 수 있는 컨퍼런스와 미팅이 열리며, 기술을 배우고 익히는 데 도움이 되는 블로그 게시물을 비롯한 다양한 자료가 공유되고 있다.

리액트와 해당 생태계는 개발자들의 향후 커리어를 계발하는 데 큰 도움이 되는 모범 사례와 오픈소스를 권장하고 있다.

12장에서 다루는 내용은 다음과 같다.

- 리액트 라이브러리에 기여하는 방법
- 커뮤니티에 기여하고 코드를 공유하는 것이 중요한 이유
- 오픈소스 코드에 대해 알아야 할 중요한 측면
- npm 패키지를 게시하는 방법과 시맨틱 버전 관리를 사용하는 방법

▌ 리액트에 기여하기

리액트를 한동안 사용한 개발자들이 종종 생각하는 것이 라이브러리에 기여할 수 있는 방법이다. 리액트는 오픈소스이므로 소스 코드가 공개돼 있고, **기여자 라이선스 계약**CLA, Contributor License Agreement에 서명한 후에는 누구든지 버그 수정, 설명서 작성 또는 새로운 기능 추가 등의 방법으로 프로젝트에 기여할 수 있다.

다음 URL에서 전체 CLA 조항을 읽어볼 수 있다.

https://code.facebook.com/cla

예를 들어, 리액트로 애플리케이션을 개발하다가 버그를 발견했다면 어떻게 해야 할까? 가장 중요한 건 문제를 재현할 수 있는 간단한 예제를 만드는 것이다. 이를 위해 리액트 팀이 만든 **JS피들**JSFiddle이라는 유용한 템플릿이 있다.

https://jsfiddle.net/reactjs/69z2wepo/

이 방식에는 두 가지 중요한 장점이 있다.

- 해당 버그가 애플리케이션 코드에 의한 버그가 아니라 리액트 버그임을 완전하게 확신할 수 있다.
- 리액트 팀이 애플리케이션 코드를 들여다보지 않고도 신속하게 문제를 이해할 수 있어 프로세스 속도를 높일 수 있다.

JS피들은 리액트 최신 버전을 사용하는데, 이전 라이브러리 버전을 사용하는 경우 버그가 이미 해결됐을 가능성이 있으므로 여러분도 최신 버전을 사용하는 것이 중요하다. 반대로 이전 버전에는 없던 문제가 라이브러리 최신 버전에서 발견된 경우, 회귀에 해당하며 막대한 수의 사용자에게 영향을 미칠 수 있으므로 우선순위가 높은 문제일 수 있다.

문제를 보여주는 작은 데모가 준비되면 깃허브에 이슈를 제출할 수 있다.

https://github.com/facebook/react/issues/new

여기서 볼 수 있듯이, 각 이슈에는 사전 입력된 지침이 포함돼 있으며 그중 하나가 최소 데모를 설정하는 것이다. 그 밖의 질문은 해당하는 문제를 설명하고 현재 및 예상되는 동작을 기술하는 데 도움을 준다.

리포지터리에 참여하거나 기여하기 전에 '페이스북 행동 수칙^{Facebook Code of Conduct}'을 읽어보자(https://code.facebook.com/codeofconduct). 이 문서에는 모든 커뮤니티 회원이 반드시 지켜야 할 기본적인 규칙이 나와 있다.

이슈를 입력한 후에는 핵심 기여자 중 한 명이 이를 검토하고 버그에 대한 계획을 알려줄 때까지 기다려야 한다. 이슈의 심각도에 따라 기여자가 해결하거나 여러분에게 해결을 요청할 수 있다.

후자의 경우 리포지터리를 포크^{fork}하고 문제를 해결하는 코드를 작성할 수 있다. 코딩 스타일 가이드를 준수해야 하며, 픽스에 대한 테스트를 모두 작성해야 한다. 또한 새로운 코드가 코드베이스에 회귀를 일으키지 않도록 모든 기존 테스트를 확실하게 통과하는 것도 중요하다.

픽스가 준비되고 모든 테스트가 통과되면 **풀 요청**^{Pull Request}을 제출하고 담당자가 검토할 때까지 기다릴 수 있다. 팀에서는 픽스를 병합하거나 다른 변경을 요구할 수 있다.

버그를 발견한 것은 아니지만 프로젝트에 기여하고 싶다면 깃허브에서 good first bug 라벨이 붙은 이슈를 먼저 살펴보길 권장한다.

https://github.com/facebook/react/labels/good%20first%20bug

이것은 기여를 시작할 수 있는 훌륭한 방법이며, 리액트 팀에서 특히 신규 기여자들에게 프로젝트에 참여할 수 있는 기회를 공개한다는 점에서 아주 멋진 일이다.

아직 다른 사람이 선택하지 않은 이슈를 발견했다면 이슈를 해결해보고 싶다는 의견을 남길 수 있다. 그러면 담당자 중 한 명이 연락해올 것이다. 코딩을 시작하기 전에 원하는 접근법과 경로를 미리 확실하게 전달하는 것이 코드를 여러 번 다시 작성하지 않는 데 도움이 된다.

리액트를 개선하는 또 다른 방법은 새 기능을 추가하는 것이다. 다만, 리액트 팀에는 따라야 할 계획이 있으며 주요 계획은 핵심 멤버에 의해 설계 및 결정된다는 점을 알아두자.

라이브러리가 취할 다음 단계에 대해 알고 싶다면 깃허브에서 big picture 라벨이 붙은 게시물을 검색해보자.

https://github.com/facebook/react/issues?q=is:open+is:issue+label:%22big+picture%22

라이브러리 신기능에 대한 좋은 아이디어가 있을 때 가장 먼저 할 일은 이슈를 열고 리액트 팀과 논의를 시작하는 것이다. 여러분이 생각하는 기능이 리액트 팀의 계획과 맞지 않거나 현재 계획 중인 다른 기능과 상충될 가능성이 있으므로 사전 논의 없이 곧바로 코드 작성을 시작하거나 풀 요청을 제출하는 데 시간을 소비하지 않는 것이 좋다.

▌ 코드 배포

리액트 생태계에 기여하는 것이 코드를 리액트 리포지터리에 추가하는 유일한 방법은 아니다. 커뮤니티에 기여하고 다른 개발자를 돕는 데는 패키지나 블로그 게시물 작성, 스택 오버플로^{Stack Overflow} 등의 개발자 사이트에서 다른 개발자의 질문에 답변하는 등의 여러 방법이 있다.

예를 들어, 다른 개발자들도 관심을 가질 만한 복잡한 문제를 해결하는 리액트 컴포넌트를 직접 제작했다고 가정해보자. 이 컴포넌트를 공개하는 가장 좋은 방법은 컴포넌트를 깃허브에 게시하고 다른 개발자들이 읽고 사용할 수 있게 하는 것이다. 그러나 깃허브에서 코드를 공개하는 것은 더 큰 책임이 따르는 큰 그림의 일부에 불과하다. 따라서 자신의 선택이 어떤 의미를 지니는지 먼저 명확한 이해가 필요하다.

커뮤니티에 기여하고자 하는 한 가지 동기는 개발자로서 자신의 기술을 계발하는 것이다. 코드를 공유하기 위해서는 모범사례를 따르고 더 나은 코드를 작성해야 한다. 반면에 다른 개발자로부터 코드에 대한 피드백과 의견은 물론, 나아가 코드를 개선할 수 있는 조언도 받을 수 있다.

코드 자체에 대한 제안 외에도, 깃허브로 코드를 공개하면 다른 사람들의 아이디어로부터 혜택을 볼 수 있다. 예를 들어 자신의 컴포넌트로 한 가지 문제를 해결하려고 했지만, 다른 개발자가 이 컴포넌트를 약간 다른 방법으로 사용해 새로운 솔루션을 발견할 수도 있다. 게다가 다른 개발자가 자신이 필요로 하는 새로운 기능을 직접 추가해 여러분을 포함한 모든 개발자가 혜택을 볼 수도 있다. 함께 소프트웨어를 개발하는 것은 각자의 기술과 패키지를 함께 개선하는 좋은 방법이며, 이것이 내가 오픈소스를 강력하게 지지하는 이유다.

오픈소스가 여러분에게 제공할 수 있는 또 다른 중요한 기회는 전 세계의 유능하고 열정적인 개발자와 대화할 수 있는 기회를 준다는 것이다. 다양한 배경과 기술을 가진 사람들과 함께 일하는 것은 열린 마음가짐으로 자신을 계발할 수 있는 최선의 방법이다.

코드를 공유한다는 건 약간의 책임을 수반하며 시간이 소모되는 일일 수 있다. 코드가 공개되고 사람들이 이를 사용하게 되면 여러분이 이를 유지관리해야 한다.

코드를 사용하는 사람이 늘어날수록 질문과 문제 제기도 증가할 것이므로 리포지터리를 유지관리하는 데는 노력이 필요하다. 예를 들어, 다른 개발자들이 버그를 발견하고 이를 보고하면 여러분이 직접 이슈를 확인하고 문제를 재현해봐야 한다. 그리고 문제가 실제로 존재하는 경우 픽스를 작성하고 새로운 라이브러리 버전을 게시해야 한다. 다른 개발자의 풀 요청을 받게 될 수 있으며, 길고 복잡할 수 있는 이러한 요청을 검토해야 한다.

다른 사람에게 프로젝트를 공동으로 관리하고 이슈와 풀 요청을 함께 처리하도록 요청하는 경우 이러한 공동 관리자와 자신의 비전을 공유하고 함께 결정을 내릴 수 있도록 협력해야 한다. 이러한 조언을 염두에 두고, 리포지터리를 개선하며 일반적인 문제를 예방하는 데 도움이 되는 몇 가지 권장사항이 있다.

무엇보다 먼저, 자신의 리액트 컴포넌트를 게시하려면 포괄적인 테스트 집합을 작성해야 한다. 많은 사람이 기여하는 공개 코드에서 테스트는 여러 가지 이유로 큰 도움이 된다.

- 코드를 더 견고하게 만들어준다.
- 다른 개발자가 코드의 역할을 이해하는 데 도움을 준다.
- 새로운 코드를 추가할 때 회귀를 쉽게 발견할 수 있게 해준다.
- 다른 기여자가 확신을 가지고 코드를 작성할 수 있게 해준다.

두 번째로 중요한 일은 컴포넌트의 설명을 담은 README 파일을 작성해 사용 예제, API 설명서, 사용할 수 있는 프로퍼티 등에 대한 정보를 제공하는 것이다.

이것은 패키지 사용자에게 실질적인 도움을 주며, 라이브러리의 작동 방법과 사용 방법에 대한 불필요한 이슈 제기와 질문을 예방하는 데도 도움이 된다.

또한 리포지터리에 LICENSE 파일을 추가해 사람들이 코드를 이용해 할 수 있는 일과 없는 일을 알 수 있게 하는 것도 중요하다. 깃허브에는 선택해서 사용할 수 있는 준비된 템플릿이 많이 있다.

패키지의 크기와 의존성의 수는 가급적이면 작게 유지하는 것이 좋다. 개발자들은 라이브러리를 사용할지 결정할 때 크기를 중요하게 고려하는 경우가 많다. 큰 패키지는 성능에도 부정적인 영향을 주는 경향이 있다.

또한 여러 타사 라이브러리에 의존하면 그중 일부의 지원이 중단되거나 버그가 발견되는 등의 문제 우려도 높다.

리액트 컴포넌트를 공유할 때 한 가지 까다로운 측면은 스타일링에 대한 결정이다. 자바스크립트 코드를 공유하는 것은 상당히 직관적이지만 CSS를 연결하는 것은 그리 간단한 문제가 아니다. 실제로 CSS 파일을 추가하는 것부터 인라인 스타일을 사용하는 것까지 여러 가지 경로를 따를 수 있다. 기억할 중요한 사실은 CSS가 전역이며 일반적인 클래스 이름은 컴포넌트를 가져오는 프로젝트의 기존 클래스와 충돌할 수 있다는 점이다.

가장 좋은 방법은 포함하는 스타일을 최소화하고 최종 사용자가 재량껏 컴포넌트를 구성할 수 있게 하는 것이다. 이렇게 해야 개발자가 자신의 커스텀 솔루션에 도입할 수 있기 때문에 컴포넌트를 선택할 가능성도 높아진다.

컴포넌트의 많은 부분을 맞춤 구성할 수 있다는 것을 보여주기 위해 컴포넌트의 사용 방법과 프로퍼티 정보를 이해하는 데 도움이 되는 예제를 리포지터리에 추가할 수 있다. 예제는 컴포넌트의 새로운 버전을 테스트하고 변경사항 때문에 예기치 않은 문제가 발생하는지 확인하는 데도 도움이 된다.

3장 '진정한 재사용 가능 컴포넌트'에서 살펴본 것처럼, **리액트 스토리북** 같은 툴을 사용하면 패키지 사용자가 탐색하고 사용하기 위한 살아 있는 스타일 가이드를 손쉽게 유지관리할 수 있다.

스토리북을 사용해 많은 부분을 맞춤 구성할 수 있는 좋은 예로 에어비앤비의 리액트 데이트react-dates가 있다. 이 리포지터리는 리액트 컴포넌트를 깃허브에 게시할 때 완벽한 예제로 손색이 없다.

다음 스크린샷에서 볼 수 있듯이, 스토리북을 사용해 컴포넌트의 다양한 옵션을 보여준다.

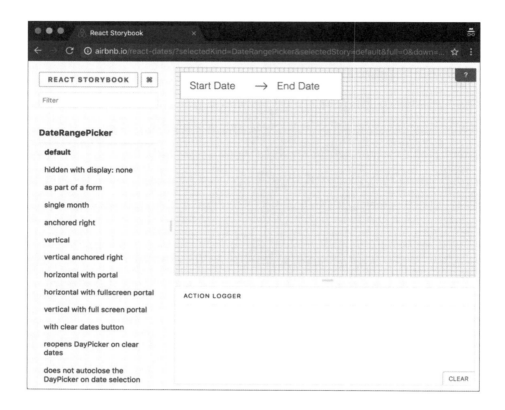

마지막으로, 여러분이 원하는 것은 코드를 공유하는 것만이 아니라 패키지를 배포하는 것이다. 가장 널리 사용되는 자바스크립트용 패키지 관리자는 이 책에서 패키지와 의존성을 설치하는 데 사용한 npm이다.

다음 절에서는 npm을 사용해 손쉽게 새 패키지를 게시하는 방법을 알아본다.

일부 개발자는 npm을 거치지 않고 여러분의 컴포넌트를 전역 의존성으로 추가하고 패키지 관리자 없이 사용해야 하는 경우도 있을 것이다.

1장에서 살펴본 것처럼, unpkg.com을 가리키는 스크립트 태그를 추가하면 손쉽게 리액트를 사용할 수 있다. 여러분의 라이브러리 사용자에게도 동일한 옵션을 제공하는 것이 중요하다.

즉, 패키지의 전역 버전을 제공하려면 **범용 모듈 정의**UMD, Universal Module Definition 버전도 만들어야 한다. 웹팩을 사용하는 경우 해당 구성 파일의 출력 섹션에 `libraryTarget`을 설정하는 것으로 간단하게 해결된다.

▌ npm 패키지 게시

패키지를 개발자에게 제공하기 위해 가장 널리 사용되는 방법은 Node.js용 패키지 관리자인 npm으로 패키지를 게시하는 것이다.

지금까지 이 책의 모든 예제에서 npm을 사용했으며 얼마나 쉽게 패키지를 설치할 수 있는지 직접 확인했다. 패키지를 게시하는 방법 역시 마찬가지로 간단하다.

먼저 터미널에서 비어 있는 디렉토리로 이동하고 다음 명령을 실행한다.

```
npm init
```

package.json 파일이 새로 생성되고 몇 가지 질문이 표시된다. 첫 번째로 패키지 이름(기본값은 폴더 이름)을 지정하며, 그다음은 버전 번호를 지정한다. 첫 번째 패키지 이름은 패키지의 사용자가 패키지를 설치하고 사용할 때 사용할 이름이므로 가장 중요하다. 두 번째 버전 번호는 다른 사용자의 기존 코드를 손상시키지 않고 패키지의 새로운 버전을 출시할 수 있게 해준다.

버전 번호는 각자 의미를 가진 숫자 3개를 마침표로 구분한 것이다. 가장 오른쪽의 마지막 숫자는 패치를 나타내며, 버그 픽스를 포함하는 라이브러리의 새 버전이 npm으로 게시될 때마다 증가해야 한다.

중간의 숫자는 릴리스의 마이너 버전을 나타내며, 새로운 기능이 라이브러리에 추가 됐지만 기존 API가 유지되는 경우 증가해야 한다.

마지막으로, 왼쪽의 첫 번째 숫자는 메이저 버전을 나타내며 중대한 변경사항이 포함된 버전이 공개될 때 증가해야 한다.

이러한 접근법을 **시맨틱 버전 관리**^{SemVer, Semantic Versioning}라고 하며, 패키지를 업데이트하는 사용자가 버전에 대한 정보를 짐작할 수 있게 해준다.

패키지의 첫 번째 버전은 일반적으로 0.1.0으로 시작한다.

npm 패키지를 게시하려면 npm 계정이 있어야 하는데, 콘솔에서 다음 명령을 실행해 간단하게 계정을 만들 수 있다.

```
npm adduser $username
```

여기서 $username은 선택한 사용자 이름이다.

계정을 생성한 후에는 다음 명령을 실행한다.

```
npm publish
```

그러면 package.json에 지정한 패키지 이름과 버전 정보를 사용해 새로운 항목이 레지스트리에 추가된다.

이제 라이브러리에 변경된 사항이 있고 새 버전을 게시하고 싶을 때마다 다음 명령을 실행한다.

```
npm version $type
```

여기서 $type은 `patch`, `minor`, `major` 중 하나다. 이 명령은 package.json에 있는 버전을 자동으로 증가시키며, 해당 폴더에 버전 제어가 적용 중인 경우 커밋과 태그를 생성한다.

버전 번호를 증가시킨 후 다시 `npm publish`를 실행하면 새 버전을 사용자에게 제공할 수 있다.

▌ 요약

리액트 세계에 대한 이 마지막 여행에서는 리액트의 커뮤니티와 생태계, 기여하는 방법 등, 리액트를 더 멋지게 만들어주는 여러 측면에 대해 알아봤다.

리액트에서 버그를 발견한 경우 이슈를 여는 방법과 핵심 개발자들이 버그를 해결하도록 도움을 제공하는 단계를 알아봤다. 또한 코드를 오픈소스로 공개하는 방법과 이를 통해 얻을 수 있는 장점과 이에 따르는 책임을 살펴봤다.

마지막으로, npm 레지스트리에 패키지를 게시하는 방법과 다른 개발자의 코드를 손상시키지 않도록 올바른 버전 번호를 설정하는 방법을 배웠다.

찾아보기

에이콘출판의 기틀을 마련하신 故 정완재 선생님 (1935-2004)

리액트 디자인 패턴과 모범 사례

유연하고 빠르며 유지관리하기 쉬운 애플리케이션 개발하기

발　행 | 2018년 1월 2일

지은이 | 미켈레 베르톨리
옮긴이 | 최 민 석

펴낸이 | 권 성 준
편집장 | 황 영 주
편　집 | 이 지 은
디자인 | 박 주 란

에이콘출판주식회사
서울특별시 양천구 국회대로 287 (목동)
전화 02-2653-7600, 팩스 02-2653-0433
www.acornpub.co.kr / editor@acornpub.co.kr

한국어판 ⓒ 에이콘출판주식회사, 2018, Printed in Korea.
ISBN 979-11-6175-093-4
ISBN 978-89-6077-210-6 (세트)
http://www.acornpub.co.kr/book/react-design-patterns

이 도서의 국립중앙도서관 출판시도서목록(CIP)은 서지정보유통지원시스템 홈페이지(http://seoji.nl.go.kr)와
국가자료공동목록시스템(http://www.nl.go.kr/kolisnet)에서 이용하실 수 있습니다.(CIP제어번호: CIP2017031995)

책값은 뒤표지에 있습니다.